“十二五”国家重点图书出版规划项目
中国隧道及地下工程修建关键技术研究书系

软弱围岩隧道稳定性变形控制技术

RUANRUO WEIYAN SUIDAO WENDINGXING BIANXINGKONGZHI JISHU

朱永全 李文江 赵 勇 / 著

人民交通出版社
China Communications Press

内 容 提 要

本书系统介绍了软弱围岩隧道空间施工变形特征和变形的主要影响因素，进行了隧道体系、不同施工阶段隧道稳定性及极限位移的定义，介绍了基于塑性应变突变理论的围岩稳定性分析方法和极限位移的确定方法，给出了基于非线性屈曲原理的支护结构承载能力分析方法，并提出了软弱围岩隧道变形控制基准，还介绍了包括开挖、支护、掌子面稳定、拱脚稳定、支护补强、超前支护以及空间变形监测与反馈在内的软弱围岩隧道变形控制技术体系，以及软弱围岩安全施工方法及有关建议。

本书强调理论与实践相结合，从理论分析、数值模拟和现场试验等方面论述软弱围岩施工大变形的特点和变形控制技术。全书共分八章，主要包括绪论、软弱围岩隧道变形特征分析、软弱围岩隧道大变形影响因素研究、软弱围岩隧道稳定性判别技术研究、软弱围岩施工技术现状及建议、软弱围岩隧道变形控制关键技术、软弱围岩隧道施工变形控制基准研究等内容，最后给出结语。

本书可供隧道工程科研、设计、施工技术人员参考，亦可作为研究生教学用书。

图书在版编目(CIP)数据

软弱围岩隧道稳定性变形控制技术 / 朱永全，李文江，赵勇著. --北京：人民交通出版社，2012.9

ISBN 978-7-114-10043-7

Ⅰ. ①软… Ⅱ. ①朱… ②李… ③赵… Ⅲ. ①隧道—围岩稳定性—研究 Ⅳ. ①U451

中国版本图书馆 CIP 数据核字(2012)第 200207 号

书　　名：软弱围岩隧道稳定性变形控制技术
著 作 者：朱永全　李文江　赵　勇
责任编辑：刘彩云
出版发行：人民交通出版社
地　　址：(100011) 北京市朝阳区安定门外外馆斜街 3 号
网　　址：http://www.ccpress.com.cn
销售电话：(010) 59757969，59757973
总 经 销：人民交通出版社发行部
经　　销：各地新华书店
印　　刷：北京市密东印刷有限公司
开　　本：720×960　1/16
印　　张：13.75
字　　数：220 千
版　　次：2012 年 9 月　第 1 版
印　　次：2012 年 9 月　第 1 次印刷
书　　号：ISBN 978-7-114-10043-7
定　　价：45.00 元

前　言

据统计，截至2010年年底，我国已建铁路隧道总长度超过7000km，在建铁路隧道总长度超过7500km，正在设计和规划建设的隧道总长度超过10000km，但是我国铁路隧道修建的技术水平、施工装备、安全质量控制与管理等与发达国家相比还存在较大的差距。分析中国铁路隧道工程的建设现状，我们认为当前困扰广大隧道建设者的主要问题是软弱围岩隧道的设计与施工技术问题。这些隧道通常表现为围岩变形大，甚至发生坍塌等安全事故；变更设计多，投资难以控制；施工进度缓慢，严重制约工期等。例如，即将开工修建的成（都）兰（州）铁路成都至哈达铺段，全长459km，其中设计隧道36座，长度323km，占正线总长的70%以上，主要地质问题是活动断裂多、软岩分布多、地应力高、岩溶发育；全线隧道以千枚岩、板岩为主，软岩地层占隧道总长的53%，高地应力软弱大变形问题将是成兰铁路的最突出难题。据统计，在建的7500km铁路隧道中，有30%～40%属于软弱围岩，长度超过2500km，并且正在设计和规划修建的铁路隧道中，软弱围岩所占的比重更大。因此，解决软弱围岩隧道的设计和施工问题已经迫在眉睫。

由于对隧道围岩变形和控制理论缺乏系统研究，因此隧道设计和施工的工程措施缺乏针对性，施工安全难以保证，工程投资难以有效控制。其原因主要是前期地质勘察工作不到位，对软弱围岩隧道特别是大断面软弱围岩隧道的工程特性、变形机制、发展演化规律等认识不足，设计采取的控制技术和施工方法缺乏针对性等。因此，在大规模铁路隧道建设的新阶段，需要加强系统的理论研究，提高设计质量，以适应现代隧道建设的迫切要求。

软弱围岩一般指强度低、孔隙度大、胶结程度差、受构造面切割及风化影响显著的松、散、软、弱围岩。对于隧道工程而言，在一定地应力水平（或埋深）条件下，软弱围岩极易产生较大的施工变形。本书将针对性地介绍软弱围岩隧道掌子面前方的先行变形、掌子面变形和后方收敛变形的隧道空间变形特征，分析围岩性质、隧道埋深、地应力水平和断面形式等因素对隧道变形的影响。对不同施工阶段隧道体系的极限状态进行定义,介绍了基于塑性应变突变理论的围岩稳定性分析方法、基于非线性屈曲原理的支护结构承载能力分析方法和软弱围岩隧道稳定性位移判别方法,给出了隧道体系稳定极限位移,提出了支护合理作用时机。根据软弱围岩隧道施工过程中各工况下隧道变形的计算统计结果、典型隧道现场测试统计结果以及计算极限位移和支护结构承载能力等,同时借鉴了相关工程的成功经验,提出了软弱围岩隧道变形控制基准。借鉴国内外相关工程经验,提出了施工变形应对措施方案。本书还介绍了开挖、支护、掌子面稳定、拱脚稳定、支护补强、超前支护以及空间变形监测与反馈等技术的软弱围岩隧道变形控制技术体系,以及软弱围岩安全施工方法及相关建议。

本书是"黄土隧道施工地表裂缝规律与形成机理及其控制研究"[国家自然基金项目(50978172)]、"隧道稳定性空间位移判别技术研究"[国家自然基金项目(51078243)]、"隧道施工过程力学及安全施工技术研究"[铁道部科技开发项目(2009G005-C)]和"软弱围岩隧道支护参数与变形控制技术研究"[铁道部科技开发项目(2011G026-J)]等研究成果的总结。参加上述项目理论与试验研究以及本书撰写的有朱永全、李文江、赵勇、刘建友、刘志春、刘勇、孙新亮、朱正国、高新强、宋玉香、张素敏、贾晓云、李红建、韩先民、于跃勋、赵玉成、刘尧军等。感谢课题组成员所作的贡献,特别感谢刘志春等在乌鞘岭隧道、两水隧道和孙明磊、刘建友等在天平山隧道现场试验工作中所作的贡献,感谢景诗庭教授为本书提出了许多宝贵意见。

由于时间仓促且水平有限,书中疏漏和不妥之处在所难免,恳请广大专家和读者给予批评指正。

作　者

2012 年 5 月

目　录

第1章 绪 论

1.1 软弱围岩的含义及其工程特征

围岩是指隧道周边一定范围内的岩体,从力学角度出发,这部分岩体在隧道施工过程中将产生明显的应力重分布现象;从工程意义上讲,该部分岩体对施工过程中洞室稳定性产生直接影响。根据隧道施工力学原理,围岩的范围一般指隧道开挖洞径的3~5倍。

软弱围岩一般是指质软、结构松散、破碎的围岩。根据目前铁路隧道围岩分级方法,该类围岩一般属于Ⅴ、Ⅵ级围岩,对于大断面或特大断面隧道,还包括一部分Ⅳ级围岩。文献[1]从地质学角度出发,将软弱围岩分为低强度软岩、高应力软岩、节理化软岩和复合型软岩等。总体上讲,软弱围岩整体强度相对较低,在一定地应力水平(或埋深)条件下,极易产生较大的施工变形和洞室失稳现象。

软弱围岩的工程特征主要表现为岩石强度低、岩体结构面发育、对工程扰动的反应灵敏和变形持续时间长等,下面简要描述:

(1)岩石强度低

岩体一般由结构体(岩块)和结构面构成,其中岩块是构成岩体结构的基本骨架,其强度的高低直接影响着围岩的整体强度性质。我国相关标准或规范一般将单轴饱和强度小于30MPa(国际上一般为25MPa)的岩石称为软岩。这一类岩石主要包括弱胶结岩石和含有弱矿物的岩石。其中,弱胶结岩石主要是指第三系以后的低固结、未固结的砂岩、泥岩以及火山灰质岩石;弱矿物岩石主要包括泥质岩组、含煤岩组、含盐岩组、含石膏岩组、云母片岩以及滑石片岩组等。

(2)岩体结构面发育

结构面是岩体的主要组成单元,岩体的工程性能与结构面的分布、性质和力学特性有密切关系，特别是结构面的产状、切割密度、粗糙度、起伏度、延展性、黏结力以及充填物的性质等，都是评价岩体强度和稳定性的重要依据。软弱围岩一般结构面均相对发育，尤其当结构面填夹软弱充填物时，即便岩块坚硬，岩体的整体强度和自稳性都表现出相对较弱的宏观属性。

(3)对工程扰动的反应灵敏

隧道施工打破了地层的初始平衡状态，洞室周边一定范围内的岩体应力将发生重分布现象。在洞周围岩应力调整过程中，若能够形成自然拱，则洞室稳定，若不能有效形成自然拱，则洞室易失稳。由于软弱围岩整体强度较低，施工作业(开挖、爆破)对围岩的扰动程度和扰动范围均相对显著。对于浅埋隧道，当施工扰动范围波及地表时，容易发生洞室坍塌现象，因此施工中应采取有效的预支护或地层预加固措施，以维持洞室稳定；对于深埋隧道，由于地应力相对较高，在洞周容易产生较大范围的屈服区域，当屈服区发展到一定程度时，区内围岩易出现塑性流动变形，从而导致宏观大变形现象的发生。实测数据表明，深埋软弱围岩隧道洞周变形可达数十厘米，如兰武二线乌鞘岭隧道岭脊段最大水平收敛1209mm，最大拱顶下沉达1053mm；兰渝线两水隧道最大水平收敛499mm，最大拱顶下沉达757mm。大变形隧道往往伴随有初期支护喷层开裂脱落、钢架扭曲，甚至二次衬砌开裂等现象的发生。

(4)变形持续时间长

软弱围岩常常具有明显的蠕变特性。根据岩体力学相关研究结果，围岩的蠕变特性不仅与岩性有关，而且与围岩的赋存条件(如埋深、地应力水平、地下水条件等)也密切相关。一般情况下，黏性介质含量较高的岩体(如页岩、泥岩等)蠕变宏观特性相对明显，而花岗岩、安山岩等坚硬岩石蠕变变形相对较小，而且在很短时间内即趋于稳定；埋深较大或在高地应力地区(开挖扰动后，二次应力水平大于蠕变下限时)，软弱围岩的蠕变特性相对明显，隧道开挖后变形时间相对较长，若控制不当易发生洞室失稳现象，如乌鞘岭隧道岭脊千枚岩地段，最大埋深约1050m，隧道修建过程中变形持续时间达半年以上。

1.2 国内外研究现状

1.2.1 软弱围岩隧道变形特征研究现状

隧道是由围岩和支护共同构成的复杂体系，受其地质复杂性和施工环境多变性影响，其施工力学效应也往往表现出多样性。施工变形是隧道施工效应的综合宏观表现，通过变形量值及变形发展状态的观察与测试可以判断出围岩及支护结构的稳定状态，也可以对其后期的发展趋势做出预测。软弱围岩由于其自身强度低，在一定工程背景条件下往往表现出变形量级大、变形发展快的特点，施工中一旦控制不当，容易产生支护开裂、侵限现象，甚至产生坍塌。因此，对于软弱围岩隧道，充分研究施工过程中变形的时空展布特征，对指导设计与施工具有重要意义。

真正意义上的隧道变形特征研究应该开始于新奥法基本原理被提出以后。新奥法由奥地利学者拉布西维兹于20世纪50年代提出，70年代被引入我国，并对我国隧道工程建设产生了重大的影响，其基本思想是充分利用围岩的自承能力和开挖的空间约束作用，采用锚杆和喷射混凝土及时对围岩进行加固，约束围岩的松弛和变形，并通过施工监控量测来指导隧道和地下工程设计施工。根据新奥法的基本原理，人们关注的重点主要集中在开挖以后的洞周径向变形上。在这期间，针对软弱围岩隧道洞周变形问题，开展了大量的理论及实测技术研究，取得了丰富的成果，这些成果至今对隧道工程设计与施工仍发挥着重要作用。

意大利人 Pietro Lunardi 在研究围岩的压力拱理论和新奥法施工理论的基础上提出了岩土控制变形分析(ADECO-RS)施工工法，近年来，该工法被广泛应用于意大利的公路及铁路领域，并纳入规范[2-7]。目前该工法也被一些主要欧洲国家广泛应用在大型隧道工程中。该工法认为，施工过程中隧道变形表现出明显的空间效应，即由掌子面到达前的预收敛变形、掌子面挤出变形和掌子面开挖后的收敛变形组成，其中，挤出变形和预收敛变形发生在前，洞周收敛变形发生在后，前者是后者发生的真正原因；超前变形的大小取决于其地层超前加固的强度和刚度，因此，可以通过调节地层超前加固的强度和刚度来实现对其变形的控制，从而控制隧道的洞周收敛变形，并确保隧道的长期稳定。相比于新奥法，ADECO-RS 工法更重视对掌子面及其前方的变形分析与控制，并且这一思想被贯彻到实际工程中。

近年来，随着我国软弱围岩大变形隧道建设数量的不断增多，相关领域也开展了大量的研究工作，取得了丰硕成果。软弱围岩隧道变形特征的分析手段主要有理论分析、现场测试以及模型试验等。

在理论研究方面，很多学者对隧道施工力学响应的解析解进行了深入研究。文献[8]考虑了岩体屈服后塑性剪胀扩容及应变软化现象，并基于开尔文模型建立了新的解析解；文献[9]将锚杆加固区按 Kelvin-Hooke 模型分析了围岩流变对围岩稳定性的影响；文献［10］在 Poyting-Thomoson 模型的基础上建立了围岩的黏弹性解析模型，并结合典型工程监控量测实践，分析了初期支护对围岩稳定性和位移的影响。杨小礼在考虑软岩的剪胀、蠕变和非线性破坏准则等基础上，推导隧道围岩的变形表达式[11-15]；罗清明考虑了软岩的塑性大变形特性，并根据不同流动法则，推导出圆形隧道位移解[16]。解析解一般均是建立在具有一定代表性意义的假设基础上的，受实际工程复杂多变环境的影响，其计算结果往往在数值上与实际情况存在较大差异。目前，数值分析已经成为岩土工程分析的重要手段。结合现场试验或反演技术选择合理计算参数，在此基础上所建立的数值模型更能反映出施工现场的实际情况，其计算结果对指导设计与施工也更具指导意义。段庆伟基于摩擦接触型界面单元，对穿越断层带隧道施工变形进行了数值模拟分析[17]；何满潮分别采用与转动、形变的先后运动次序有关的和分解和极分解定理，并结合拖带坐标系、随材料与网格变形不断更新坐标的大变形数值技术，对软岩工程岩体的大变形过程进行了分析[18-22]；李晓红采用横观各向同性弹塑性本构模型对深埋隧道层状围岩变形特性进行了分析，其计算结果较好地反映了现场实际情况[23]；赵瑜基于摩尔—库仑剪破坏与拉破坏复合的应变软化模型，通过三维数值手段，对高应力区隧道围岩变形及破坏特征进行了分析研究[24-25]；赵旭峰采用三维非线性黏弹性数值模型对深部软岩隧道工程中变形时空效应进行计算模拟，并结合现场实测结果，得出了在作业面影响范围内开挖面空间效应占主导因素，在此范围外软弱岩体流变属性得以充分发挥的重要结论[26-27]。采用数值方法对软弱围岩大变形问题进行分析时，其关键在于围岩特性及其计算参数的选定。根据目前技术现状，围岩特性及计算参数一般均通过物理试验或结合现场测试通过反演技术等手段获得。考虑到数值模拟中计算参数选择的随意性问题，因此，数值计算结果需在现场实测印证的基础上，才能更好地发挥其指导作用。

根据当代隧道施工技术要求，施工监测及信息反馈被认为是隧道施工过程中必不可少的环节。因此，在隧道（尤其是软弱围岩隧道）建设过程中，通过现场监测资料分析软弱围岩大变形特征的研究成果十分丰富[28-53]。其中刘志春结合乌鞘岭隧道岭脊试验段对深埋软弱围岩隧道施工变形进行了系统的分析和汇总，并在此基础上开展了大变形分级及二次衬砌施作合理时机的研究；冷希乔结合郑西铁路大断面黄土隧道，对 CRD 法施工过程中洞周变形随开挖步的变化规律进行了分析和研究，并在此基础上，针对 CRD 法对大断面黄土隧道的适用性及可能出现的问题进行了初步探讨;张文强根据兰渝铁路木寨岭隧道斜井施工实际情况,通过对变形监测数据的统计分析,将软岩大变形划分为三种增长类型,并在此基础上对隧道支护结构形式提出了合理化建议。

从目前国内关于软弱围岩变形规律的研究现状来看,无论是理论研究还是现场试验,其研究重点基本集中在隧道开挖后的洞周变形上。受认识水平和监测技术的限制,关于掌子面前方及掌子面变形的研究成果不多。而根据 ADECO-RS 工法基本原理,对于软弱围岩,恰恰是掌子面及其前方围岩变形的控制效果才是影响隧道整体稳定和变形量级的关键,为此,系统深入地开展隧道三维空间全过程变形特征研究,应该是关于软弱围岩隧道的重点研究工作之一。

1.2.2 关于软弱围岩大变形问题

1)大变形的界定

大变形是相对正常变形而言,目前还没有统一的定义和判别标准。各类围岩在正常施工条件下都会产生一定的变形。现行的铁路隧道设计规范、公路隧道设计规范、新奥法指南及衬砌标准设计等都根据多年经验及统计,对各级围岩及各种支护结构制订了不同的预留变形量,以容纳这些正常变形。

铁二院从预留变形量出发,认为正常预留变形量对于单线隧道一般不大于150mm,对于双线隧道不大于300mm,并粗略取上述值的4/5作为正常变形值的上限,当单线隧道支护位移大于130mm,双线隧道支护位移大于250mm时,即认为发生了大变形[54]。张祉道建议以初期支护位移值以及支护破坏现象作为定义指标,并将大变形定义为:当采用常规支护隧道由于地应力较高而使其初期支护发生程度不同的破坏且位移与洞壁半径之比大于3%时,认为发生了大变形[55]。

卞国忠从围岩变形量上给大变形作了界定[56],即若围岩变形量超过正常规定的2倍时,可把围岩变形视为大变形(南昆线家竹箐隧道的经验是单线超过25cm,双线超过50cm确定为大变形),围岩变形量介于正常预留变形量及其2倍之间时,可认为是正常变形至大变形的过渡阶段。

何满潮认为大变形问题有弹性大变形和塑性大变形之分,而软弱围岩的大变形问题可归结为塑性大变形,塑性大变形区别于弹性大变形和小变形的显著标志是前者与过程紧密相关[57]。也有学者指出,大变形是隧道施工过程中,围岩在复杂外部环境作用下,其自承能力的丧失或部分丧失,进而发生塑性破坏的现象。与一般岩体局部破坏(如岩爆、坍塌)的区别在于这种塑性破坏具有显著的持续性和时间效应。

2)大变形的发生机理

1946 年 Terzaghi 首先提出挤出围岩和膨胀围岩的概念。受其影响,后来国际上普遍按形成机理将大变形分为两大类:即施工过程中由于应力重分布结果超过围岩强度而产生的塑性化变形和围岩遇水后发生膨胀作用而产生的变形[58]。在此基础上,文献[59]从地质条件出发,认为围岩产生大变形的原因可能有三种:膨胀岩的作用、高地应力作用和局部水压及气压力的作用。而局部水压及气压力的作用仅当支护和衬砌封闭较好,周边局部地下水升高或有地下气体(瓦斯等)作用时,才使支护产生大变形,这种现象并不多见。陈宗基教授将大变形产生的原因总结为 5 个方面,即塑性楔体的产生、流动变形(包括塑性流动和黏性流动)、围岩膨胀、扩容和层状岩体的挠曲。姜云将围岩大变形的发生机制归结为软弱围岩塑流、膨胀变形、层状岩体的板梁弯曲变形、塑性楔体、结构性流变、累进松脱扩展、差异性松脱、倾斜沉降变形和垂直沉降变形 9 个方面。其中,累进松脱扩展和差异性松脱一般在浅埋、低应力区发生,而倾斜沉降变形和垂直沉降变形主要发生在下卧采空区[60]。

3)大变形的类型

根据受控条件,大变形可以分为受围岩岩性控制型、受围岩结构构造控制型和受人工采掘扰动影响型三大类型[61]。

(1)围岩岩性控制型

软弱围岩类,包括千枚岩、炭质板岩、泥质页岩和砂质泥岩、泥灰岩以及一些具有膨胀性的软弱围岩等。这一类围岩在高应力状态下将产生塑性变形,在地下水的参与下岩体软化现象明显,当膨胀性矿物成分较高时也会发生显著的膨胀变形。根据围岩结构面的发育状态,可将其进一步划分为均质型、层状型、互层状型。这一类围岩的变形破坏形式一般为由于剪切变形或弯曲变形产生的塑性流动。

(2)岩体结构控制型

这种变形类型主要发生在结构构造发育的硬质岩中。这种岩体一般岩块坚硬,但由于受其结构特征的影响,围岩整体强度以及变形特性均明显受控于围岩应力环境,隧道开挖前,处在高围压状态时围岩尚具有较高的强度和稳定性,但在隧道开挖卸载过程中,随着围压降低、围岩应力差增大,结构面张开或滑移,围岩整体强度和模量随之降低,这时即表现出显著的结构流变的特点。按照岩体结构面类型又可划分为构造改造型和浅表次生改造型。其中按结构面发育情况,可进一步划分为块裂状、碎块状和碎屑状三种结构类型。

(3)人工采掘扰动控制型

这种类型,一般是由于受人工扰动的岩体(如采空区周边岩体)发生移动从而导致隧道围岩的大变形。这类围岩的变形破坏主要表现为剪切和滑动破坏,多发生于相对厚层的沉积岩中,具体表现为沿层面的滑动破坏和完整岩体的剪切破坏两种形式。根据采空区岩层走向与隧道的空间关系,可进一步划分为倾斜型和水平型两种形态。

1.2.3 典型工程实例

国内外软弱围岩大变形隧道较多,比较典型的有奥地利的陶恩隧道[62-66]和阿尔贝格隧道[67-69]、日本的惠那山隧道[70-72]、中国的南昆线家竹箐隧道[73-78]和乌鞘岭隧道[79-91]以及木栅公路隧道等。

(1)陶恩(Tauern)隧道

陶恩隧道1970~1975年修建于奥地利,为双向行驶的公路隧道(单洞),全长6400m,埋深600~1000m。新奥法的鼻祖Rabcewicz教授亲自主持该隧道的设计并参加施工。该隧道施工中在千枚岩和绿泥石区段发生了大变形,变形量达到500~1200mm,最大变形速率达200mm/d,是世界上第一座知名的大变形隧道。在设计时,由于对大变形隧道缺乏经验,初期支护较弱(长4m锚杆,厚250mm喷混凝土,TH36@750钢架)。当发生大变形后,Rabcewicz采取了长锚杆(6~9m)、可缩式钢架以及喷层预留纵缝等加强措施,并对侵限部位进行了危险的扩挖作业,施工非常艰难,但最后仍取得了成功。

(2)阿尔贝格(Arlberg)隧道

阿尔贝格隧道全长13980m,为长大公路隧道。该隧道是紧接着陶恩隧道之后开工的(1974~1979年),设计时已吸收了陶恩隧道的经验教训,施工较为顺利。

隧道最大埋深740m,原始地应力13MPa,围岩为千枚岩、片麻岩、含糜棱岩的片岩绿泥石等,抗压强度为1.2~2.9MPa。为防止大变形,设计时采用了强大的初期支护系统:厚200~250mm喷混凝土,间距750mm的可缩式钢架,6m长的系统锚杆。虽然如此,在局部地质较坏的地段,仍产生了200~350mm的支护位移,变形初速度达到 40 ~ 60mm/d，最大达 115mm/d。在增加了 9 ~ 12m 的长锚杆后，使变形初速度降为 50mm/d。据统计，每延米隧道锚杆用量达 420m。

(3)惠那山(Enasan)隧道

惠那山隧道为双洞隧道，位于日本中央公路的两宫线上。Ⅰ号隧道先修，于 1975 年 8 月建成，全长 8300m，为双向行驶的公路隧道。后由于交通量的增加，1978 ~ 1985 年修建完成第二座隧道，即Ⅱ号隧道，隧道全长 8635m。这两座隧道平行，通过的地层相同，其中 400m 的长平泽断层带非常软弱，为风化变质角砾岩(已黏土化)，其单轴抗压强度仅 1.7 ~ 4.0MPa，该处隧道埋深约 400m。值得一提的是，为通过这一条断层，Ⅰ号隧道采用刚性支护，而Ⅱ号隧道采用新奥法的柔性支护，其施工控制效果大为不同。

Ⅰ号隧道采用的断面如图 1-1 所示。主洞开挖时先设置了间距为 0.8m 的重型钢架(H250)，并辅以衬板，先后浇筑了两层模筑混凝土。施工过程中，由于变形很快并且量值较大，钢架被大量破坏，因此，在浇筑第二层混凝土时又补充了间距 0.8m 的 H200 钢架。虽然模筑混凝土衬砌总厚达 1.2m，而且设置了大量的重型钢架，衬砌仍然发生了大规模的开裂，最后不得不采用钢纤维加筋混凝土进行反复修补。

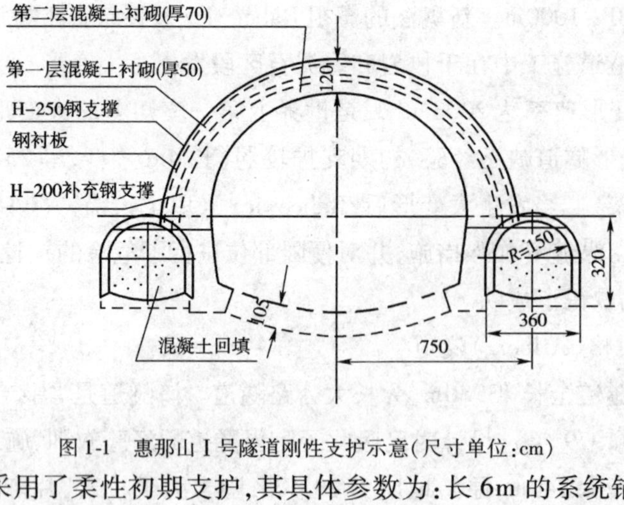

图 1-1　惠那山Ⅰ号隧道刚性支护示意(尺寸单位:cm)

Ⅱ号隧道采用了柔性初期支护，其具体参数为：长 6m 的系统锚杆(施工中加长到 9 ~ 13.5m)；预留变形量(上半部为 500mm，下半部为 300mm)；厚 250mm 的钢纤维喷混凝土及可缩式钢架；素混凝土二次衬砌，厚度 450mm。隧道断面见图 1-2，最终发生的初期支护位移为 200 ~ 250mm，最大 560mm，说明长锚杆发挥了作用。

(4)家竹箐隧道

南昆铁路家竹箐隧道在国内是著名的险洞(单线铁路隧道),以高瓦斯、高地应力、大涌水而著称。由于煤系地层区段围岩软弱($R_b = 1.7$MPa),且地应力相对较高(16.09MPa),在390m长的地段内产生了大变形,水平收敛600~800mm(最大达1600mm),拱顶沉降接近1000mm。变形之所以这么大,是因为设计阶段对大变形缺乏判断,以为只是一般的软弱地层,未考虑高地应力的影响,所以设计中只采用了一般标准的初期支护(这一点和陶恩隧道相似)。施工中根据变形情况,通过一系列的技术调整,才使隧道得以成功建成。这些措施包括:优化洞形,加大边墙曲率;加大预留变形量(拱部:450mm,边墙:250mm);加长系统锚杆至4~7m;增加喷混凝土厚度(初喷200mm,复喷150mm),并设三道纵缝;钢架改为U29U形可缩式;双层模筑混凝土衬砌,其中外层为550mm钢纤维钢筋混凝土,内层为250mm钢纤维混凝土,两层衬砌之间设HDPE瓦斯隔离层。

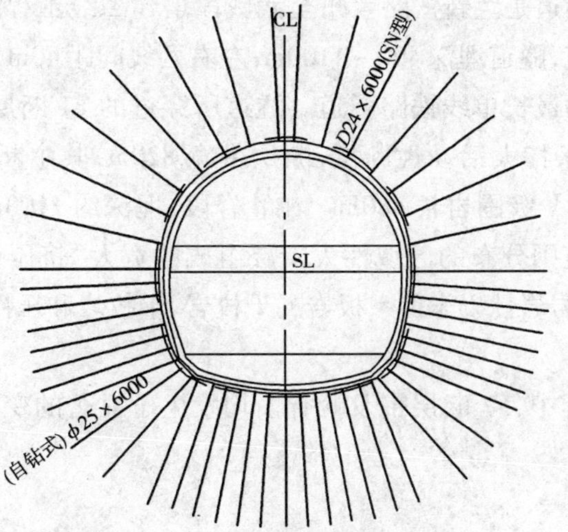

图1-2 惠那山Ⅱ号隧道初期柔性支护示意

(5)木栅隧道

台湾北部第二高速公路木栅隧道,全长1875m,为三车道公路隧道(断面面积150m²)。当隧道通过潭湾大断层(宽75m)时,发生了大变形(大变形地段长205m),拱顶下沉1500mm以上,边墙收敛1400mm。

产生严重大变形的原因是初期仅采用常规的锚喷支护。在大变形隧道整治过程中采用了预应力锚索结合长锚杆的综合控制措施(见图 1-3):锚索长 15~17m,预拉力 500kN,隧底采用长为 9m 的一般锚杆。最后强大的锚索及锚杆使隧道趋于稳定。

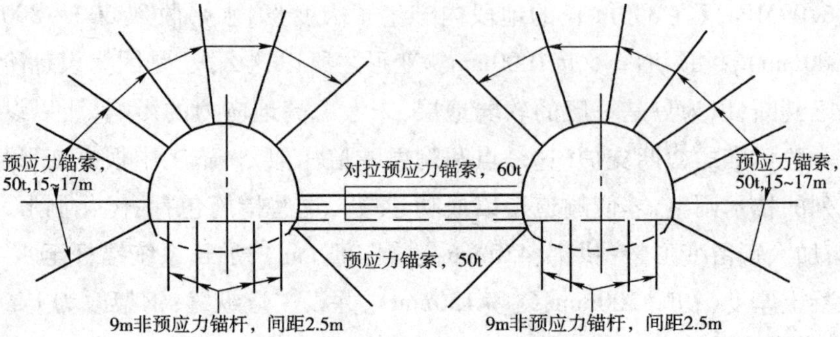

图 1-3　台湾木栅隧道预应力锚索示意

(6)乌鞘岭隧道

乌鞘岭特长隧道是兰新铁路兰州至武威段增建二线工程的关键枢纽工程,设计为两座单线隧道,隧道埋深 400~1100m,左右两线间距 40m,隧道长 20.05km,当时为我国已建成的最长单线铁路隧道。隧道所穿过的 F7 断层带是国内隧道建设中首次遇到的一条特大活动性断层,断层带宽 820m,其中断层主带Ⅵ级围岩长 340m,影响破碎带Ⅴ级围岩长 480m。在岭脊段,埋深约 1100m,隧道穿越 F4、F5、F6、F7 四条 7km 范围分布的区域性大断层组成的宽大"挤压构造带",该区段,地应力条件复杂,围岩岩性以志留系板岩夹千枚岩、千枚岩和压性断层破碎的泥砾及碎裂岩为主。

隧道施工过程中,F7 断层带及岭脊段均发生了显著的变形,其施工变形特点可总结为以下几点:

①变形量大

乌鞘岭隧道岭脊段最大水平收敛达 1209mm,最大拱顶下沉 367mm。F4、志留系千枚岩、F7 几个区段平均累计变形分别为 90~120mm、200~400mm、150~550mm。

②变形速度高

乌鞘岭隧道岭脊段开始阶段变形速率最高达 167mm/d,最大变形速率:F4、F5、志留系板岩夹千枚岩、F7 几个区段分别可达 73mm/d、143 mm/d、165mm/d、167mm/d。

③变形持续时间长

乌鞘岭隧道大变形区段变形持续时间达150d,一般要50d以上。

④支护破坏形式多样

由于原始应力状态因方向而异,围岩也具有各向异性,初期支护常常是不均匀受力,破坏形式也是多样的,如喷层开裂、型钢拱架或格栅发生扭曲、支护侵限、底部隆起。初期支护丧失稳定后,坍塌随即发生,拱部、边部坍塌均有发生。

由于借鉴了相关工程的经验与教训,开工前期对大变形的预判较为准确,同时开展了大量科研工作,施工中通过充分发挥变形控制基准和动态信息管理对开挖、支护时机的指导作用;利用超前导管注浆预支护、系统中长注浆锚杆、小直径锚索等对围岩的加固和支护作用,改善围岩应力状态;多重支护、分次施作抑制变形快速增长;适时施作二次衬砌,提高二次衬砌刚度,尽快形成支承高地应力、抑制住大变形的完善支护体系等综合治理措施,使后期变形得到了较好的控制。

国内外典型大变形隧道工程的设计与施工汇总情况见表1-1。

深埋长隧道在克服高山峡谷等地形障碍、缩短空间距离及改善陆路交通运行质量等方面具有不可替代的作用。近年来,随着我国综合国力的不断增强,基础设施建设的力度在不断加大,深埋长隧的修建进入了一个新的高峰。例如,乌鞘岭隧道长20.05km,太行山隧道长27.8km,关角隧道长达32km;雅碧江锦屏二级水电站引水隧洞长18km,最大埋深2700m;在南水北调西线工程中大渡河引水线段最长隧道群全长73km,最大埋深1100~1300m。可以预见,随着我国基础设施建设进程的加快,在地形、地貌及地质背景复杂、水能及矿产资源丰富、陆路交通网密度远低于全国平均水平的西部地区,在铁路、公路、水电、跨流域调水及矿产资源等领域将会修建更多的长大隧道工程。数量多、长度大、大断面、大埋深将是21世纪及以后我国隧道工程发展的总趋势。由于这些隧道长度多在十几到几十公里之间,其位置和方向常常不能回避软弱岩层或深大断裂带。这些宽度巨大的软弱构造带作为深埋隧道围岩,不可避免地会发生大变形问题。

21世纪是地下工程的世纪,随着城市用地的日益紧张,城市地下工程得到了迅速的发展,由于考虑到使用功能和偶然荷载设防的需要,一些大型地下结构也都向大断面、大埋深以及立体化的方向发展,致使城市隧道软弱围岩大变形的问题也将日益突出,同时也势必将会对软弱围岩隧道的设计与施工提出更高、更新的要求。

国内外典型隧道设计与施工汇总 表 1-1

项目	隧道名称					
	陶恩(Tauern)	阿尔贝格(Arlberg)	惠那山(Enasan)	家竹箐	木栅	乌鞘岭
国别	奥地利	奥地利	日本	中国	中国台湾	中国
隧道长度(m)	6400	13980	8635	4990	1875	20050
开挖断面(m^2)	90 ~ 105（宽 11.8 × 高 10.75）	90 ~ 103（宽 10.8 × 高 11.20）	宽 12.0 × 高 10.5	82.5（宽 9.34 × 高 10.47）	150	72.0 或 84.3（椭圆形宽 7.8 × 高 11.1 或圆形直径 10.36）
用途	公路隧道	公路隧道	公路隧道	单线铁路隧道	公路隧道	单线铁路隧道
施工年份	1970 ~ 1975	1974 ~ 1979	1978 ~ 1985	1993 ~ 1996	1996	2003 ~ 2005
埋深(m)	500 ~ 1000	平均 350，最大 740	400 ~ 450	400		450 ~ 1100
围岩（大变形地段）	绿泥石、绢云母、千枚岩	千枚岩、片麻岩，局部为含糜棱岩的片岩、绿泥岩	风化花岗岩组成的断层破碎带，局部为黏土	煤系地层		板岩夹千枚岩、断层泥砾、角砾、碎裂岩
抗压强度 R_b(MPa)	0.4 ~ 1.6	1.2 ~ 2.9	1.7 ~ 4.0	1.7	0.2	0.735
内摩擦角 φ(°)	20 ~ 22	28	35	30	12.7 ~ 39.2	25
黏聚力(MPa)	—	0.15	0.5	0.5	3.6	0.2
原始地应力(MPa)	16 ~ 27	13	10 ~ 11	8.57(σ_x)、16.09(σ_y)	3.6	9.15 ~ 20.5
侧压力系数	近似 1	—	近似 1	1.88		近似 1
强度应力比	0.05 ~ 0.06	0.1 ~ 0.2	0.1 ~ 0.33	0.1 ~ 0.2		0.031 ~ 0.040

续上表

项目		隧道名称					
		陶恩(Tauern)	阿尔贝格(Arlberg)	惠那山(Enasan)	家竹箐	木栅	乌鞘岭
初期支护	原设计	25cm 厚喷混凝土,TH36 钢架@75,锚杆长4m	20~25cm 厚喷混凝土,可缩式钢架,锚杆长6m	25cm 厚喷混凝土,U29U 形 29 可缩式钢架@100,锚杆长6m	喷12cm 初喷,再18cm 模筑混凝土支护,锚杆长3m,有钢架		15~20cm 厚喷混凝土,锚杆长3~4m,有钢架
	改变设计	25cm 厚喷混凝土,TH21 钢架@100,锚杆长6~9m	除锚杆加长至9~12m,其余同前	除锚杆加长至9~13m,其余同前	35cm 厚喷混凝土,U29U 形可缩式钢架,锚杆长8m		25~45cm 厚喷混凝土,锚杆长4~6m,I 20或H175 钢架
初期支护变形速度		一般5~10cm/d,最大20cm/d	一般4~6cm/d,最大11.5cm/d		3~4cm/d		一般4~5cm/d,最大16.8cm/d
初期支护变形		一般50cm,最大120cm(隧底打锚杆前隆起20cm)	一般20~90cm,最大35cm(拱顶下沉15~20cm)	一般20~25cm,最大56cm(拱顶下沉93cm)	一般80~100cm,最大210cm,隧底隆起60~80cm	最大拱顶150cm,边墙内挤70cm	一般40~80cm,最大120cm
收敛时间(d)		300~400	100~150	>300	≥100		≥100
主要控制措施		长锚杆、可缩式钢架、喷层预留纵缝	长锚杆、可缩式钢架	长锚杆、可缩式钢架、喷钢纤维混凝土、加大预留变形量	改善洞形、长锚杆、加大预留变形量、喷层留纵缝、可缩式钢架、双层衬砌	长预应力锚索、隧底长锚杆	改善洞形、中长锚杆、加大预留变形量、多重支护、变形管理

近年来，随着长大深埋隧道的逐步增多，软弱围岩区段隧道大变形灾害问题日益突出，主要表现为：变形侵限、喷层脱落掉块、支护开裂、钢架扭曲、拱脚失稳、底板隆起，甚至局部地段发生坍塌或二次衬砌开裂现象。这不仅严重影响了施工安全和施工质量，同时也对建设工期和投资造成不利影响。与日益增多的隧道建设需求相比，关于软弱围岩隧道大变形问题的研究却相对滞后。目前，关于深埋软弱围岩隧道的变形特征、变形机理、隧道稳定性判别技术以及变形控制技术等方面的研究尚处于探索阶段，相应的研究成果系统性、适用性不强，理论研究和工程实践方面均存在明显不足，与实际要求存在一定差距。

1.2.4 隧道稳定性判别技术现状

1）隧道稳定性判据

隧道稳定性评价是隧道与地下工程设计、施工以及维护中的一个重要环节，稳定性评价结果的正确与否直接影响着工程的安全性和经济性。在隧道稳定性分析中，判据可归纳为两类，即围岩强度判据和变形量或变形速率判据[92]。

（1）围岩强度判据

围岩强度判据的理论基础是强度准则，如 Hoek-Brown 经验强度准则、Mohr-Coulomb 准则以及 Drucker-Prager 强度准则等。强度判据的实际工程应用并不多见，这是因为：一方面岩体强度、地应力等关键参数不易定量获取；另一方面围岩往往在破坏中维护，经典岩石力学理论对该阶段岩石的工作状态已不适用。另外，隧道施工是多因素的耦合作用，复杂的环境、地质条件以及施工条件使得经典强度理论在对围岩稳定性分析时陷入困境[93]。

（2）隧道变形量或变形速率判据

该方法认为，隧道的稳定体现为隧道围岩变形速率呈收敛趋势并逐渐趋于零，而失稳则表现为围岩变形速率呈递增趋势，最终累计变形超过极限位移而发生失稳。因此，在有关规范中，隧道稳定性判据多以变形量或变形速率为主，认为隧道变形量或变形速率超过一定限值时岩体即发生破坏[93]。具体有容许位移判据、变形速率判据、位移加速度判据和收敛比判据等。

2）隧道稳定性极限变形

上述判别标准中以变形参数判据最能综合反映洞室的开挖效应和施工稳定状态，因此被国内外隧道界普遍接受。变形判据的关键点和难点在于隧道极限变形的确定。一般情况下，隧道极限变形的获取途径主要有理论分析、数值计算、现场量测和室内试验等。朱永全等采用收敛—约束原理和室内试验的方法对铁路单、双线隧道的极限位移进行了详细研究[93]，研究成果对于一般地质条件下的铁路隧道施工具有普遍的指导作用，并被现行《铁路隧道施工规范》（TB 10204—2002）和《铁路隧道设计规范》（TB 10003—2005）所吸纳。张素敏等（2004）采用特征曲线法分别对毛洞阶段和支护阶段的隧道极限位移进行了分析，并对两阶段的极限位移限值及其增长速率进行了对比分析[94]。李晓红、王宏图等（2005）也采用收敛—约束法对隧道围岩位移的极限状态进行了分析，并在此基础上提出了隧道及地下工程围岩稳定性及可靠性位移的判别方法[95]，但由于缺乏基础数据统计，因此其研究成果离实际应用还有很大差距。在利用收敛—约束方法确定深埋软弱围岩隧道极限位移时却遇到了以下几个方面的问题：①该方法确定的极限状态只是局部个别点（或某一方位）围岩的极限状态，并不代表围岩或洞室的整体失稳的临界状态。在实际工程中，人们发现围岩的局部破坏有时并不影响整体稳定性[96]。②对于地应力水平相对较高的山岭隧道，洞室开挖后，即使大部分地应力被释放，最后作用在支护上的形变压力与松动压力相比，在数值上仍有较大差距，表现在围岩特征曲线上，拐点位置不易找到。因此，对于深埋软弱围岩隧道采用该方法在确定洞室极限变形时遇到了极大的困难。③该方法一般将隧道支护结构视为附在围岩上的一层薄壳，可随围岩一起变形，但在深埋软弱围岩隧道中，支护结构的厚度和刚度都相对较大，其本身的工程特性和贡献不容忽略。

3）突变理论在隧道稳定性判别中的应用

突变理论首先由 Thom（1972 年）提出[97-98]，后经 Trotman、Poston 以及 Zeeman[99-104]等人的不断扩充和完善，最终形成了一门相对独立和系统的理论体系。突变理论是非线性理论的一个分支，它利用数学模型讨论了动力学系统中状态发生跳跃性变化的普遍规律，其主要出发点是分叉理论和奇异性理论，以及结构稳定性概念。突变理论主要阐述非线性系统如何从连续渐变状态走向系统性质的突变，亦即参数的连续改变如何导致不连续现象的产生。我国学者陈应天、程不时、凌复华等先后通过翻译、撰文或撰写著作等方式，对突变理论的基本概念、应用前景以及应用方式等进行了介绍和阐述，对该理论的引入作出了重要贡献[105-108]。目前，该理论在国内边坡工程中已经被广泛应用，尤其是采用基于塑性应变突变原理的强度折减法进行边坡稳定性判别技术已被多数工程技术人员所接受，并被广泛应用于工程实际。而用突变理论进行地下工程稳定性分析的研究才刚刚起步,比较典型的有熵突变原理和能量突变原理[109-113]。在上述研究成果中,两种准则的建立均要求工程技术人员具备相对深厚的理论基础,这给研究成果的推广应用带来了困难,同时,从上述两种准则应用的实例来看,均未考虑支护结构影响,因此从严格意义上讲,这些判别标准仅实现了对围岩的稳定性判别,而并未实现对由围岩和支护结构共同组成的隧道结构体系稳定性的判别。

1.2.5 软弱围岩隧道变形控制技术现状

1)开挖方法

根据国内外隧道工程实践经验,适用于软弱围岩隧道的开挖方法主要有全断面法、台阶法以及分部开挖方法(如环形开挖预留核心土法、CD法、CRD法、单侧壁导坑法以及双侧壁导坑法等)。根据新奥法施工基本原理,对于软弱围岩隧道,应本着多分部、小断面开挖的基本原则进行施工。因此国内软弱围岩隧道(尤其大跨隧道)多采用多分部、多流程的施工方法,如正西铁路黄土隧道曾提倡三台阶七步流程法。但最新研究结果表明[114-117],这种多分部开挖技术从变形控制角度出发存在以下问题:①多分部开挖,引起围岩多次扰动,造成隧道围岩松动区域扩大;②多分部开挖使支护闭合距离加大,容易引发变形累加而形成大变形;③多分部开挖会增加施工组织难度,并且施工质量不容易得到保障;④多分部开挖时,各开挖断面相对较小,不便于机械化作业,施工环境差,施工进度慢,投入高。在国外,从近年来意大利的相关工程经验可以看出,全断面开挖对软弱围岩隧道变形控制来讲更具有优点,具体表现在:①作业空间大,便于机械化作业,可实现工厂化施工,工程质量有保证;②支护闭合及时,利于对变形的控制;③开挖扰动次数少,有利于围岩稳定。基于这种观点,铁道部在借鉴意大利施工经验的基础上开展"隧道围岩稳定性及其控制技术研究",着重进行软弱围岩"少分部、快速施工技术"研究。从我国施工设备现状和施工工艺水平情况来看,目前实现软弱围岩大断面隧道全断面施工还存在较大困难。因此,对于软弱围岩隧道,少分部的台阶法应该是以后一定时期内的主要工法。

2)支护技术

深埋软弱围岩隧道施工过程中变形大、来压快,常规支护结构容易发生开裂破损、钢架扭曲,甚至发生侵限现象。因此,针对深埋软弱围岩应适当采取加强型或控制型支护措施，以应对显著的变形量。可选择的控制措施包括：长锚杆技术、长锚索技术、大截面钢架技术、可缩式钢架技术、早高强喷混凝土技术、扩大拱脚支护技术、双层或多层支护技术等[133-157]。上述支护控制技术在国内实际工程中均有应用实例，但缺少深入的理论研究基础，各种支护措施的适用范围不清，实际操作中缺乏综合考虑、统筹应对的理念，往往控制效果不显著。

1.2.6 存在的问题

综上所述，对于深埋软弱围岩隧道大变形的控制，主要存在的问题表现在以下几个方面：

①对隧道大变形的定义还不明确，缺乏统一的界定标准；

②对软弱围岩变形空间特征研究不够系统，缺少重点部位（如掌子面及其前方围岩及拱脚部位等）变形规律及特点的研究；

③软弱围岩隧道稳定性辨识技术不完善，仍处于探索阶段，缺少能反映现场实际和指导施工的研究成果。

④变形控制技术体系不完整，遇到问题时缺乏统筹和综合考虑，往往处理过于简单，容易造成措施失效，引发不良后果。

1.3 本书的研究重点和主要成果

软弱围岩隧道大变形现象主要表现为变形侵限、喷层脱落掉块、支护开裂、钢架扭曲、拱脚失稳、底板隆起，甚至局部地段发生坍塌或二次衬砌开裂等。这些现象的发生，不仅容易引发施工安全和施工质量问题，同时也对建设工期和投资造成不利影响。现代隧道理论经历了半个多世纪的发展，隧道修建技术也日趋走向成熟与完善，但随着人类社会活动不断扩展，新问题和新要求也相应而生，软弱围岩大变形问题就是目前的热点问题之一。与日益增多的隧道建设需求相比，关于软弱围岩隧道大变形问题的研究还相对滞后，尤其是关于深埋软弱围岩隧道的变形特征、变形机理、隧道稳定性判别技术以及变形控制技术等方面的研究尚处于探索阶段，相应的研究成果系统性、适用性不强，理论研究和工程实践方面均存在明显不足，与实际要求上存在一定差距。

本书以铁路隧道工程为研究背景，以数值模拟、现场试验为主要研究手段，针对深埋软弱围岩隧道施工过程中的科学与技术问题，重点开展了施工过程隧道空间变形规律及机制、围岩稳定性与支护结构承载力极限状态判别技术、隧道变形控制理念及关键控制技术等方面的研究。通过研究，从宏观上掌握了软弱围岩隧道施工过程中空间变形的发展、演化规律，揭示了软弱围岩隧道掌子面前方变形、掌子面挤出变形和拱脚变形相对显著的重要特征，阐释了软弱围岩产生大变形的内在机制，为实现隧道施工过程中有效的变形控制和施工管理奠定了依据和基础；从隧道体系构成出发，提出并形成了围岩和支护结构失稳的判据和分析方法，并分析确定了不同工况下隧道稳定性极限位移和极限承载能力，为实现软弱围岩隧道动态施工决策和科学管理提供了技术平台；以隧道施工变形特征为依据，以柔性支护理念为指导，并结合当前国内施工技术水平和近期发展动态，形成了以开挖技术、支护技术、超前支护技术、掌子面稳定技术、拱脚稳定技术、空间监控量测技术等共同构成软弱围岩隧道变形综合控制体系。该技术体系强调“统筹考虑、综合控制”的基本原则，可有效改善目前由于技术单一而造成的不利局面。

第2章　软弱围岩隧道变形特征分析

2.1　软弱围岩隧道变形特征的研究意义和手段

硬岩隧道一般变形较小，而且隧道开挖后，变形很快就能达到稳定状态，施工过程中也仅仅表现出局部掉块、层间滑动等局部失稳现象。与硬岩不同，软弱围岩一般表现出变形量级大、变形发展速度快、持续时间长等特点。如兰武二线的乌鞘岭隧道岭脊段最大水平收敛达1209mm，最大拱顶下沉达1053mm；兰渝铁路两水隧道最大水平收敛达499mm，最大拱顶下沉达757mm；贵广铁路天平山隧道2号斜井工区最大水平收敛达344mm，最大拱顶下沉达379mm。上述三座隧道初期变形速率分别达到了165mm/d、60mm/d和41.2mm/d。可见，对于软弱围岩隧道，必须采取有效措施对施工变形进行合理控制，否则将会引发一系列工程问题，如支护侵限、喷层开裂、钢架扭曲，甚至坍塌等。若想实现对软弱围岩隧道变形的有效控制，必须首先摸清软弱围岩隧道的变形特征及其发展、演化规律。可以说，对变形特征及其发展规律的研究是软弱围岩隧道设计和施工的基础和前提。这是因为：

①变形量级决定了预留变形量的大小；

②掌子面前方变形形态及范围决定了超前支护的形式和参数；

③洞周变形规律及持续时间决定了开挖方案和支护技术；

④变形发展形态及围岩承受变形的能力为施工动态管理提供依据。

隧道的施工变形规律可通过现场实测、室内模型试验和数值模拟等手段获取。现场实测应该是最能反映工程实际的有效手段，但根据目前的技术水平，测试工作往往集中在掌子面后方的洞周变形上，实现掌子面前方的系统布测难度较大，而且测试成本较高，不宜大量开展；室内模型试验可实现隧道施工变形的全过程模拟，但一般成本也相对较高,试验准备、测试工作复杂,一般也不宜大量开展;而数值模拟由于实施方便、成本低、节省时间,易于大量开展,是目前普遍采用的方法。

本书以数值模拟为主要研究手段,并结合典型工程现场试验结果,重点分析软弱围岩隧道施工变形的空间展布规律,揭示典型工法——台阶法施工过程中重点部位的变形特征及发展规律。

2.2 工况及计算模型

根据目前国内隧道工程施工技术水平和现场实际情况,对于交通类暗挖隧道,如铁路隧道、公路隧道和地铁隧道等,常用的施工方法主要有全断面法、台阶法以及分部施工方法(包括环形开挖预留核心土法、CD 法、CRD 法、单侧壁导坑法、双侧壁导坑法、中洞法)等,其中以台阶法最为常见。因此研究中,选取铁路隧道为主要工程背景,以目前国内普遍采用的台阶法为主要研究工法(上台阶长度 9m,落底滞后下台阶掌子面 15m,上台阶扁平率:单线 0.55、双线 0.42),采用大型软件 FLAC3D 进行三维建模与分析。本章以 300m 埋深为例,对不同断面形式和围岩级别的软弱围岩隧道变形空间展布规律开展分析研究。

根据我国铁路隧道设计规范的相关条款,软弱围岩所涵盖的围岩级别为Ⅳ、Ⅴ两个级别,文中主要针对Ⅳ、Ⅴ两种围岩级别开展相关内容的研究。考虑到不同岩性间围岩物性指标差距较大,参照铁道部“隧道围岩稳定性及其控制技术(2009 G 005)”的研究成果,研究中又将Ⅴ级围岩分为$Ⅴ_a$、$Ⅴ_b$两个亚级,围岩物性指标如表 2-1 所示。

围岩计算参数 表 2-1

围岩级别	计算参数				
	密度 ρ (kg/m^3)	弹性模量 E ($\times 10^9$Pa)	泊松比 μ	黏聚力 c ($\times 10^5$Pa)	内摩擦角 φ (°)
Ⅳ	2450	4	0.3	5.0	39
$Ⅴ_a$	2400	1	0.4	3.0	27
$Ⅴ_b$	2200	0.3	0.43	2.0	24

隧道横断面参照铁路系统时速 200km/h 客货共线隧道断面标准图[118],分别考虑单、双线两种断面形式(见图 2-1 和图 2-2)。不同工况支护参数如表 2-2 所示。

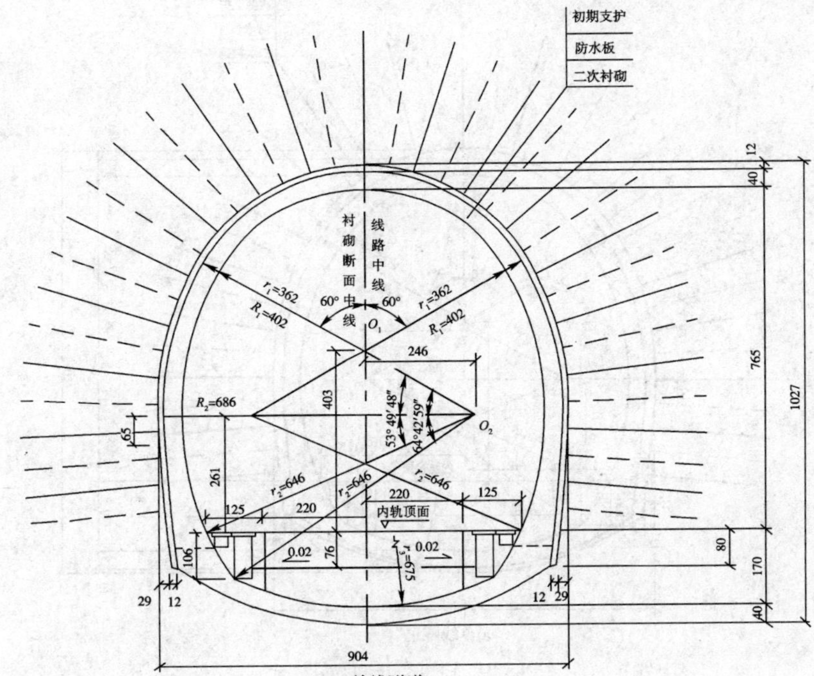

a)单线隧道

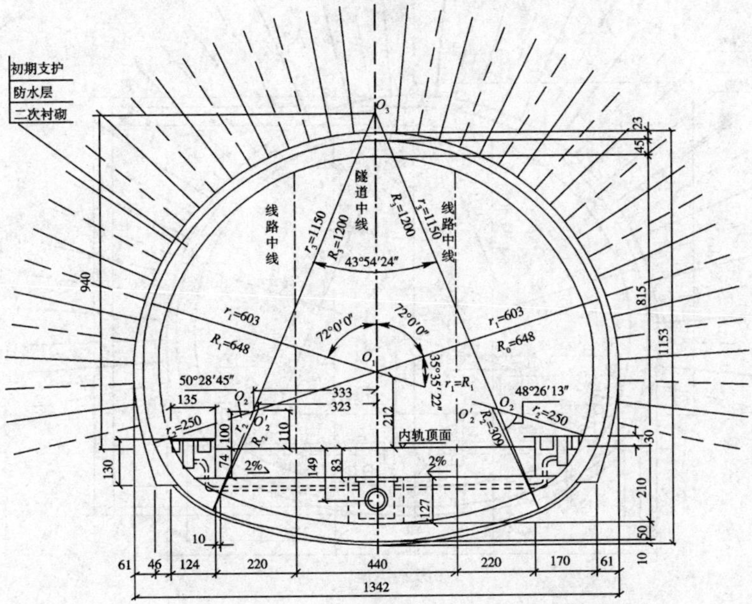

b)双线隧道

图 2-1 Ⅳ级围岩复合式衬砌断面(尺寸单位:mm)

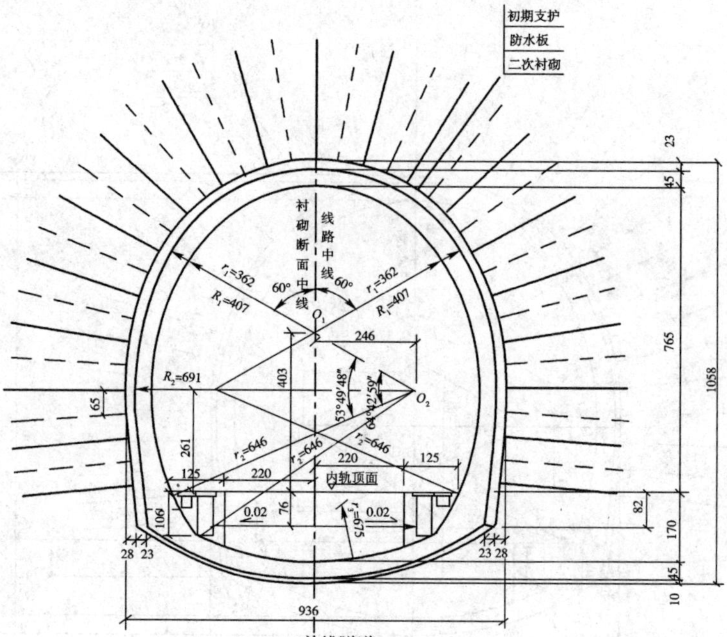

a)单线隧道

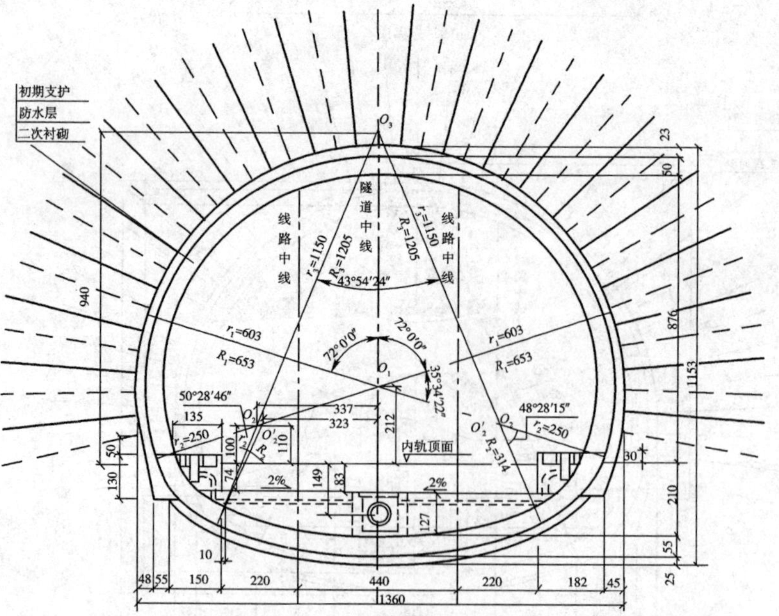

b)双线隧道

图 2-2　Ⅴ级围岩复合式衬砌断面(尺寸单位:mm)

不同工况支护参数　　表2-2

围岩级别	单线隧道				双线隧道			
	混凝土喷层		锚杆		混凝土喷层		锚杆	
	强度等级	厚度(mm)	长度(m)	间距(m)(环×纵)	强度等级	厚度(mm)	长度(m)	间距(m)(环×纵)
Ⅳ	C25	120	3.0	1.2×1.2	C25	230	3.5	1.2×1.2
V_a	C25	230	3.0	1.2×1.0	C25	270	4.0	1.2×1.0
V_b	C25	250	3.0	1.2×1.0	C25	270	4.0	1.2×1.0

计算模型中,为减少边界约束效应,计算范围按左右边界距隧道中心线距离不小于5倍洞径考虑,底部边界距隧道底部的距离按不小于3倍隧道高度考虑。侧面及底部边界采用位移边界条件,顶部采用应力边界以模拟埋深条件(顶部施加的应力按自重应力场考虑)。数值计算采用cable单元模拟锚杆、shell单元模拟喷层支护,计算模型如图2-3所示。

a)整体模型示意

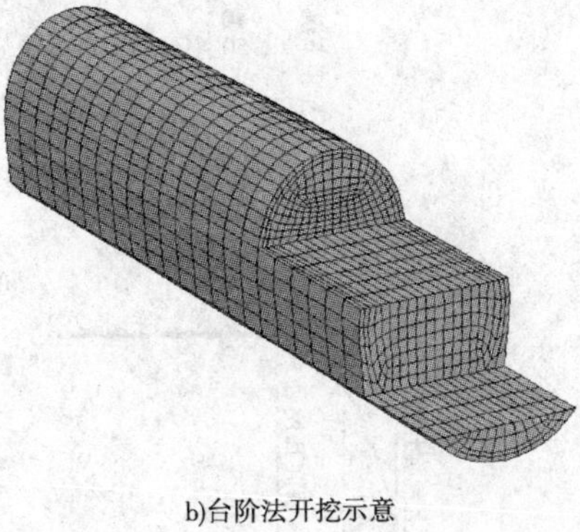

b)台阶法开挖示意

图2-3　三维数值计算模型单元划分

2.3　洞周位移发展规律

2.3.1　计算结果分析

典型工况下(双线隧道Ⅴ级围岩),洞周变形施工过程演化形态如图2-4和图

2-5所示，不同工况结果汇总见表2-3。

隧道洞周变形计算结果 表2-3

计算工况	水平收敛(mm)				拱顶下沉(mm)		拱脚下沉(mm)	
	拱脚收敛		墙腰收敛					
	终值	先行变形比例(%)	终值	先行变形比例(%)	终值	先行变形比例(%)	终值	先行变形比例(%)
Ⅳ级单线	7.9	4.4	26.7	3.3	18.9	15.5	13.5	5.5
V_a级单线	103.6	10.9	241.1	7.0	88.1	29.9	58.9	6.2
V_b级单线	321.7	22.6	907.0	12.7	294.6	41.9	249.2	13.1
Ⅳ级双线	17.7	5.0	19.1	9.6	23.0	26.3	9.47	8.9
V_a级双线	118	29.0	171.0	15.3	105.0	57.3	67.5	22.4
V_b级双线	418	50.7	582.0	34.7	344.0	69.5	225	30.7

注：先行变形比例为掌子面前方变形占其总变形的比值。

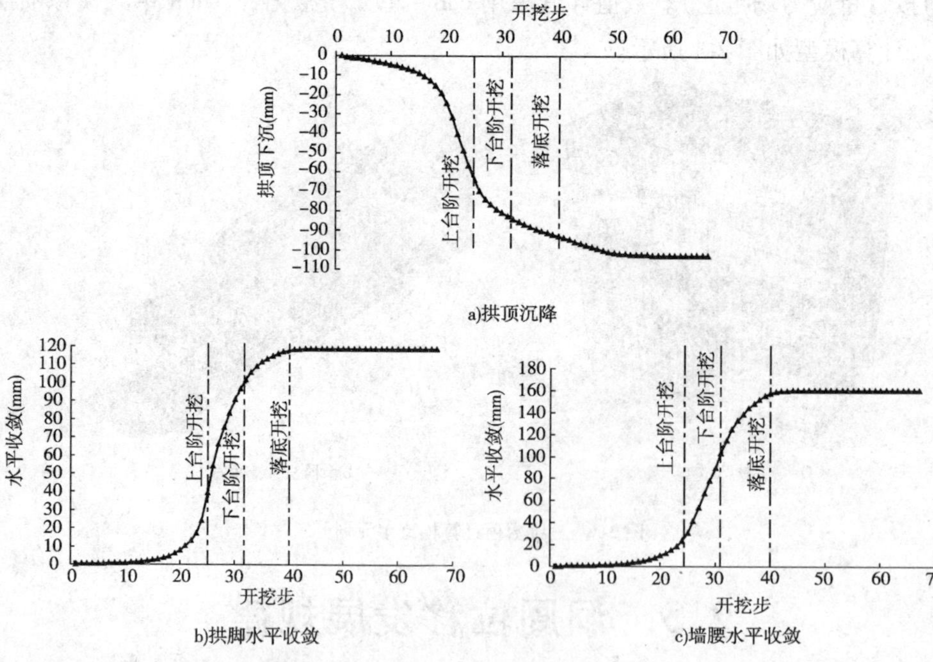

图2-4 V_a级围岩双线隧道洞周典型部位变形演化形态

从计算结果可以看出，隧道施工洞周变形曲线一般包括三个部分，即开挖面前方先行变形、掌子面变形和掌子面后方变形。隧道洞周累计变形在很大程度上受隧道断面尺寸、围岩特性影响。

在计算条件下，Ⅳ级围岩单、双线隧道洞周变形一般不大，而V_a、V_b级围岩变形相对显著。随着围岩条件的变差，隧道变形量级不断增大，如Ⅳ级围岩单线隧道拱顶下沉为18.9mm、拱脚收敛为7.9mm、拱腰收敛为26.7mm，V_a级围岩时拱顶下沉、拱脚收敛和墙腰收敛分别为88.1mm、103.6mm和241.1mm，而V_b级围岩时，上述三个部位变形则分别达到294.6mm、321.7mm和907.0mm。掌子面前方变形（先行变形）占累计变形总量的比例差异较大，一般情况下，掌子面前方变形比例随围岩变差而显著加大（这一点与毛洞计算结果有别，这主要是由于支护结构施作后约束了洞周后期变形发展所致）。

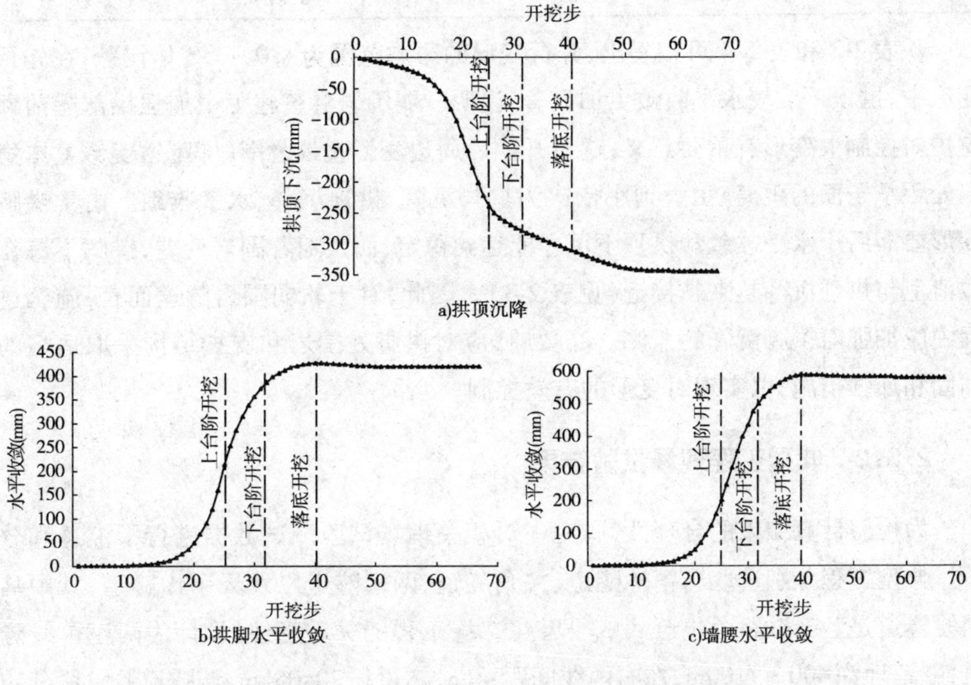

图2-5 V_b级围岩双线隧道洞周典型部位变形演化形态

断面尺寸及形状除了对洞周变形量级产生影响外，还对变形形态产生显著影响，根据表2-4，单线隧道水平收敛相对突出（尤其拱腰收敛相对突出），而双线隧道拱顶下沉较单线隧道明显。

表2-4为不同工况下隧道周边变形在掌子面前后的影响范围（表中掌子面后方变形影响距离为相应部位累计变形量达终值的95%时，所处断面位置距掌子面的距离，掌子面前方变形影响距离是指当变形量值为终值的5%时所处位置距掌子面的距离，D为隧道设计跨度）。

隧道变形影响范围　　表2-4

计算工况	掌子面后方变形影响距离(D)				掌子面前方变形影响范围(D)
	拱顶沉降	拱脚沉降	拱脚收敛	墙腰收敛	
Ⅳ级单线	2.74	2.74	2.23	2.57	1.20
V_a 级单线	2.64	2.81	1.65	2.31	1.32
V_b 级单线	2.63	2.63	1.48	2.14	1.32
Ⅳ级双线	1.50	1.57	1.07	1.21	1.07
V_a 级双线	1.57	1.64	1.00	1.21	1.21
V_b 级双线	1.43	1.50	0.57	0.71	1.29

从表2-3和表2-4可以看出,先行变形的影响范围为1.0～1.3倍洞跨;在先行变形中,拱顶下沉较水平收敛更加显著,说明软弱围岩隧道施工中加强拱部超前预支护对控制大变形有重要意义;隧道开挖后周边变形收敛范围(即隧道变形基本稳定处距掌子面的距离)由大到小依次为拱脚沉降、拱顶沉降、水平收敛。由于拱脚变形要滞后于水平收敛和拱顶下沉才能达到稳定,而且随着围岩变差,拱脚下沉在数值上与拱顶沉降越来越接近(见表2-3)。因此,对于软弱围岩隧道而言,施工过程中应加强对拱脚沉降的监测。必要时,应对拱脚处围岩和支护结构采取适当的加固和加强措施,以实现对变形的有效控制。

2.3.2 典型工程现场试验结果

为检验计算结果的合理性,研究中对相关现场试验测试数据进行了汇总和分析。典型工程分别选取乌鞘岭隧道、关角隧道、两水隧道以及天平山隧道,其中乌鞘岭隧道是兰新铁路兰州至武威段增建二线工程的关键枢纽,设计为两座单线隧道,隧道埋深400～1100m,左右两线间距40m,隧道长20.05km,该隧道岭脊段分布有F4～F7断层破碎带和千枚岩段,围岩软弱破碎,施工变形显著;关角隧道是西格二线控制性工程,设计为双洞单线隧道,全长32.6km,为我国在建最长铁路隧道,该隧道区域断裂构造发育,正洞通过的区域性断裂有3条,次级断裂共14条。其中以二郎洞—巴彦哈尔一带最为发育,并以二郎洞断层为主,由F3、F17、F20、F22、F23、F25组成一条庞大的断层束,长约3000m,隧道主体埋深在300m以上;兰渝铁路两水隧道位于甘肃省武都区白龙江左岸中山区,地形较为陡峻,相对高差400m,隧道最大埋深346m,全长4922.35m,隧道穿越地层主要为志留系中、上统千枚岩夹板岩、炭质千枚岩夹板岩等；新建贵广铁路天平山隧道全长 14005m，最大埋深 775m，为双线单洞隧道，是贵广铁路的控制性工程之一，隧道洞身穿过奥陶系、寒武系地层，以砂岩、页岩为主，局部段落为页岩夹炭质页岩，砂岩裂隙发育，且洞身段穿越四条区域性大断层，地下水发育，工程地质复杂。各试验段测试数据的汇总结果见表 2-5 和表 2-6。

典型单线隧道现场量测变形技术指标统计表 表 2-5

隧道名称	围岩级别	区段	累计变形(mm)		最大变形速率(mm)		最大变形发生位置
			最大值	平均值	最大值	平均值	
关角隧道	V_b	DyK304 +420 ~ DyK304 +400	197.21	161.31	26.00	17.70	DyK304 +420 拱脚收敛
关角隧道	V_b	DzK304 +460 ~ DzK304 +450	215.51	166.46	43.39	26.43	DzK304 +460 拱脚收敛
关角隧道	V_b	DzK304 +346 ~ DzK304 +326	505.71	467.84	14.87	11.62	DzK304 +335 拱脚收敛
乌鞘岭隧道	V_b	F4 断层主带	324.31	125.12	73.46	25.62	YDK170 +495 墙腰收敛
乌鞘岭隧道	V_b	F4 断层影响带	343.10	91.87	58.58	19.55	YDK170 +410 墙腰收敛
乌鞘岭隧道	V_b	岭脊板岩地层	473.91	211.25	122.05	38.72	YDK174 +555 拱腰收敛
乌鞘岭隧道	V_b	F7 右线隧道	310.51	124.87	79.65	30.76	YDK177 +370 墙脚收敛
乌鞘岭隧道	V_b	F7 左线隧道	367.03	195.60	81.61	35.90	DK177 +290 拱顶下沉
平均值			—	193	—	25.8	—

典型双线隧道现场量测变形技术统计表 表 2-6

隧道名称	围岩级别	断面里程	拱顶下沉(mm)	拱脚水平收敛(mm)	墙腰水平收敛(mm)
两水隧道	V_b	DK359 +453.239	279	338.2	89.9
两水隧道	V_b	DK359 +458.116	151	275.0	112.0
两水隧道	V_b	DK359 +462.685	358	371.3	187.2
两水隧道	V_b	DK359 +467.616	392	298.5	—
两水隧道	V_b	DK359 +472.550	412	286.0	—
两水隧道	V_b	DK359 +476.365	385	383.6	—

续上表

隧 道 名 称	围岩级别	断面里程	拱顶下沉（mm）	拱脚水平收敛（mm）	墙腰水平收敛（mm）
两水隧道	V_b	DK359 +481.342	362	255.3	134.0
两水隧道	V_b	DK359 +486.387	126	189.0	3.7
两水隧道	V_b	DK359 +492.188	197	317.5	91.0
两水隧道	V_b	DK359 +497.988	257	341.2	—
两水隧道	V_b	DK359 +502.132	188	114.4	—
两水隧道	V_b	DK359 +507.648	140	101.2	—
两水隧道	V_b	DK357 +370	116.8	95.7	—
两水隧道	V_b	DK357 +375	117.0	73.6	—
两水隧道	V_b	DK357 +380	97.2	77.7	—
天平山隧道	V_a	DK372 +635	154.4	170	152.9
天平山隧道	V_a	DK372 +630	172.8	179.9	140.1
天平山隧道	V_a	DK372 +625	174.6	173.7	142.3
天平山隧道	V_a	DK372 +620	164.3	144.6	141.7
天平山隧道	V_a	DK372 +780	149.6	159.1	124.7
天平山隧道	V_a	DK372 +775	173.3	165.5	134.4
天平山隧道	V_a	DK372 +771	155.9	129.4	136.1
天平山隧道	V_a	DK372 +765	188.3	149.4	163.2
天平山隧道	V_a	DK372 +760	379.6	344.1	256
天平山隧道	V_a	DK372 +840	124.5	107.9	85.5
天平山隧道	V_a	DK372 +850	120.3	118.8	91.3
天平山隧道	V_a	DK372 +860	112.3	118	89.8
天平山隧道	V_a	DK372 +870	115.4	107.3	91.7
天平山隧道	V_a	DK372 +527	75.1	74.6	48.4
天平山隧道	V_a	DK372 +522	73.6	67.2	48.1
天平山隧道	V_a	DK372 +517	64.4	69.5	41.8
Ⅴ级围岩双线隧道各项最大值			412	383.6	256
Ⅴ级围岩双线隧道各项平均值			192.8	187.0	113.9

试验结果显示，现场测试数据离散性较大，其原因主要在于隧道埋深及各测试断面地质条件不完全一致，同时施工工艺（包括支护措施、开挖参数等）也存在差

异。虽然数据存在较大离散性，但其均值却能反映出隧道施工变形的一般规律。对比实测数据和计算结果可以看出，二者反映出的规律基本一致：①一般情况下软弱围岩隧道变形量大；②单线隧道的主变形主方位为水平收敛，而双线隧道拱顶下沉亦相对显著。另外，表2-5中的实测结果还反映出软弱围岩隧道施工中变形速率较大这一特点。

2.4 掌子面挤出变形特征

2.4.1 计算结果分析

图2-6为300m埋深下V_a级围岩双线隧道上、下台阶掌子面纵向挤出变形的等值线云图（其他工况下掌子面挤出变形形态与该工况基本一致，此处略），300m埋深不同工况的计算结果如表2-7所示。根据计算结果，隧道施工过程中，Ⅳ级围岩掌子面纵向挤出变形不明显，但随着围岩变弱掌子面挤出变形越来越显著（如单线隧道V_a级围岩上台阶掌子面最大挤出变形为94.2mm，而V_b围岩则达到

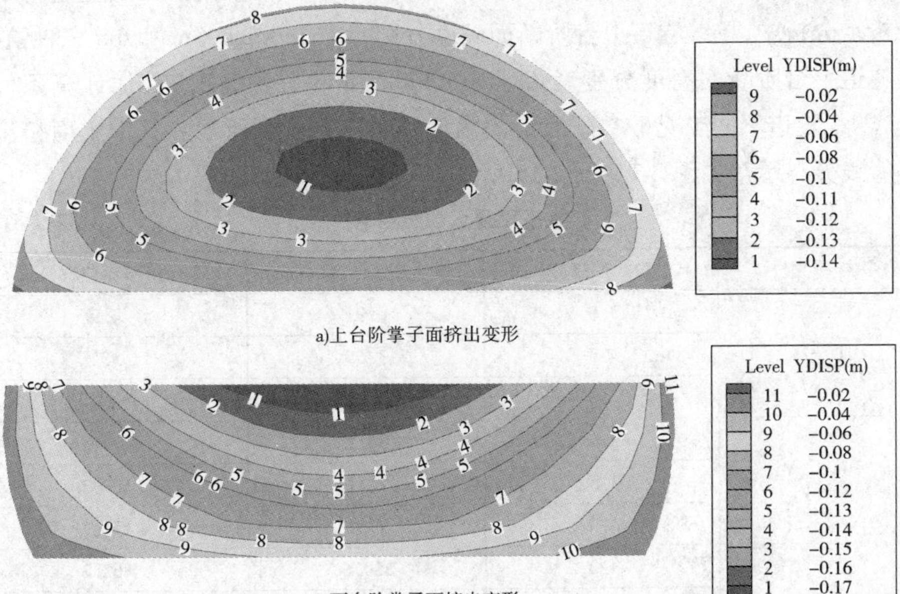

图2-6 V_a级围岩双线隧道掌子面挤出变形云图

250.6mm）；隧道断面尺寸对掌子面挤出变形的影响也较大，以 V_a 级围岩为例，单线隧道上台阶掌子面挤出变形为 94.2mm，而双线隧道达到了 142.0mm。因此，对于深埋隧道 V_a、V_b 级围岩区段掌子面的稳定性问题不容忽视，施工中应采取适当措施，以有效控制掌子面变形，并确保掌子面稳定。从变形云图可以看出，上台阶最大挤出变形发生在掌子面中部偏下位置，下台阶最大挤出变形发生在台阶顶部。在实际工程中，如果选择预留核心土法控制掌子面变形，则核心土的平面尺寸不宜过小。

掌子面挤出变形结果　　表 2-7

计算工况	计算变形（mm）		计算工况	计算变形（mm）	
	上台阶	下台阶		上台阶	下台阶
Ⅳ级单线	0.91	4.90	Ⅳ级双线	10.6	5.9
V_a 级单线	94.2	117.8	V_a 级双线	142.0	181.0
V_b 级单线	250.6	862.2	V_b 级双线	643.0	916.0

2.4.2　不同上台阶高度掌子面挤出效应

为进一步揭示台阶法施工过程中软弱围岩隧道掌子面挤出变形特征，计算中对单、双线铁路隧道不同上台阶断面高度条件下掌子面的纵向挤出效应进行了模拟分析。分析中，单线隧道上台阶断面高度分别考虑了 3m、4.5m 和 6m 三种情况，双线隧道上台阶断面高度分别考虑了 4m、5m 和 6m 三种情况（其他计算条件不变）。单线隧道不同工况下掌子面最大纵向位移如表 2-8 所示。其掌子面挤出变形等值线分布示意如图 2-7 ~ 图 2-15 所示。

掌子面最大纵向位移　　表 2-8

围岩级别	上台阶断面高度（m）	上台阶断面位移（mm）	下台阶断面位移（mm）
Ⅳ	3.0	0.91	4.9
	4.5	3.65	3.2
	6.0	5.95	2.4
V_a	3.0	36.2	117.8
	4.5	72.1	127.3
	6.0	99.1	112.7
V_b	3.0	250.6	862.2
	4.5	447.2	904.3
	6.0	587.4	841.5

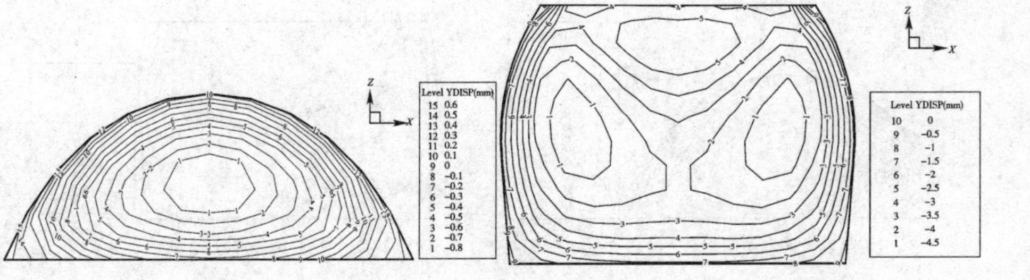

a)上断面　　b)下断面

图 2-7　Ⅳ级围岩上台阶断面高度 3m 时掌子面挤出变形等值线分布示意

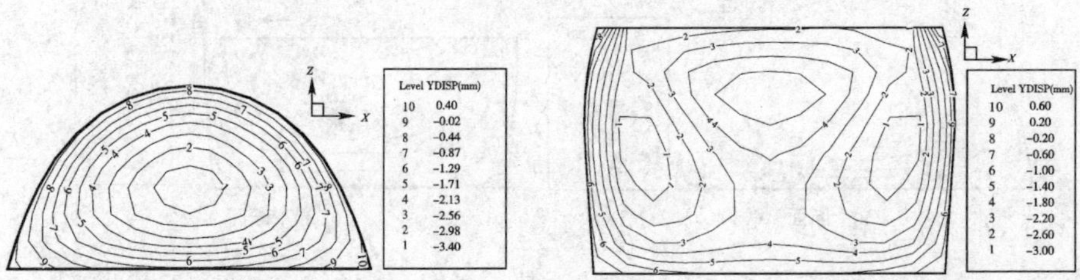

a)上断面　　b)下断面

图 2-8　Ⅳ级围岩上台阶断面高度 4.5m 时掌子面挤出变形等值线分布示意

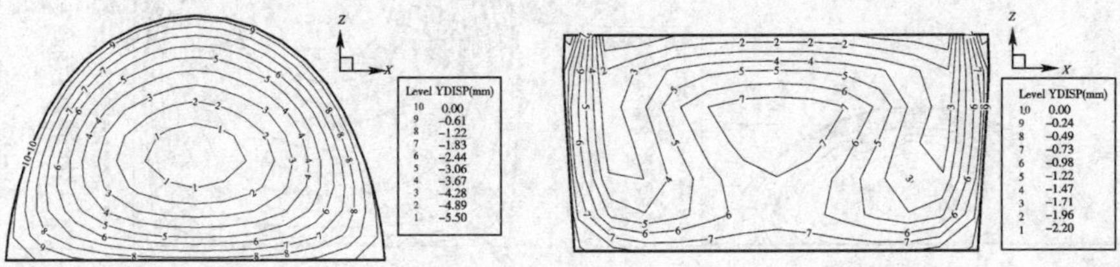

a)上断面　　b)下断面

图 2-9　Ⅳ级围岩上台阶断面高度 6m 时掌子面挤出变形等值线分布示意

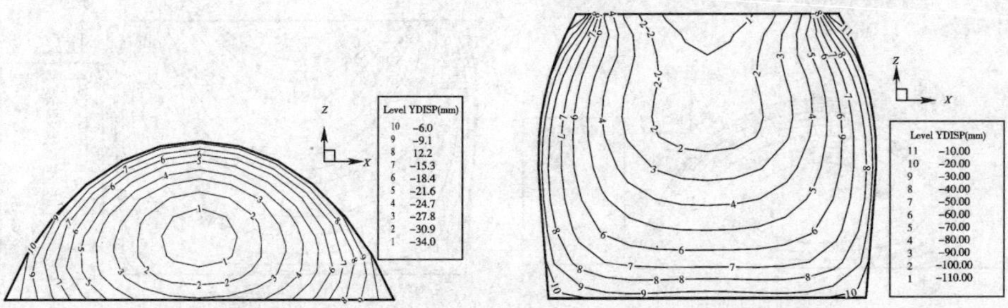

a)上断面　　b)下断面

图 2-10　V_a 级围岩上台阶断面高度 3m 时掌子面挤出变形等值线分布示意

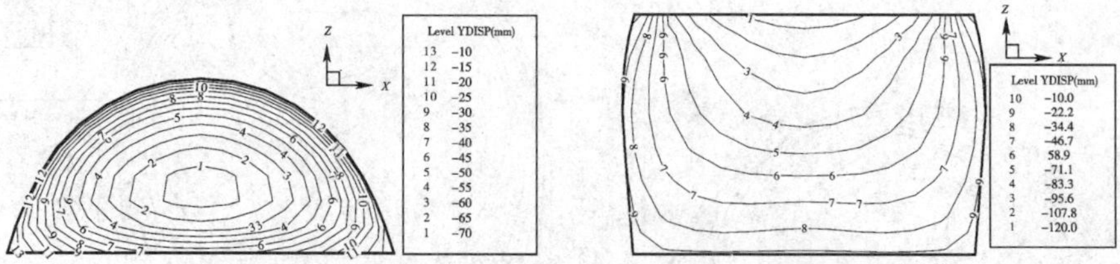

a)上断面　　b)下断面

图 2-11　V_a 级围岩上台阶断面高度 4.5m 时掌子面挤出变形等值线分布示意

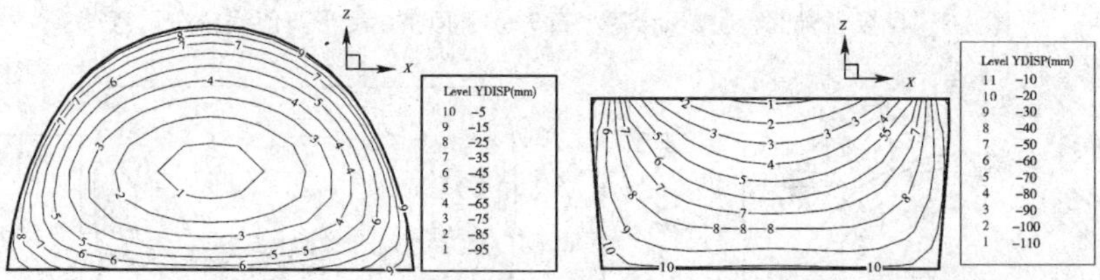

a)上断面　　b)下断面

图 2-12　V_a 级围岩上台阶断面高度 6m 时掌子面挤出变形等值线分布示意

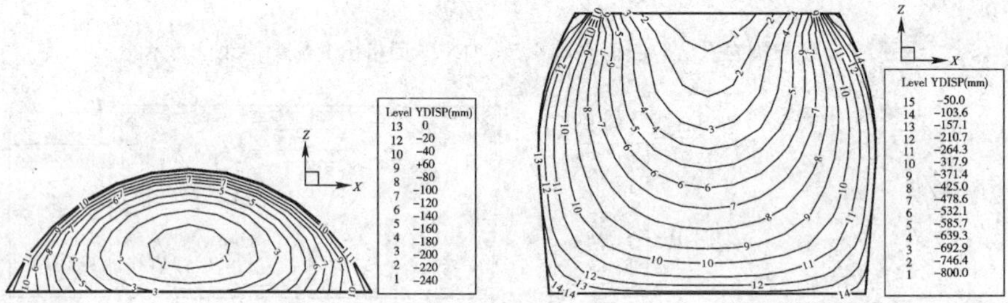

a)上断面　　b)下断面

图 2-13　V_b 级围岩上台阶断面高度 3m 时掌子面挤出变形等值线分布示意

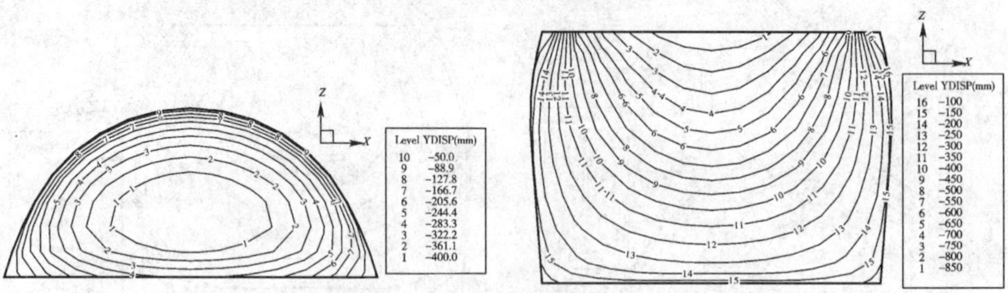

a)上断面　　b)下断面

图 2-14　V_b 级围岩上台阶断面高度 4.5m 时掌子面挤出变形等值线分布示意

从计算结果可以看出：①上台阶断面掌子面挤出变形随上台阶断面高度基本呈线性增长规律发展；②相同工况下(围岩级别和上断面高度相同)，下台阶断面最大挤出变形大于上台阶断面最大挤出变形；③同级围岩条件下，三种计算工况中，上台阶断面高度为4.5m时，下台阶断面挤出变形最显著；④在围岩条件相对较好的条件下(如Ⅳ级围岩)，随上台阶断面高度的不断增加，下台阶掌子面最大挤出变形发生的位置由跨中两侧逐渐向上、向中部发展，对于Ⅴ级围岩的两个亚级，下台阶掌子面最大挤出变形均发生在台阶顶部中间位置。

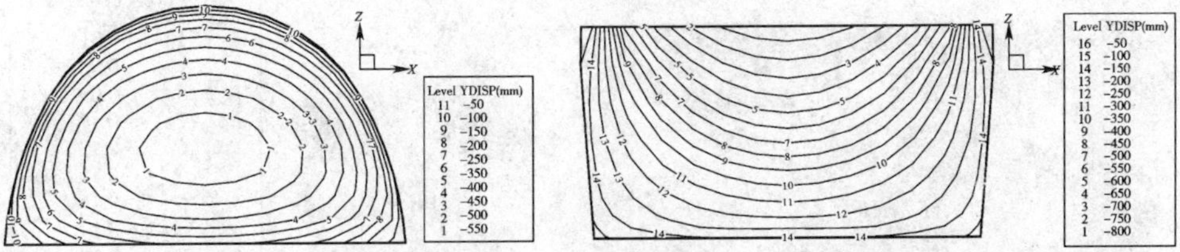

a)上断面　　b)下断面

图2-15　V_b级围岩上台阶断面高度6m时掌子面挤出变形等值线分布示意

对于双线情况，掌子面最大挤出变形结果如表2-9所示，典型工况掌子面挤出变形等值线分布如图2-16～图2-18所示。

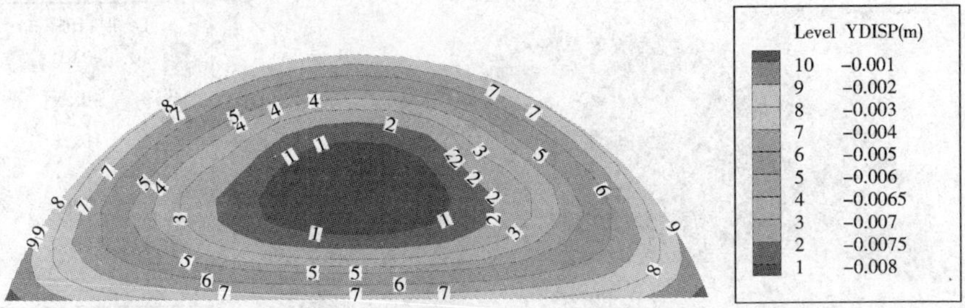

a)上断面

b)下断面

图2-16　Ⅳ级围岩上台阶断面高度5m时掌子面挤出变形等值线分布示意

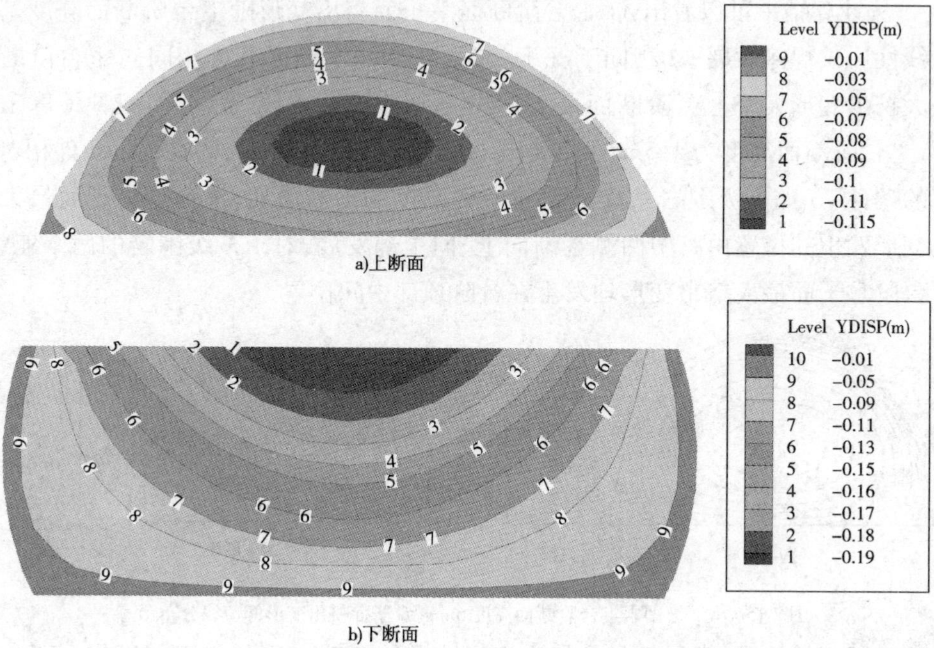

a)上断面

b)下断面

图 2-17　V_a 级围岩上台阶断面高度 5m 时掌子面挤出变形等值线分布示意

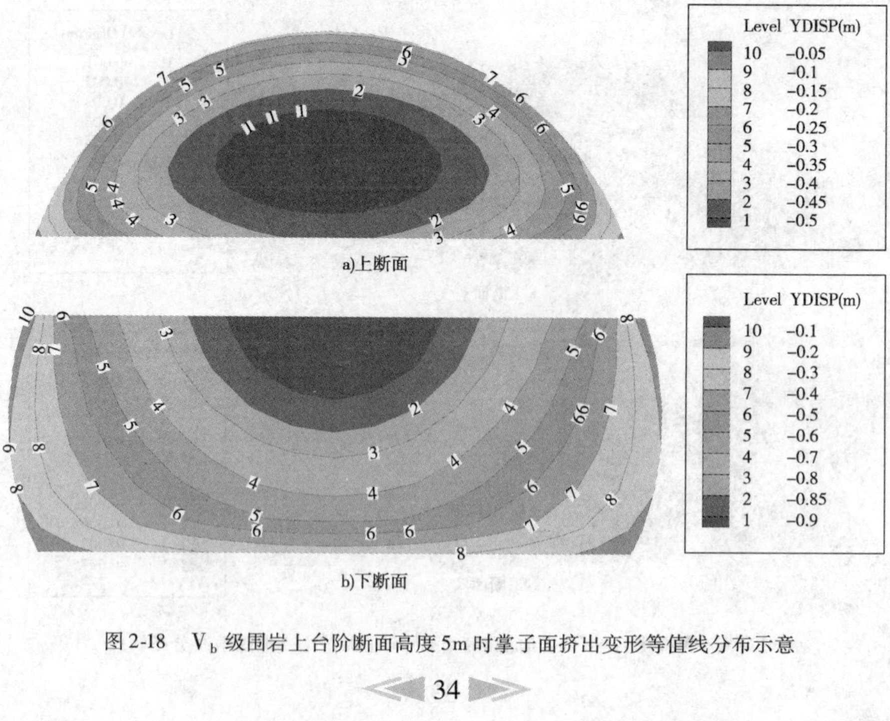

a)上断面

b)下断面

图 2-18　V_b 级围岩上台阶断面高度 5m 时掌子面挤出变形等值线分布示意

对比单、双线隧道计算结果可以看出：①相同围岩条件下，双线隧道掌子面挤出变形更为显著；②与单线隧道相比，随上台阶断面高度的增加，双线隧道下台阶掌子面挤出变形变化不显著，但大体呈减小趋势（V_b 级围岩结果除外）；③随上台阶断面高度增加，上下台阶掌子面最大挤出变形的位置及上台阶掌子面挤出变形的发展规律，单、双线隧道基本一致。

掌子面最大挤出变形结果　　表 2-9

围岩级别	上台阶断面高度（m）	上台阶断面位移（mm）	下台阶断面位移（mm）
Ⅳ	4.0	6.8	8.1
	5.0	8.6	7.7
	6.0	9.9	6.0
V_a	4.0	101	209
	5.0	120	202
	6.0	136	189
V_b	4.0	456	958
	5.0	547	962
	6.0	632	957

2.4.3　不同台阶长度掌子面挤出效应分析

为进一步解释软弱围岩掌子面挤出效应特点，研究中以埋深 300m、上断面扁平率为 0.55 为例，在Ⅳ、V_a、V_b 三种围岩级别条件下，模拟分析了不同上台阶长度的施工效应。计算参数见表 2-1。掌子面挤出变形的计算结果如图 2-19 和图 2-20所示。根据目前工程实践情况，对于相对较差的围岩，为施工安全起见，一般要求支护要及早闭合。因此，对于双线隧道 V_b 围岩的台阶计算长度取值不宜过大，否则没有实际工程意义。

计算结果反映出台阶长度的增加总体上对掌子面挤出变形影响不大，但随着围岩的变差，上台阶掌子面挤出变形随台阶长度的增加而减小的趋势逐渐明显。出现这种现象的原因是由下部断面核心土效应所决定的。当围岩相对较好时，下台阶断面自身稳定性较好，因此较小的纵向台阶长度就可有效地控制上部掌子面纵向挤出变形；当围岩较差时，下部围岩自身稳定性较差，台阶长度（相当于核心土长度）必须足够长才能起到稳定上部掌子面的作用。

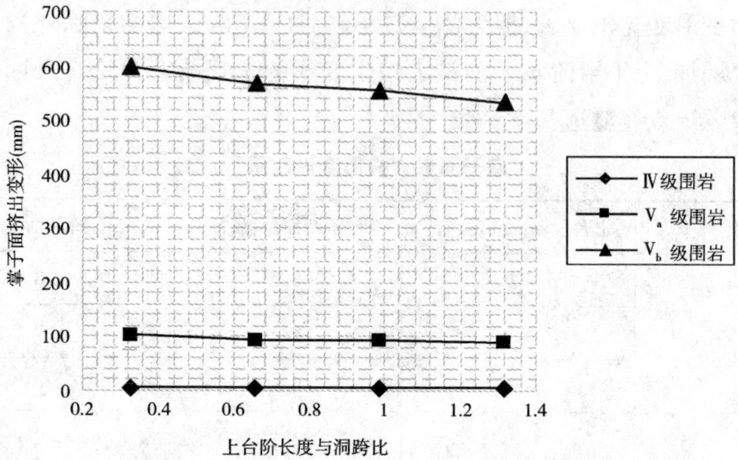

图 2-19　单线隧道上台阶掌子面挤出变形随上台阶长度的变化规律

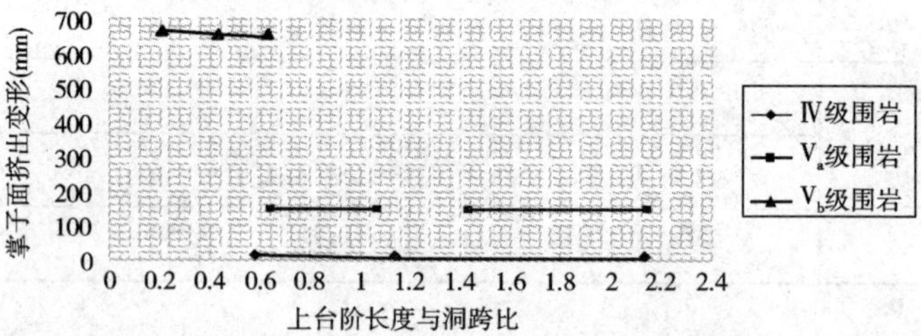

图 2-20　双线隧道上台阶掌子面挤出变形随上台阶长度的变化规律

2.4.4　掌子面挤出变形与洞周变形的关系

根据前述分析结果，软弱围岩隧道在施工过程中掌子面的挤出变形和洞周先行变形均相对明显。为进一步揭示软弱围岩隧道的变形特征，研究中，对台阶法工法下掌子面挤出变形与洞周变形的相互关系进行了分析和探讨。根据 2.4.2 节和 2.4.3 节的研究结果，在台阶法施工过程中，掌子面挤出变形受上台阶断面开挖高度和围岩级别影响较受台阶长度影响显著。为此，本节主要针对台阶法工况下不同上台阶断面高度时掌子面挤出变形与上台阶断面洞周先行变形的相互关系开展相关分析。计算工况和计算参数同 2.4.2 节。计算结果如表 2-10 ~ 表 2-11 和图 2-21 ~ 图 2-22 所示。

单线隧道掌子面挤出变形与洞周先行变形计算结果 表2-10

围岩级别	上台阶断面高度（m）	上台阶掌子面挤出变形（mm）	拱顶先行下沉（mm）	拱脚先行沉降（mm）	拱脚先行收敛（mm）
Ⅳ	3.0	0.91	1.24	0.62	0.58
	4.5	3.65	2.29	0.47	0.48
	6.0	5.95	3.25	0.39	0.22
V_a	3.0	36.2	11.89	4.72	2.49
	4.5	72.1	21.15	2.97	7.49
	6.0	99.1	28.57	2.15	12.22
V_b	3.0	250.6	62.64	32.67	31.06
	4.5	447.2	107.07	20.77	80.88
	6.0	587.4	138.79	10.32	130.08

双线隧道掌子面挤出变形与洞周预变形计算结果 表2-11

围岩级别	上台阶断面高度（m）	上台阶掌子面挤出变形（mm）	拱顶先行下沉（mm）	拱脚先行沉降（mm）	拱脚先行收敛（mm）
Ⅳ	4.0	6.8	4.34	0.38	0.85
	5.0	8.6	5.32	0.43	0.63
	6.0	9.9	6	0.59	0.55
V_a	4.0	101	57.5	11.1	22.6
	5.0	120	60.9	11.3	24.8
	6.0	136	63.5	11.8	30.2
V_b	4.0	456	223	63	156
	5.0	547	235	64	170
	6.0	632	244	64	196

从计算结果可以看出，上台阶掌子面挤出变形与上台阶断面洞周先行变形基本呈线性关系。上台阶掌子面挤出变形的发生势必将引起上部核心部土体（掌子面前方土体）的横向收缩变形（若不计体变的影响）。因此，在图2-21和图2-22中反映出拱顶先行变形随上台阶掌子面挤出变形呈线性增长的发展趋势。而拱脚先行变形随上台阶掌子面挤出变形的变化规律主要是由上台阶开挖断面的尺寸和形状改变所致。从上面的分析可以得出以下结论，即在实际工程中若采取有效措施将掌子面挤出变形控制在一个较合理的范围内，则拱顶先行变形也可得到较好控制。

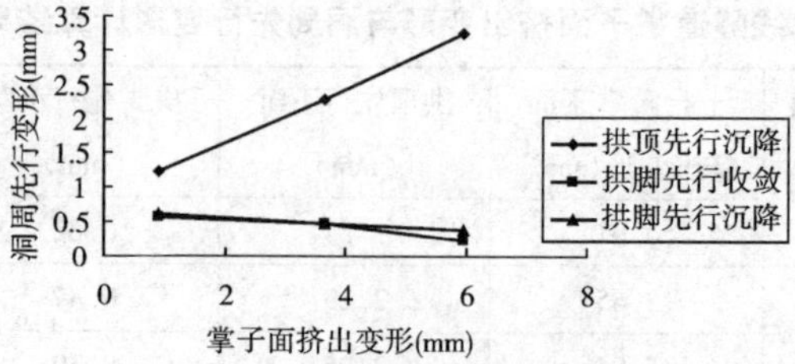

a)Ⅳ级围岩

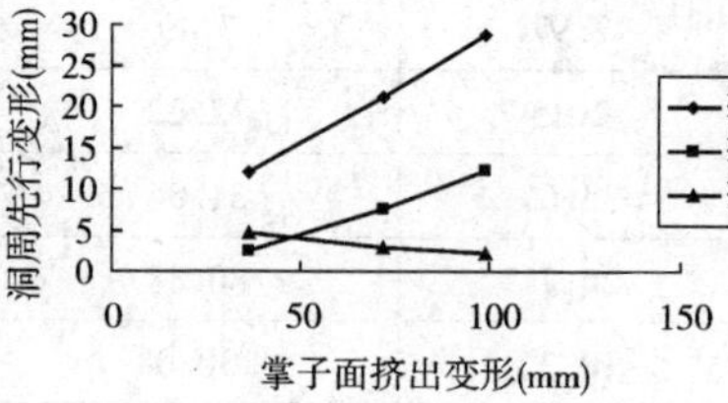

b)V_a级围岩

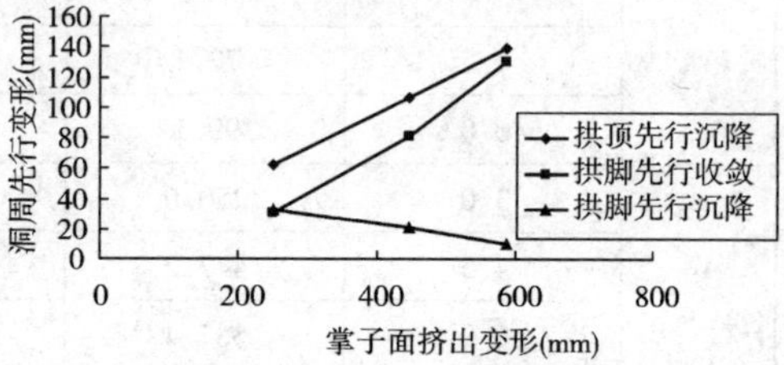

c)V_b级围岩

图 2-21　单线隧道上部断面掌子面挤出变形与洞周先行变形关系

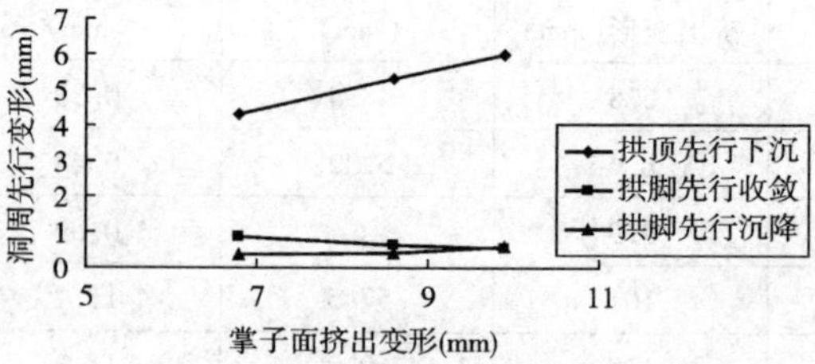

a)Ⅳ级围岩

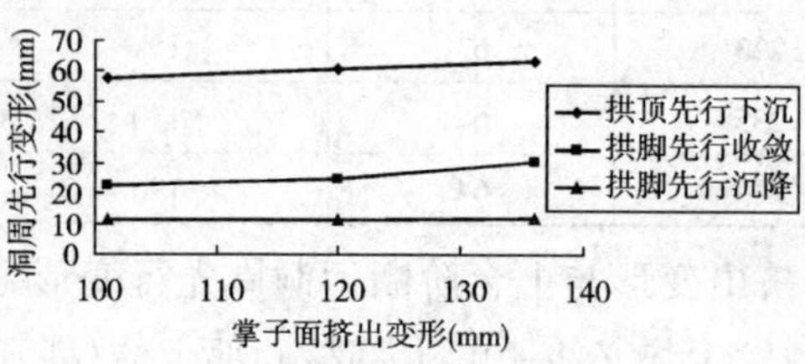

b)V_a级围岩

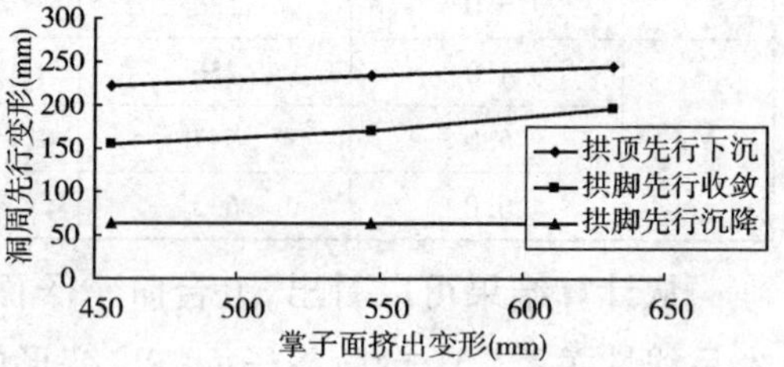

c)V_b级围岩

图 2-22　双线隧道上台阶断面掌子面挤出变形与洞周先行变形关系

2.4.5　典型工程现场试验结果

为反映隧道施工过程中掌子面内部围岩的变形规律，兰渝铁路两水隧道在国内首次开展隧道掌子面前方围岩内部纵向位移及沉降量测。两水隧道位于甘肃省武都区白龙江左岸中山区，地形较为陡峻，相对高差400m，隧道最大埋深346 m，为双线隧道，全长4922.35 m；隧道全段岩性以千枚岩夹板岩及炭质千枚岩夹板岩为主，弱富水，围岩级别为V级；施工中采用台阶法开挖方式。测试中，掌子面内部纵向位移采用意大利SISGEO公司的T-REX滑动测微计进行量测；掌子面内部沉降采用国产XB338-B型智能数显滑动式沉降仪进行量测。

根据数值分析结果，掌子面挤出变形影响范围在开挖面前方(1.2～1.3)D，上台阶断面最大值发生位置为上台阶中下部。现场测管埋设位置基本与上台阶掌子面计算最大挤出变形发生位置相一致，采用潜孔钻车成孔，钻孔直径130mm，孔深30m，埋设ϕ70PVC测管，测管内每隔1m设磁力测环一个，测管与孔壁间注水泥浆锚固。测试工作于2010年6月全面展开，图2-23为现场测管埋设的照片，测试结果如图2-24和图2-25所示。

图2-23 埋管作业

根据测试结果，隧道掌子面围岩内部纵向位移明显，最大纵向位移127mm，靠近掌子面部位纵向位移速率明显大于深部测点，先行变形影响范围约为1.2倍洞跨；隧道掌子面围岩内部最大沉降达99.8mm，先行变形影响范围约为1.5倍洞跨。

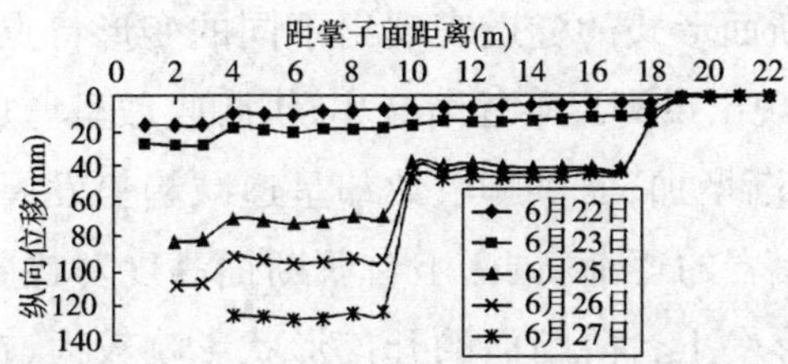

图2-24 掌子面内部纵向位移量测结果

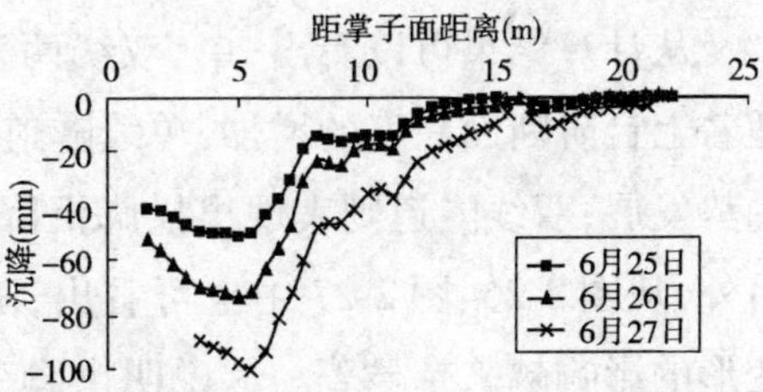

图2-25 掌子面内部沉降量测结果

2.5 拱脚变形特征

根据表2-3的计算结果,软弱围岩隧道拱脚下沉变形相对显著。为此,研究中采用数值分析方法对软弱围岩隧道拱脚变形随上台阶断面高度和台阶长度的变化规律开展了系统研究,计算条件与2.4节相同,以进一步揭示台阶法施工过程中软弱围岩隧道施工变形规律和特征。

2.5.1 拱脚变形随上台阶断面高度的变化规律

表2-12和表2-13分别为不同围岩级别单、双线隧道拱脚变形随上台阶断面高度变化的计算结果,变化规律如图2-26和图2-27所示。

单线隧道拱脚变形随上台阶断面高度的变化结果　　表2-12

上台阶断面高度	Ⅳ级围岩		V_a 级围岩		V_b 级围岩	
	拱脚沉降	拱脚收敛	拱脚沉降	拱脚收敛	拱脚沉降	拱脚收敛
3	13.45	7.88	58.86	103.56	249.22	321.64
4.5	9.25	15.16	51.18	134.16	236.54	466.87
6	3.98	22.24	38.4	196.13	200.2	722.52

双线隧道拱脚变形随台阶断面高度的变化结果　　表2-13

上台阶断面高度	Ⅳ级围岩		V_a 级围岩		V_b 级围岩	
	拱脚沉降	拱脚收敛	拱脚沉降	拱脚收敛	拱脚沉降	拱脚收敛
4	8.15	16.8	57.5	129	239	510
5	8.41	16.4	59.9	120	253	480
6	8.95	16.5	64.1	120	272	474

从计算结果可以看出,单、双线两种断面形式的隧道表现出不同的变形特点。随着上台阶断面高度的增加,单线隧道表现出拱脚沉降逐渐减小,拱脚收敛呈增加趋势发展;双线隧道则表现出拱脚沉降逐渐增加,而拱脚收敛却呈递减趋势发展。另外,从图2-26、图2-27中也可看出,随围岩的逐渐变弱,上台阶断面高度对拱脚变形的影响越来越显著。这说明拱脚变形受上台阶断面的开挖形状影响较大,在实际施工过程中,应根据实测变形形态,针对变形突出的方位,选择合理的开挖分部尺寸并采取相应的辅助措施,以实现最终变形的合理控制。

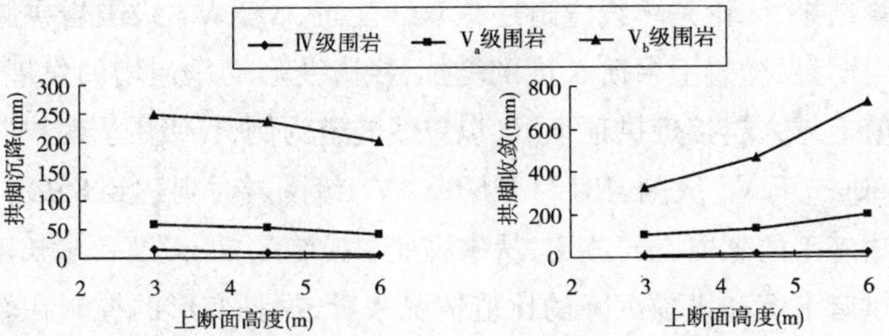

a)拱脚沉降　　b)拱脚收敛

图 2-26　单线隧道拱脚变形随上台阶断面高度变化规律

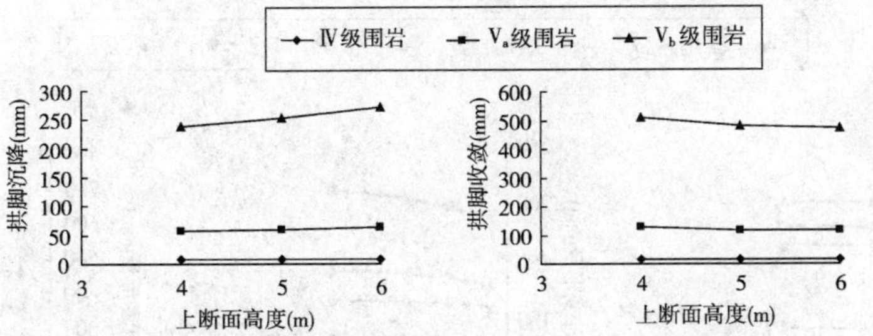

a)拱脚沉降　　b)拱脚收敛

图 2-27　双线隧道拱脚变形随上台阶断面高度变化规律

2.5.2　拱脚变形随上台阶长度的变化规律

图 2-28 和图 2-29 分别为不同围岩级别单、双线隧道典型部位变形随上台阶长度的变化规律。

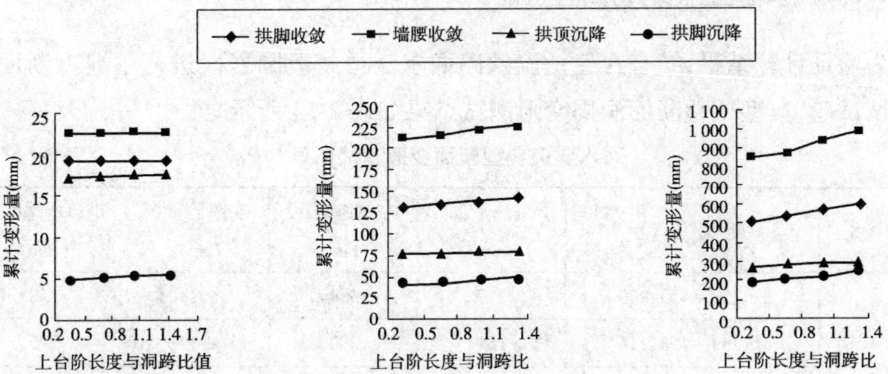

a)Ⅳ级围岩　　b)V_a级围岩　　c)V_b级围岩

图 2-28　不同围岩级别单线隧道典型部位变形随上台阶长度的变化规律

根据计算结果，无论是单线隧道还是双线隧道，V_a、V_b 级围岩拱脚沉降和拱脚收敛均相对明显，随着上台阶长度的增加，拱脚变形均呈递增的发展趋势，且拱脚下沉在数值上越来越接近拱顶下沉（以单线隧道为例，Ⅳ级围岩时拱脚下沉约占拱顶沉降的30%，而 V_a 级围岩时约占60%，V_b 级围岩时则达到85%）。因此，对于采用台阶法施工的软弱围岩隧道，从拱脚变形控制效果出发，台阶长度也不宜过长。从上述拱脚下沉和拱顶沉降的比值情况来看，拱脚变形的控制在软弱围岩隧道施工中不容忽视，换句话说，拱脚变形控制是实现软弱围岩大变形控制的关键技术之一。

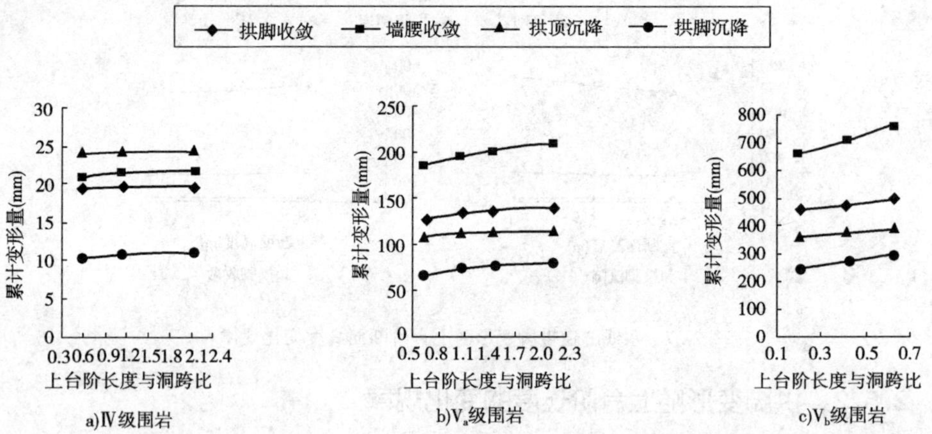

图 2-29　不同围岩级别双线隧道典型部位变形随上台阶长度的变化规律

2.5.3　典型工程现场试验验证

为验证计算结果，结合在建兰渝铁路两水隧道Ⅴ级围岩段进行了典型断面现场测试试验，典型试验断面洞周变形测试结果如表 2-14 所示。

两水隧道典型断面变形测试结果　　表 2-14

围岩级别	断面里程	拱顶下沉（mm）	左拱脚下沉（mm）	右拱脚下沉（mm）	拱脚水平收敛（mm）
V_b	DK359 +453.239	279	364	488	338
	DK359 +458.116	151	280	549	275
	DK359 +462.685	358	346	606	371
	DK359 +467.616	392	320	700	298

续上表

围岩级别	断面里程	拱顶下沉(mm)	左拱脚下沉(mm)	右拱脚下沉(mm)	拱脚水平收敛(mm)
V_b	DK359 +472.550	412	332	557	286
	DK359 +476.365	385	479	537	384
	DK359 +481.342	362	465	339	255
	DK359 +486.387	126	428	437	189
	DK359 +492.188	197	379	613	318
	DK359 +497.988	257	594	483	341
	DK359 +502.132	188	78	280	114
	DK359 +507.648	140	44	47	101
最小值		126	44	47	101
最大值		412	594	700	384
平均值		271	342	470	273

从测试结果可以看出,各断面拱脚下沉均较为明显,从而印证了在数值分析中关于软弱围岩隧道台阶法施工过程中拱脚沉降问题突出这一重要结论。但从量测数据上看,现场监测拱脚变形普遍较计算结果大,一方面是由于数值模拟分析中所采用的计算参数与现场实际情况存在差异,另一方面也可反映出施工技术及工艺水平对隧道变形的影响不容忽视。

2.5.4 台阶法施工中拱脚沉降机制分析

(1)掌子面挤出效应引发上半断面整体下沉

前述计算结果和现场试验显示:对于Ⅴ级围岩隧道,台阶法施工中上、下台阶掌子面的挤出变形均十分显著。若不计围岩体变的影响,在如此显著的纵向挤出变形影响下,势必将造成开挖面前方核心土上部围岩的整体下沉,而对于软弱围岩隧道而言,往往上台阶长度均相对较短,因此掌子面的挤出变形对上半断面整体沉降的影响不容忽视。这一点与全断面开挖底板隆起现象有所不同,这主要是由于掌子面尤其是下台阶掌子面的纵向挤出变形所造成的。

(2)上台阶基底承载刚度不足造成支护拱脚沉降

铁路隧道一般遵循“随挖随支”的施工原则,尤其对软弱围岩隧道而言更是如此。上半断面支护后,在围岩压力的作用下,支护结构将产生向下的位移分量,而且随着开挖的继续进行，支护结构所受围岩压力逐渐增大。由于支护结构拱脚在围岩上作用面积较小，当上台阶拱脚处地基承载力不足或支撑刚度较小时，势必会产生显著的拱脚下沉现象。

(3)后续施工效应促使拱脚进一步沉降

在下台阶开挖时，上台阶支护结构拱脚会出现暂时的悬空时段。这时，拱脚随拱部呈整体下沉趋势发展，直至下台阶支护施作完成为止。根据现场测试结果，这种由于下台阶开挖所引起的拱脚下沉相对显著，施工中不容忽视。

随着施工的继续进行，支护结构所受荷载还会持续增加，此时支护结构拱脚沉降还会进一步发展。对于软弱围岩隧道，受围岩流变特性的影响，即使支护闭合成环后，这种下沉现象还会持续一段时间。

(4)施工技术的影响

现场施工工艺和施工质量对实际拱脚下沉的影响也不容忽视。对拱脚下沉产生影响的主要施工环节有掌子面挤出变形控制效果、上台阶支护结构的脚部支撑条件(虚渣清除情况、垫板设置情况等)、锁脚锚杆的施工质量、上台阶拱脚部的积水排除情况、下台阶开挖方法和开挖质量、上下台阶支护的节点连接质量以及支护结构的闭合时机等诸方面。

对于软弱围岩隧道，有时某方位变形量的大部分是由于施工工艺或施工质量控制不到位所引起的，这一点已被工程实践所证实。因此，如何提升施工工艺水平、完善施工组织和管理体系，已成为当前复杂条件隧道(包括软弱围岩隧道)修建过程中亟待解决的问题。

2.6 小　　结

(1)隧道施工变形一般由三个部分构成，即掌子面前方先行变形、掌子面变形和掌子面后方变形。对于软弱围岩隧道，这种空间变形十分显著。因此，施工过程中如何实现对隧道空间变形的有效控制，并确保洞室稳定是决定成功与否的关键所在。

(2)在先行变形中，拱顶下沉较水平收敛更加明显，说明软弱围岩隧道施工中加强拱部超前预支护对控制大变形有重要意义。根据计算结果，掌子面前方先行变形的影响范围为1.0~1.3倍洞跨，因此，施工中一次超前支护的长度应在1倍洞跨以上,并应具备足够的支护刚度;目前常规的超前小导管注浆预支护技术由于一次支护长度短,支护刚度小,往往控制软弱围岩隧道大变形的效果不佳。

(3)软弱围岩隧道台阶法施工过程中,拱脚沉降现象较为突出,施工中为有效控制洞周变形(尤其是拱顶下沉),应适当加强拱脚稳定性控制措施。

(4)软弱围岩隧道施工过程中,掌子面纵向挤出变形明显,而且随着围岩越弱挤出变形越发显著,对于大断面软弱围岩隧道,施工过程中应采取预留核心土、掌子面超前预加固等措施,以确保掌子面的稳定,并使掌子面挤出变形得到有效控制。

(5)在常规地应力条件下,单线隧道的主变形方位为水平收敛,而双线隧道拱顶下沉亦相对显著。另外,典型工程的实测结果还反映出软弱围岩隧道施工中变形速率较大这一特点,因此在实际工程中应严格贯彻“紧支护、快封闭”这一原则。

第3章　软弱围岩隧道大变形影响因素研究

3.1　软弱围岩隧道大变形问题

深埋软弱围岩隧道施工过程中，洞室失稳和大变形是两大突出问题。关于大变形，目前还没有统一的定义和判别标准。大变形是相对正常变形而言的，各类围岩在正常施工条件下都会产生一定的变形，铁路隧道设计规范、公路隧道设计规范、新奥法指南及衬砌标准设计等根据多年经验及统计，对各类围岩及各种支护结构都制订有不同的预留变形量（见表3-1）以容纳这些正常变形。

预留变形量（单位：mm）　　表3-1

规范或标准名称	围岩级别							
	铁路单线（公路双车道）				铁路双线（公路三车道）			
	Ⅲ	Ⅳ	Ⅴ	Ⅵ	Ⅲ	Ⅳ	Ⅴ	Ⅵ
《铁路隧道设计规范》（TB 10003—2005）	10~30	30~50	50~80	设计确定	30~50	50~80	80~120	设计确定
《公路隧道设计规范》（JTG D70—2004）	20~50	50~80	80~120	现场量测确定	50~80	80~120	120~150	现场量测确定
新奥法指南	—	30~50	50~70	—	—	50~70	70~100	—
日本新奥法指南	—	25~75	75~150	>150（膨胀岩）	—	50~150	150~300	>300（膨胀岩）
标准设计（专隧0014）	20	40	80	120	—	—	—	—
标准设计（专隧0034）	—	—	—	—	50~100	100~150	150~200	—

铁二院从预留变形量出发，认为正常预留变形量对于单线隧道一般不大于150mm，对于双线隧道不大于300mm，并粗略取上述值的4/5作为正常变形值的上限。对于挤压性围岩，取上述正常值的2倍作为大变形的下限，即隧道施工时，如果初期支护发生了大于250mm（单线隧道）和500mm（双线隧道）的位移，则认为发生了大变形，并根据已有工程实例和研究成果，提出按三级划分标准，如表3-2所示。

铁路隧道大变形的变形量划分表　　表3-2

大变形等级	Ⅰ	Ⅱ	Ⅲ
单线隧道（mm）	250～500	500～700	>700
双线隧道（mm）	400～700	700～1000	>1000
相对变形（%）	4～7	7～10	>10

张祉道参考铁二院等单位南昆线大变形的科研成果以及台湾学者王泰典等的研究，建议以初期支护位移值以及支护破坏现象作为定义指标，定义大变形为：当采用常规支护隧道由于地应力较高而使其初期支护发生程度不同的破坏且位移U_a与洞壁半径a之比大于3%时，认为发生了大变形。在此基础上，参考了Hoek及Marlinos的研究成果，以洞壁相对位移为主要参数，对大变形严重程度进行了分级，具体如表3-3所示[55]。

大变形等级之现场判定　　表3-3

大变形等级	U_a/a（%）	双车道公路隧道	单线铁路隧道	初期支护破坏现象
轻度	3～6	20～35	15～25	喷混凝土层龟裂，钢架局部与喷层脱离
中等	6～10	35～60	25～45	喷混凝土层严重开裂，掉块，局部钢架变形，锚杆垫板凹陷
严重	>10	>60	>45	现象同上，但大面积发生，且产生锚杆拉断及钢架变形扭曲现象

注：1. 表中U_a为洞壁位移，a为隧道当量半径。

2. 表中变形及位移均在初期支护已施工的条件下产生，该支护系常规标准支护。

作者所在课题组参考以往类似工程经验，在乌鞘岭隧道科研攻关过程中，引入无量纲综合系数$\alpha\left(\alpha=\frac{1+\lambda}{1+2\lambda}\cdot\frac{E}{\sigma_v}\cdot\frac{R_b}{\sigma_v}\right)$，提出综合指标判定法，得出大变形分级标准，如表3-4所示[48]。在综合系数α定义中综合考虑了围岩抗压强度R_b、弹

性模量 E 以及地应力组合状态(包括垂直地应力 σ_v 和水平地应力系数 λ)等多个因素。

变形等级划分的综合指标判定法　　表 3-4

大变形的等级	Ⅰ	Ⅱ	Ⅲ
相对变形(%)	3~5	5~8	>8
综合系数 α	60~30	30~15	<15
围岩及支护特征	开挖后洞壁围岩位移较大,持续时间较长;一般支护开裂或破损较严重	开挖后围岩位移大,持续时间长;一般支护开裂或破损严重	开挖后围岩位移很大,持续时间很长;一般支护开裂或破损很严重

综合上述有关大变形的研究成果,一般认为隧道施工变形只要超过常规预留变形量时即认为产生了大变形现象,但在进行大变形分级时还应结合隧道工程的具体特点(如围岩特性、埋深、地应力组合状态、断面形式、施工方法以及支护结构形式等因素)具体考虑。

3.2　软弱围岩隧道大变形机理的解析分析

根据前述分析结果,软弱围岩隧道主要变形特征可总结为:①变形量大;②变形增长速率高;③拱脚变形显著;④掌子面挤出变形问题突出;⑤大变形荷载下支护破坏形式多样等。

为分析和阐明软弱围岩隧道大变形的发生机理,文中引入鲁宾涅特公式,其具体表达如下[119]:

$$
\begin{aligned}
R_p &= R_{p0} + R_{p0}f(\theta) \\
&= R_0\left\{\frac{[P_0(1+\lambda)+2c\cot\varphi](1-\sin\varphi)}{2P+2c\cot\varphi}\right\}^{\frac{1-\sin\varphi}{2\sin\varphi}} \times \left\{1+\frac{P_0(1-\lambda)(1-\sin\varphi)\cos2\theta}{[P_0(1-\lambda)+2c\cot\varphi]\sin\varphi}\right\}
\end{aligned} \tag{3-1}
$$

式中:R_p——一般圆形隧道围岩塑性区半径;

R_{p0}——轴对称塑性区半径;

θ——围岩内任一点极径与水平轴的夹角;

$R_{p0}f(\theta)$——与 θ 有关的塑性区半径;

P_0——竖向初始地应力,按自重应力考虑;

λ——水平初始地应力系数;

c——围岩黏聚力；

φ——围岩内摩擦角；

P——支护抗力；

R_0——隧道半径。

上式的基本解析思路可概括为如图 3-1 所示，即将一般圆形隧道的情况分解为情况 1 和情况 2 的叠加。

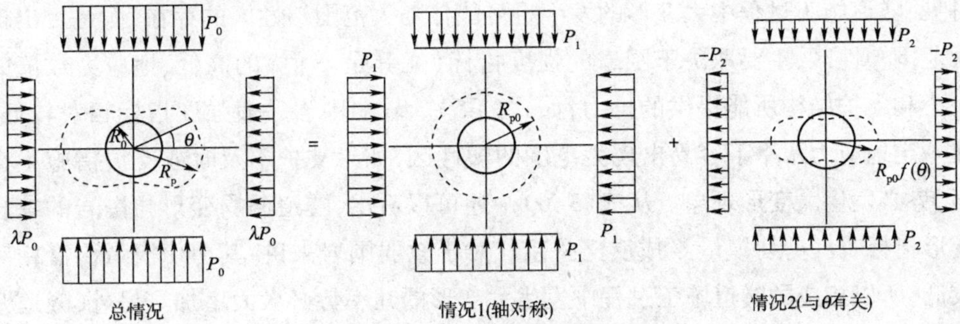

图 3-1 一般圆形隧道弹塑性分析途径

相应的，一般圆形隧道弹塑性位移可由式(3-2)表示。

$$u = \frac{1}{4GR_0}\left[R_{p0}^2 + (1+\lambda)R_{p0}f(\theta)\right]\cdot\left\{\sin\varphi\left[(1+\lambda)P_0 + 2c\cot\varphi\right]\cdot\right.$$

$$\left.\left[1+\frac{(1-\lambda)\sin\varphi}{R_{p0}(1-\sin\varphi)}f(\theta)\right] - P_0(1-\lambda)\cos2\theta\right\} \tag{3-2}$$

其中，u 为洞周位移；G 为围岩剪切模量，$G=\frac{E}{2(1+\mu)}$，E 和 μ 分别为弹性模量和泊松比；R_{p0}和 $f(\theta)$ 可分别表达为：

$$R_{p0} = R_0\left\{\frac{\left[P_0(1+\lambda)+2c\cot\varphi\right](1-\sin\varphi)}{2P+2c\cot\varphi}\right\}^{\frac{1-\sin\varphi}{2\sin\varphi}} \tag{3-3}$$

$$f(\theta) = \frac{P_0(1-\lambda)(1-\sin\varphi)\cos2\theta}{\left[P_0(1-\lambda)+2c\cot\varphi\right]\sin\varphi} \tag{3-4}$$

从式(3-1)和式(3-2)可以看出，影响隧道施工变形的主要因素包括初始地应力条件（包括竖直地应力大小和水平地应力系数）、围岩性质（包括变形参数和强度指标）、隧道尺寸以及支护抗力等。其中，水平侧压力系数主要决定了塑性区的分布形态，进而对隧道变形形态（竖向变形与水平变形的相对关系）产生相应影

响。为方便分析,假定侧压力系数为1,则此时,式(3-1)和式(3-2)则分别转化为:

$$R_p = R_0\left[\frac{(P_0 + c\cot\varphi)(1 - \sin\varphi)}{P + c\cot\varphi}\right]^{\frac{1-\sin\varphi}{2\sin\varphi}} \tag{3-5}$$

$$u = \frac{R_p^2}{2GR_0}(P_0 + c\cot\varphi)\sin\varphi \tag{3-6}$$

从式(3-6)可以看出,隧道洞周围岩变形量基本与塑性区半径的平方成正比。可见,隧道施工过程中大变形的发生将可能伴随大范围塑性区的存在,而是否出现大范围塑性区,主要取决于围岩的强度指标(尤其是 φ 值)的高低、地应力数值的大小和支护结构所能提供的抗力,如式(3-5)。软弱围岩一般强度指标相对较低,在一定地应力水平下容易出现大范围的塑性区,如果支护不及时或支护措施不得当,势必发生大变形现象。从式(3-6)中还可以看出,隧道洞周变形与围岩的综合变形指标——剪切模量 G 成反比关系。对于软弱围岩来讲,其剪切模量恰恰相对较低,所以相应的隧道施工过程中发生大变形的几率势必大大增加。另外,隧道开挖尺寸也是施工变形的主要影响因素之一,开挖尺寸越大,施工变形越显著。

综合上述分析结果,软弱围岩隧道施工过程中大变形发生的原因可归结为内因和外因两大类。内因主要为相对较高的地应力和围岩软弱(强度指标和变形指标均相对较低);而外因主要为相对较大的断面尺寸和支护措施不当。

上述分析是建立在一系列假定条件(小变形、圆形隧道、平面应变)下的,与实际工程存在一定差异,为进一步阐明深埋软弱围岩隧道大变形的原因还需借助其他方法和技术手段。

3.3 软弱围岩隧道大变形机理的数值分析

3.3.1 工况及计算条件

根据理论分析结果,影响围岩变形量级的主要因素,包括围岩级别(变形特性指标和强度特性指标)、埋深、地应力水平、开挖断面以及施工技术等。为进一步揭示软弱围岩产生大变形的内在机制,书中对围岩级别、埋深、地应力组合状态以及开挖断面形状等因素进行数值计算分析,具体分析工况如下:

(1)围岩级别影响效应

根据前面的论述，研究中主要考虑了Ⅳ、Ⅴ两个围岩级别（其中Ⅴ级围岩考虑了V_a和V_b两个围岩亚级）三种工况，分析中埋深按300m考虑，地应力按自重应力考虑。

(2)埋深影响效应

单线隧道考虑了100m、300m和500m三种工况，双线隧道考虑了50m、100m和300m三种工况，共计6种工况。

(3)地应力组合状态影响效应

分析中围岩级别分别考虑了Ⅳ、V_a、V_b三种围岩级别，围岩物性指标同前，隧道埋深按300m考虑，竖向地应力按自重地应力计，水平地应力系数组合工况如表3-5和表3-6所示（表中λ_1为横向水平地应力系数，λ_2为纵向水平地应力系数）。

单线隧道计算工况 表3-5

工　况	地应力组合	开挖方法
工况1	$\lambda_1=\lambda_2=0.75$	上台阶长9m，下台阶长15m
工况2	$\lambda_1=\lambda_2=1.0$	
工况3	$\lambda_1=\lambda_2=1.35$	
工况4	$\lambda_1=1.0,\lambda_2=0.75$	
工况5	$\lambda_1=1.35,\lambda_2=0.75$	
工况6	$\lambda_1=0.75,\lambda_2=1.0$	

双线隧道计算工况 表3-6

工　况	地应力组合	开挖方法
工况1	$\lambda_1=\lambda_2=0.75$	上台阶长6m，下台阶长6m
工况2	$\lambda_1=\lambda_2=1.0$	
工况3	$\lambda_1=\lambda_2=1.35$	
工况4	$\lambda_1=1.0,\lambda_2=0.75$	
工况5	$\lambda_1=1.35,\lambda_2=0.75$	

(4)断面形式影响效应

主要考虑了Ⅳ、Ⅴ级围岩的单、双线隧道的标准断面形式。

在上述各分析工况中，仍以台阶法施工技术作为主要分析对象，台阶长度和各级围岩计算参数的取值和分析模型见第2章相关论述。

3.3.2 围岩级别影响效应

在300m埋深、自重应力场条件下，台阶法施工过程中不同级别围岩隧道周边累计变形量的数值计算结果如表 3-7 所示。

300m 埋深条件下洞周位移 表 3-7

计算工况	水平收敛(mm)		拱顶下沉(mm)	拱脚下沉(mm)
	拱脚收敛	墙腰收敛		
Ⅳ级单线	7.9	26.7	18.9	13.5
V_a 级单线	103.6	241.1	88.1	58.9
V_b 级单线	321.7	907.0	294.6	249.2
Ⅳ级双线	17.7	19.1	23.0	9.47
V_a 级双线	118	171.0	105.0	67.5
V_b 级双线	418	582.0	344.0	225

根据上表,Ⅳ级围岩一般变形较小,V_a、V_b 级围岩水平收敛则已经达到或超过正常变形的上限,即产生大变形。根据数值分析、现场实测资料以及相关工程经验,对于铁路隧道(单、双线),一般Ⅰ～Ⅳ级围岩区段发生大变形的几率很小,而Ⅴ级围岩则在一定条件下极易产生大变形,这说明围岩特性是产生隧道大变形的一个不可忽视的重要因素。

隧道变形与围岩级别之间的变化规律如图 3-2 和图 3-3 所示,从图中可以看出,隧道施工变形随围岩级别的增加呈加速增长的趋势。

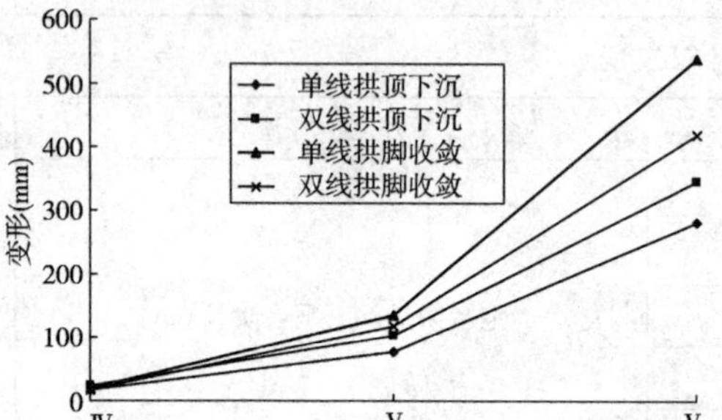

图 3-2 隧道变形与围岩级别的关系曲线

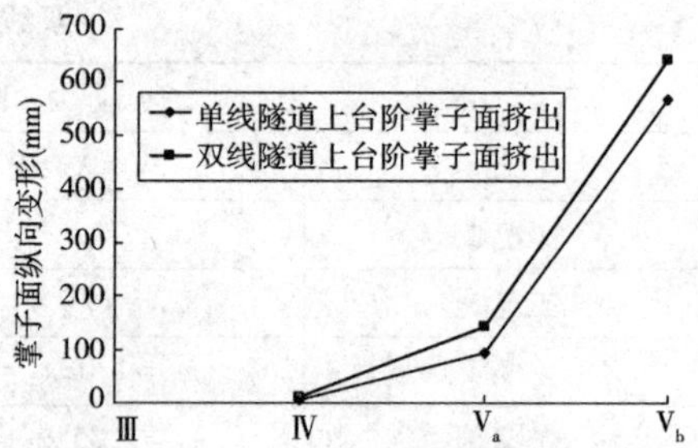

图 3-3 掌子面最大挤出变形与围岩级别的关系曲线

为进一步分析不同围岩条件对隧道变形影响的内在原因,给出了表 3-7 计算条件下双线隧道不同工况的塑性区分布情况,如图 3-4 所示。计算结果显示,不同级别围岩隧道施工过程中,塑性区的分布规律基本相同,但屈服范围存在较大差别。Ⅳ级围岩掌子面前方塑性区深度约 3.0m,周边塑性范围约为 2.5m;V_a 级围岩掌子面前方塑性区深度约 7.0m,周边塑性范围约为 7.5m;而 V_b 级围岩掌子面前方塑性区深度则达 10.0m，周边塑性范围达 13.0m。从计算结果可以得出以下结论，即围岩越差、施工变形量级越大，所对应的围岩塑性区范围越大。单线隧道塑性区发展规律与双线隧道基本相同。

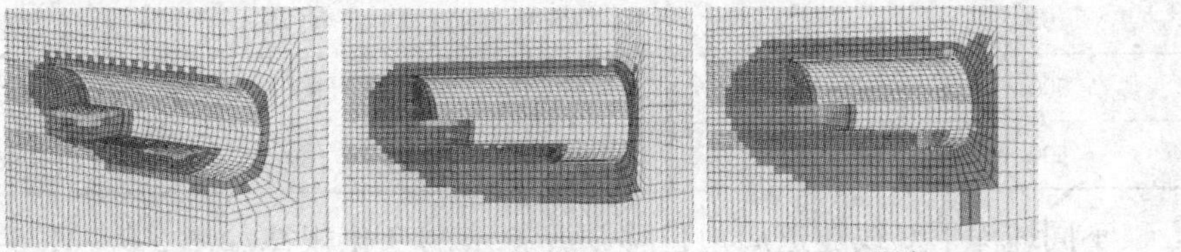

a)Ⅳ级围岩　　b)V_a级围岩　　c)V_b级围岩

图 3-4　双线隧道不同级别围岩塑性区分布形式

3.3.3 埋深影响效应

(1)洞周变形结果分析

不同埋深下单线隧道周边变形随开挖步的变化规律如图 3-5 ~ 图 3-8 所示，计算结果见表 3-8。

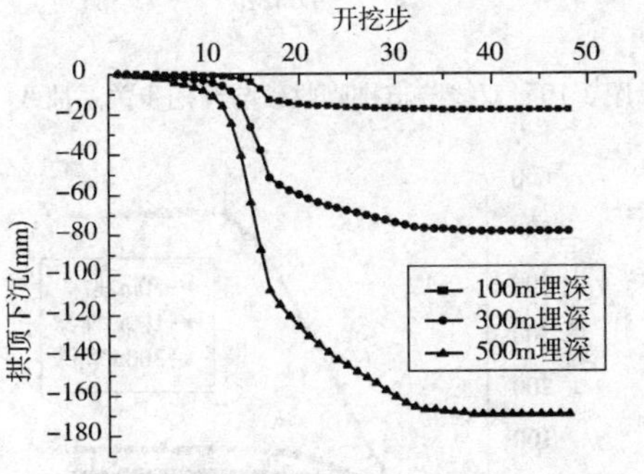

图 3-5　单线隧道拱顶下沉与开挖步关系曲线

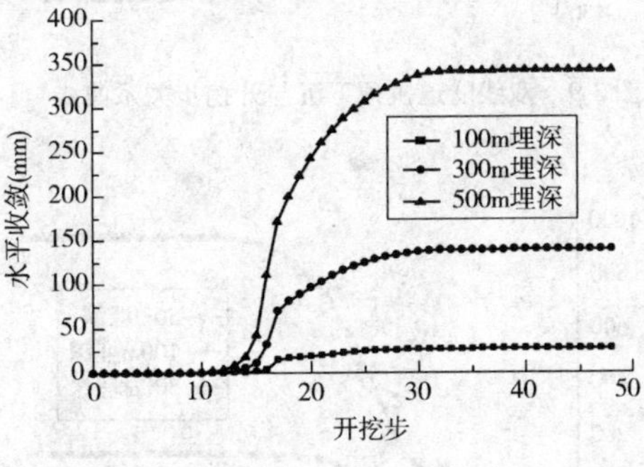

图 3-6　单线隧道拱脚收敛与开挖步关系曲线

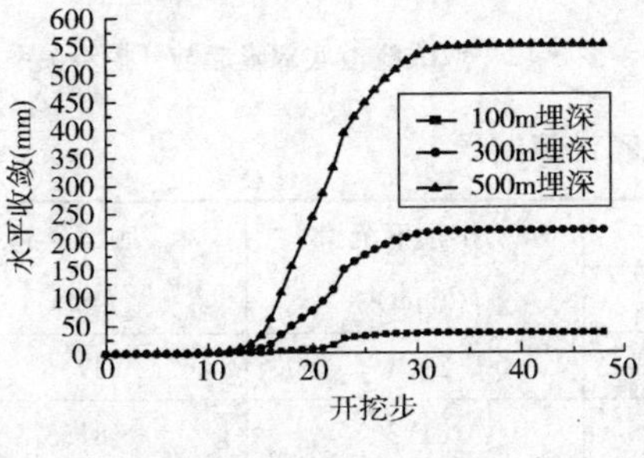

图 3-7　单线隧道墙腰收敛与开挖步关系曲线

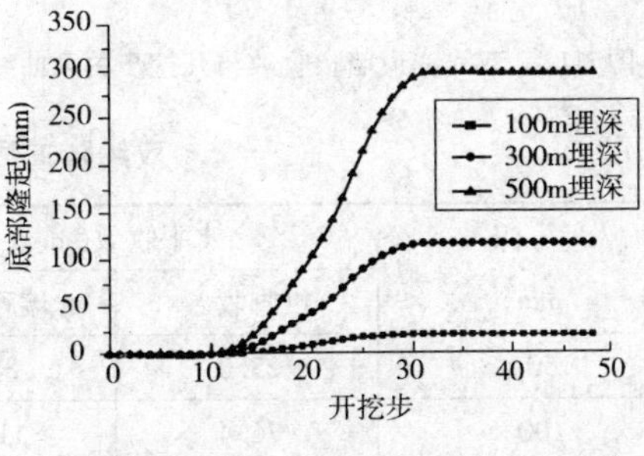

图 3-8　单线隧道底部隆起与开挖步关系曲线

单线隧道周边位移计算结果　　表 3-8

埋　深 (m)	水平收敛(mm)		拱顶下沉 (mm)	底部隆起 (mm)
	拱脚收敛	墙腰收敛		
100	27	37.3	18.0	20.4
300	103.6	241.1	88.1	117.6
500	342.1	553.4	169.7	298.6

不同埋深下双线隧道周边位移随开挖步的变化规律如图 3-9 ~ 图 3-12 所示，计算结果见表 3-9。

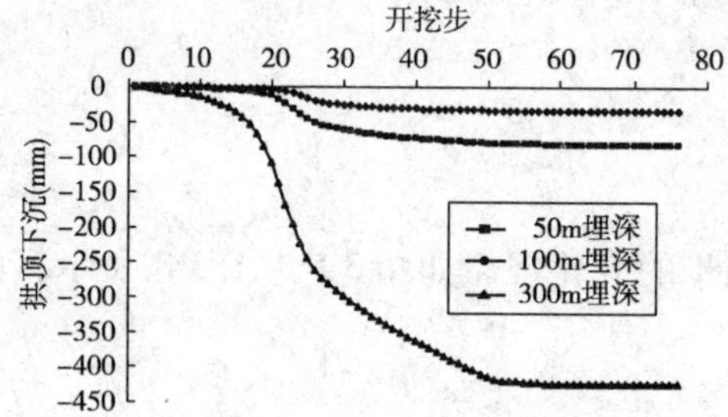

图 3-9　双线隧道拱顶下沉与开挖步关系曲线

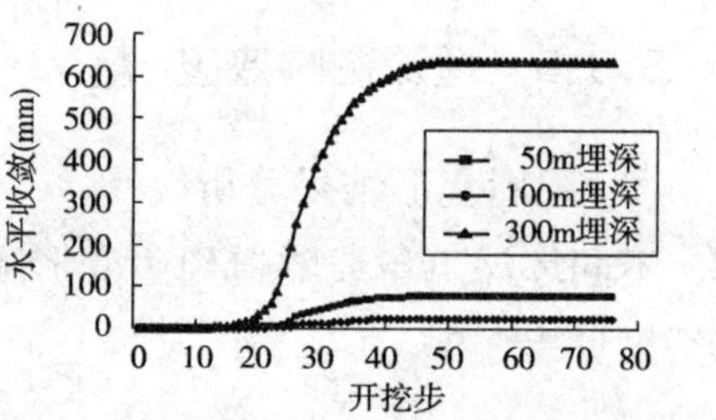

图 3-10　双线隧道拱脚收敛与开挖步关系曲线

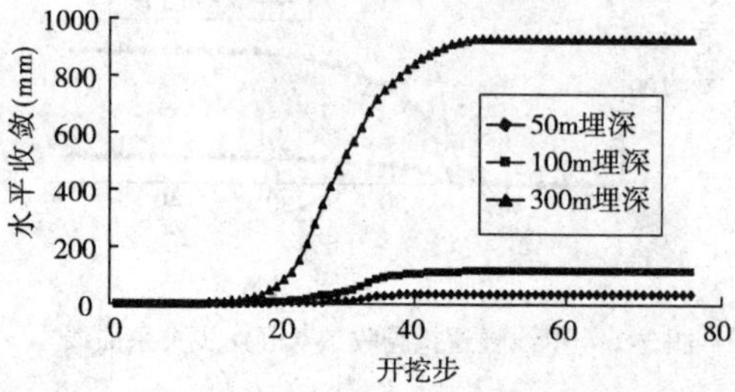

图 3-11　双线隧道墙腰收敛与开挖步关系曲线

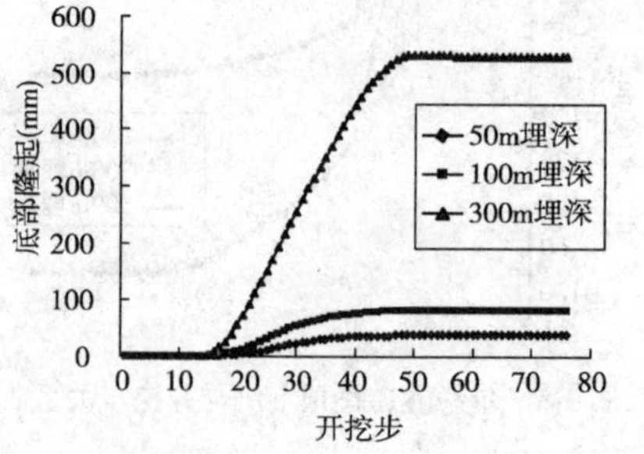

图 3-12　双线隧道底部隆起与开挖步关系曲线

双线隧道周边位移计算结果　　表 3-9

埋　深 (mm)	水平收敛(mm)		拱顶下沉 (mm)	底部隆起 (mm)
	拱脚收敛	墙腰收敛		
50	25.0	38.4	33.1	39.1
100	76.4	117.0	81.3	81.3
300	418.0	582.0	344.0	351.0

综合分析单、双线隧道洞周位移随埋深的变化情况(如图3-13所示,图中相对变形是指洞周变形与洞跨之比)可以看出,无论单、双线隧道,洞周施工变形均随埋深呈加速增长趋势发展,但围岩较差的隧道变形随埋深增长的速度更快。

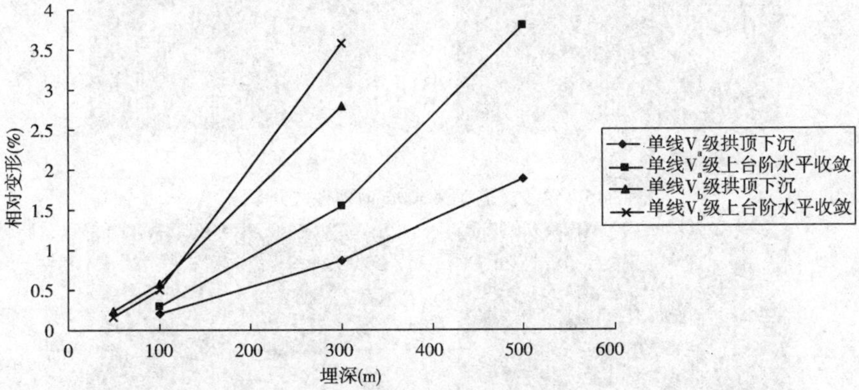

图3-13　隧道变形与埋深的关系曲线

(2)围岩塑性区分布

单、双线隧道台阶法施工过程中,不同埋深下围岩塑性区分布如图3-14~图3-19所示。

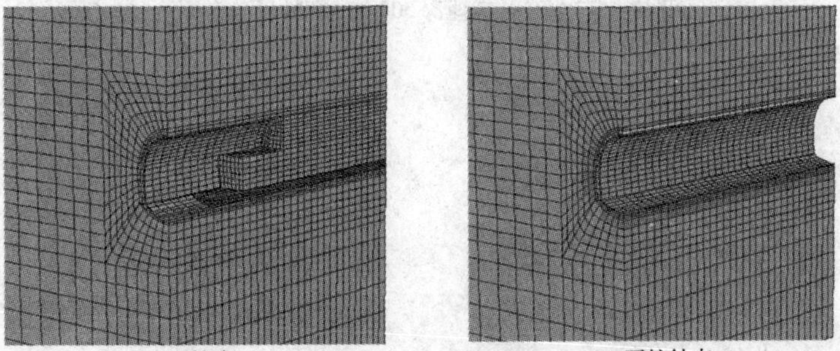

a)开挖中　　　　b)开挖结束

图3-14　单线隧道埋深100m时塑性区分布图

根据计算结果,随着埋深的增加,围岩塑性区范围逐步扩大。V_a级围岩单线隧道埋深100m时,掌子面前方核心土塑性区深度约为1.5m,而当埋深为300m以上时最大延深可达4.5m;埋深由100m增至500m时,在横断面方向围岩塑性区深度由2.5m逐渐增至6.5m左右。V_b级围岩双线隧道前方围岩塑性区延深由埋深50m时的3m发展到300m埋深时的6m,横向上塑性区范围也随埋深增大而不断增大,埋深300m时塑性深度约为12.5m。从上述分析中可以看出,深埋软弱围岩隧道塑性变形显著是产生施工大变形的主要内因。

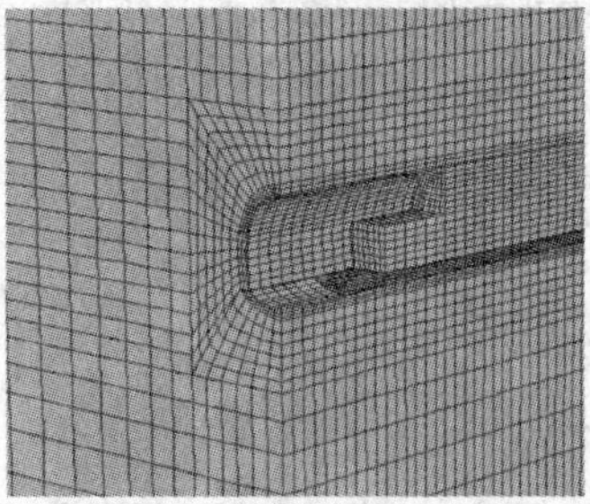

a)开挖中

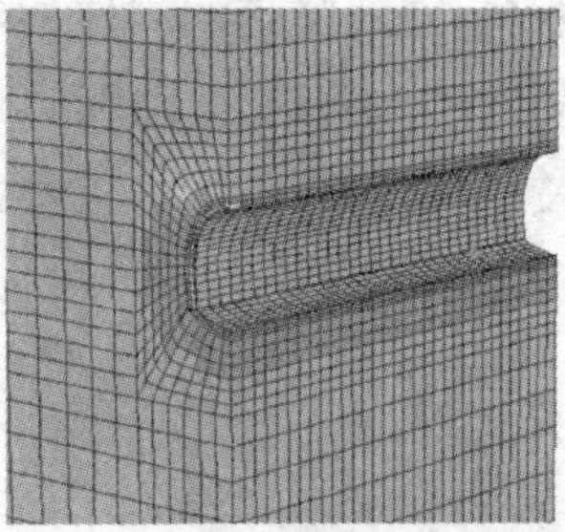

b)开挖结束

图 3-15　单线隧道埋深 300m 时塑性区分布图

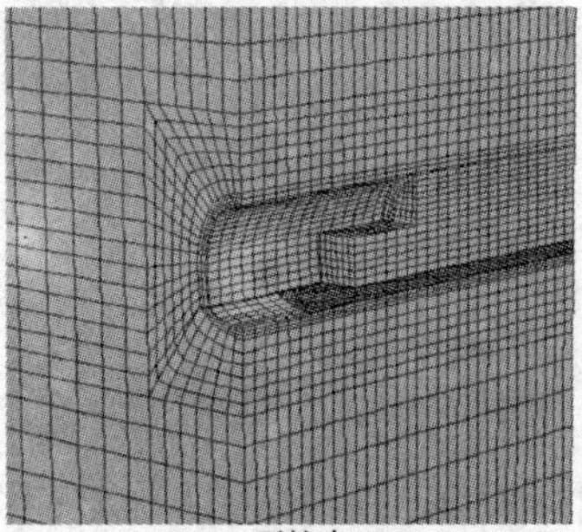

a)开挖中

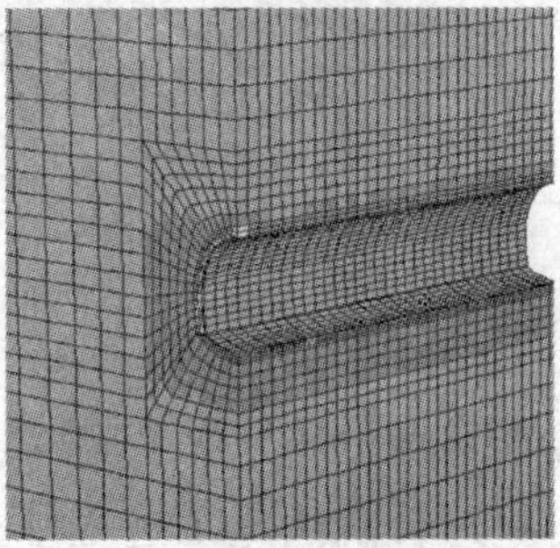

b)开挖结束

图 3-16　单线隧道埋深 500m 时塑性区分布图

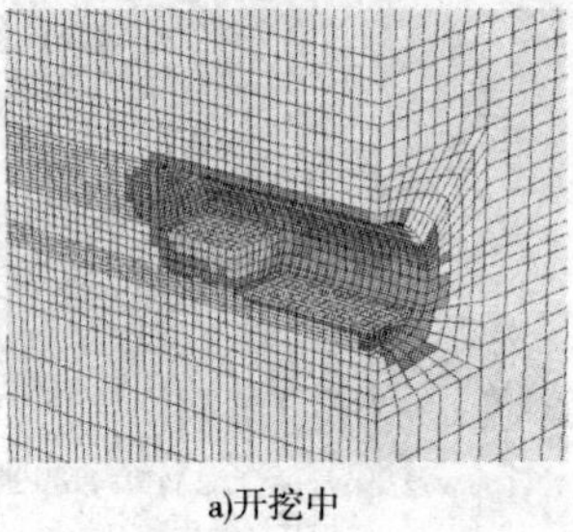

a)开挖中

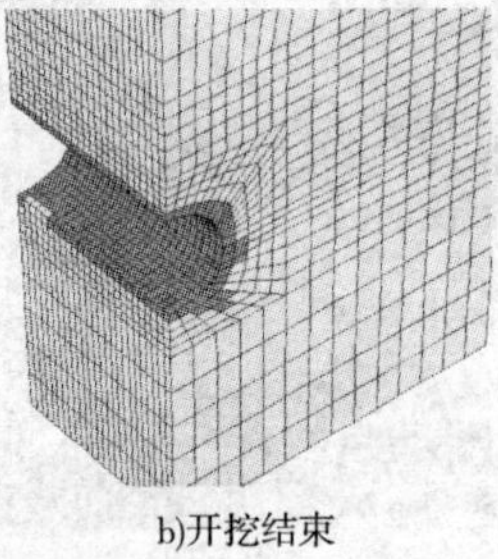

b)开挖结束

图 3-17　双线隧道埋深 50m 时塑性区分布图

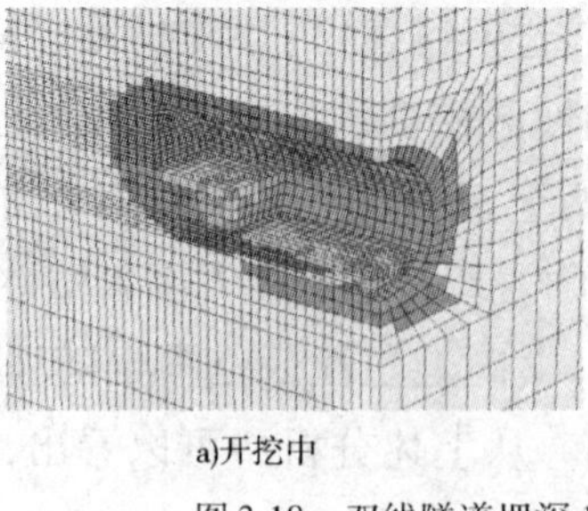

a)开挖中

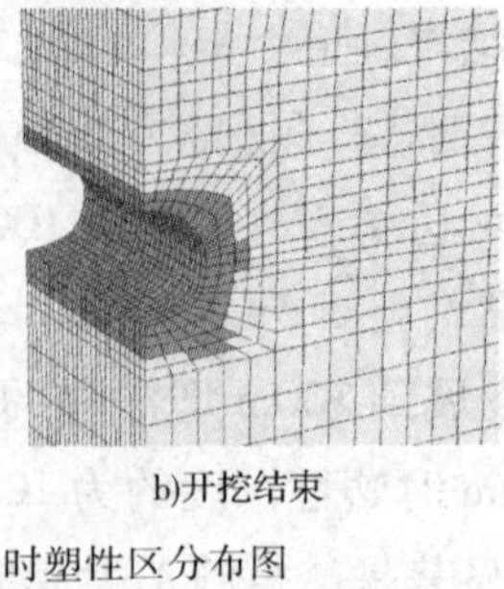

b)开挖结束

图 3-18　双线隧道埋深 100m 时塑性区分布图

进一步对比单、双线隧道塑性区的分布形式可以看出，单线隧道开挖过程中塑性区主要分布于掌子面前方、两侧边墙以及隧道底部，其中隧道两侧塑性区范围及深度均最大，而双线隧道除上述部位外，拱顶围岩屈服现象也相对显著。从此不难预测出，一般情况下深埋单线软弱围岩隧道水平收敛比拱顶下沉显著，而双线隧道往往拱顶下沉可能接近或者超过水平收敛，这一点在实际工程中也可以找到相应的佐证，如乌鞘岭隧道岭脊段和关角隧道（均为单线隧道）均以水平收敛变形为主，而两水隧道（双线隧道）的主变形方位为拱顶下沉，天平山隧道（双线隧道）拱顶下沉与水平收敛基本相当。

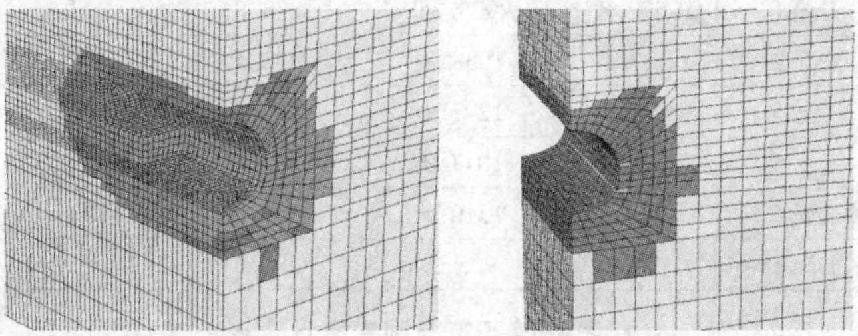

a)开挖中　　b)开挖结束

图 3-19　双线隧道埋深 300m 时塑性区分布图

3.3.4　地应力组合形态的影响效应

(1)施工变形计算结果

单线隧道施工变形计算结果见表 3-10，双线隧道计算结果见表 3-11。

单线隧道各工况洞室累计变形　　表 3-10

围岩级别	计算工况	水平收敛(mm)		拱顶下沉(mm)	掌子面挤出变形(mm)	
		拱脚	墙腰		上台阶	下台阶
Ⅳ	工况 1	26.9	31.7	15.4	6.3	5.3
	工况 2	34.8	40.0	14.5	7.6	9.7
	工况 3	48.3	53.0	14.1	11.0	17.3
	工况 4	34.9	39.8	14.6	6.0	6.8
	工况 5	48.2	52.2	14.3	6.7	11.2
	工况 6	26.9	31.9	15.4	8.2	8.6

续上表

围岩级别	计算工况	水平收敛(mm)		拱顶下沉(mm)	掌子面挤出变形(mm)	
		拱脚	墙腰		上台阶	下台阶
V_a	工况 1	147.7	228.3	78.8	95.4	128.1
	工况 2	178.2	257.1	83.9	118.9	184.0
	工况 3	238.9	321.8	99.4	174.6	307.9
	工况 4	178.3	258.9	83.4	119.8	173.5
	工况 5	237.9	322.0	98.8	174.3	290.9
	工况 6	148.5	227.4	79.5	98.6	140.0
V_b	工况 1	572.8	928.3	288.8	550.8	854.7
	工况 2	683.6	1038.8	332.1	702.2	1102.2
	工况 3	903.7	1297.4	444.4	1029.8	1671.5
	工况 4	675.4	1047.9	328.1	708.7	1113.5
	工况 5	902.6	1310.5	448.6	1033.6	1688.7
	工况 6	581.6	925.2	295.5	549.6	850.0

双线隧道各工况洞室累计变形 表 3-11

围岩级别	计算工况	水平收敛(mm)		拱顶下沉(mm)	掌子面挤出变形(mm)	
		拱脚	墙腰		上台阶	下台阶
Ⅳ	工况 1	21.3	23.4	18.5	27.7	25.7
	工况 2	32.6	35.2	17.0	39.8	36.9
	工况 3	51.5	55.3	17.3	60.8	56.4
	工况 4	33.6	36.4	17.3	28.1	26.4
	工况 5	53.1	56.9	17.2	30.2	28.4
V_a	工况 1	128.0	200.0	76.0	158.0	193.0
	工况 2	173.0	248.0	80.0	227.0	277.0
	工况 3	265.0	351.0	97.0	347.0	423.0
	工况 4	176.0	250.0	73.0	160.0	198.0
	工况 5	274.0	358.0	83.0	172.0	213.0
V_b	工况 1	500.0	780.0	252.0	640.0	970.0
	工况 2	640.0	910.0	281.0	865.0	1251.0
	工况 3	968.0	1292.0	375.0	1169.0	1636.0
	工况 4	662.0	936.0	258.0	670.0	1010.0
	工况 5	1036.0	1358.0	365.0	765.0	1148.0

计算结果表明，在相同围岩和埋深条件下，水平地应力系数越高，隧道变形越大；总体上，横向水平地应力系数对隧道周边变形的影响较纵向水平地应力系数更明显，但掌子面挤出变形受隧道轴向地应力水平的影响较大。如图 3-20 所示，对于围岩条件较好的地层，水平地应力系数对隧道周边变形的影响不明显，但随着围岩条件的变差，水平地应力系数对隧道变形的影响越来越显著；从图中隧道洞周变形增量上看，水平地应力系数对隧道洞周变形影响的敏感度低于围岩级别。

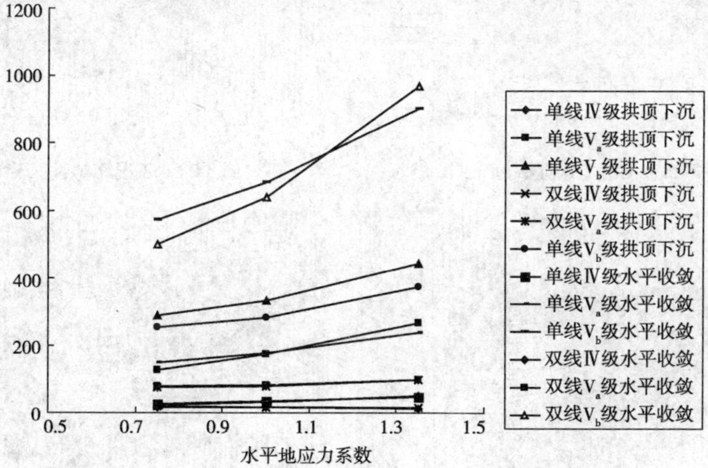

图 3-20　洞周变形与水平地应力系数的关系曲线

(2)塑性区分布情况

以V_a级围岩双线隧道为例，不同工况下围岩塑性区分布情况如图 3-21 ~ 图 3-25所示。

由图 3-21 ~ 图 3-23 可看出，随着水平地应力系数增大，围岩塑性范围不断增大，最大塑性区深度可达 8m 以上，此时洞周变形也呈相应的增加趋势；如图 3-24 和图3-25所示，随着横向侧压力系数的增大，横向塑性区范围减小（仍较拱顶塑性区深度大），但拱顶塑性区不断增大，此时拱顶沉降也呈加速增加变化。据此可以得出以下结论：①隧道主变形方位为塑性主要发展方向；②深埋软弱围岩，尤其是V_a、V_b级围岩掌子面前方及洞周围岩塑性区深度较大，

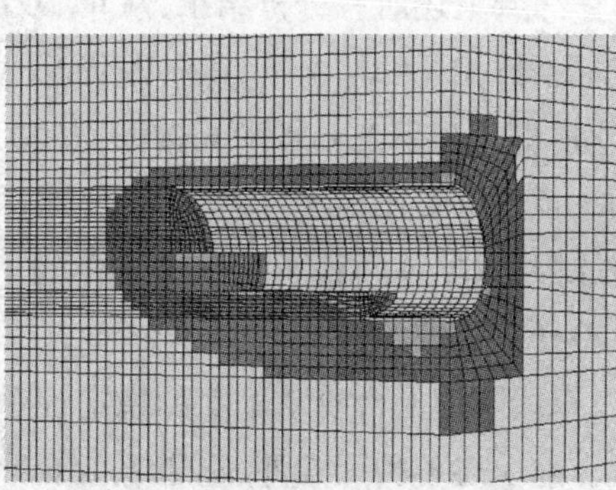

图 3-21　工况 1 塑性区分布图

常规小导管超前支护和系统锚杆作用范围有限,因此在实际过程中往往可能起不到预期的支护效果。

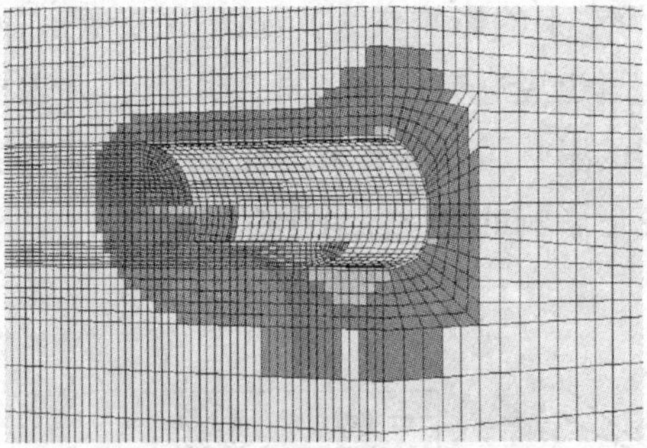

图 3-22　工况 2 塑性区分布图

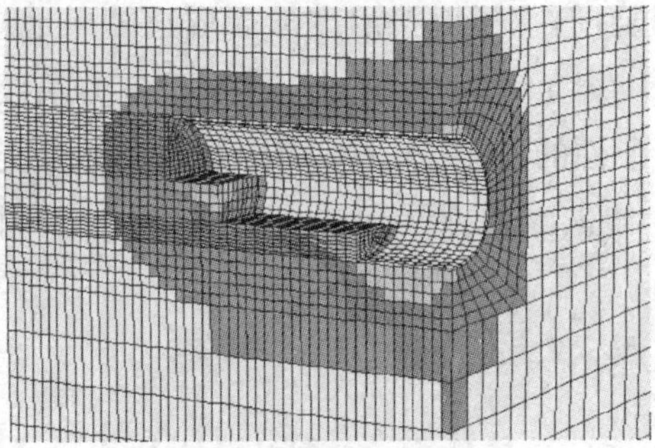

图 3-23　工况 3 塑性区分布图

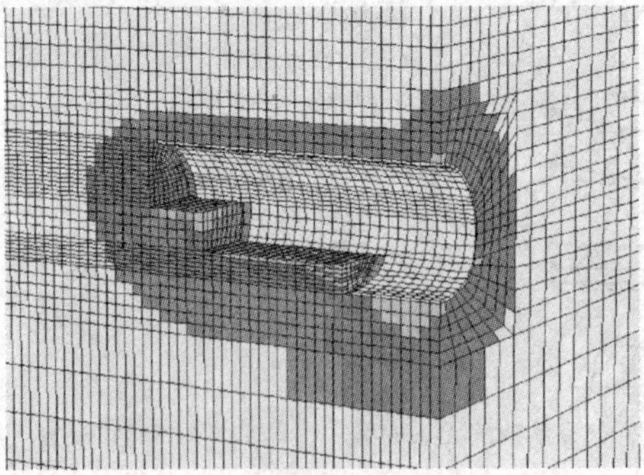

图 3-24　工况 4 塑性区分布图

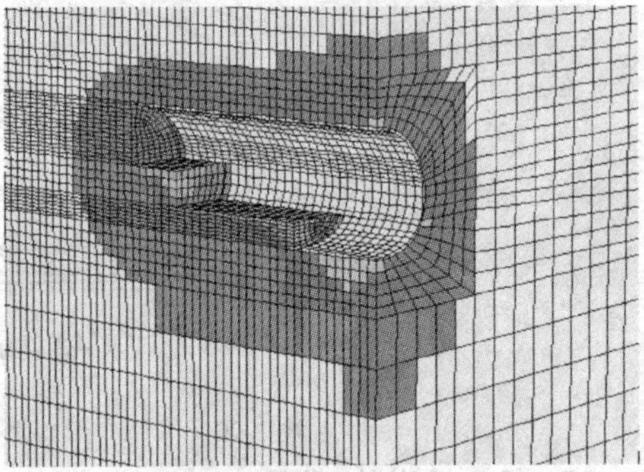

图 3-25　工况 5 塑性区分布图

3.3.5　断面形式的影响效应

综合上述所有分析结果,从单、双线两种隧道断面形式的对比中可以发现,在其他条件相同的情况下,两种断面形式的隧道洞周变形,除变形量级不同外,变形形态(即拱顶下沉和水平收敛的比例关系)也存在明显差别,一般情况下双线隧道的拱顶下沉要比单线隧道显著,反之,单线隧道的水平收敛要比双线隧道显著。究其原因,主要是两种断面的隧道在施工过程中洞周围岩的塑性区分布形式存在明显差异。另外,双线隧道由于断面尺寸相对较大,即使在相同的上台阶扁平率情况下,双线隧道上台阶掌子面的稳定性和挤出变形问题也比单线隧道突出。

除上述各种因素外,隧道施工变形在很大程度上取决于施工技术,这一点已经是不争的事实。隧道施工技术对变形的影响主要体现在开挖方法、超前支护技术、支护形式、控制爆破技术、支护闭合时机、施工质量、工艺水平以及管理水平等方面。可以说,隧道施工是一个系统工程,在诸多控制环节中,每一个环节都至关重要,稍有不慎即可能产生较大变形。有关施工技术方面的计算与分析将在第5章进行详细论述。

3.4 小　　结

综合解析和数值分析结果可以得出以下结论:

(1)软弱围岩隧道产生较大变形的直接原因是施工过程中洞周围岩塑性区分布范围和深度相对显著,隧道变形的主方位一般为塑性区主发展方位。

(2)软弱围岩隧道产生较大变形的根本原因在于围岩软弱和地应力值相对较大,根据数值计算结果,V_a级围岩在300m左右埋深下即可能发生大变形,而V_b级围岩发生大变形的埋深条件为200m左右。

(3)软弱围岩隧道产生较大变形的外在原因是工程的设计缺陷和施工技术不到位。

(4)软弱围岩施工中,掌子面前方塑性区深度较大,掌子面挤出变形和掌子面前方先行变形相对显著,也是导致最终洞周变形量过大的一个重要原因。因此,对于大变形隧道应加强超前支护措施以利对变形的控制。

(5)地应力组合形态也是产生变形显著的重要影响因素。总体上,水平地应力系数越高,洞周变形越大,且随着围岩条件的变差,其对隧道变形的影响越来越显著;横向水平地应力系数对隧道周边变形的影响较纵向水平地应力系数更明显,但掌子面挤出变形受隧道轴向地应力水平的影响较大。

第4章　软弱围岩隧道稳定性判别技术研究

4.1　隧道体系

隧道是埋置于地层中的工程建筑物，是人类利用地下空间的一种形式。1970年国际经济合作与发展组织召开的隧道会议综合了各种因素，将隧道定义为："以某种用途、在地面下用任何方法按规定的形状和尺寸修筑的断面面积大于 $2m^2$ 的洞室"[160]。根据现代隧道技术理念，从结构组成上讲，一般隧道体系应该由两部分构成，即"围岩"和"支护、衬砌结构"。

围岩是指隧道开挖后其周围产生应力重分布范围内的岩（土）体，或指隧道开挖后对其稳定性产生影响的那部分岩（土）体。根据现代隧道技术理念，围岩是隧道体系中承受荷载的主体。因此，在施工过程中采取有效措施充分保护围岩，不仅有利于施工安全，对隧道后期运营安全和延长使用寿命也均有好处。软弱围岩隧道开挖后，在应力集中和围岩力学特性扰动劣化双重作用下，会造成近区一定范围内岩体发生局部损伤和破坏，这部分围岩是需要进行加固或支护的部分，虽然该部分围岩也具有一定的承载能力，但其自稳能力具有一定的时效性，因此是隧道稳定性控制的主要对象。隧道施工中必须充分发挥围岩的自承能力，一方面不能让围岩进入松动状态，以保持围岩的稳定性；另一方面允许围岩发生一定程度的塑性变形，使围岩自承力得到最大限度的发挥。

对"支护、衬砌结构"而言，支护一般由锚杆、喷射混凝土、钢架（型钢钢架、格栅钢架）、钢筋网等组成，衬砌通常为模筑的素混凝土、钢纤维混凝土或钢筋混凝土结构。支护体系对围岩的作用体现在"支"和"护"两个方面。所谓"支"，指的是在围岩洞壁施加径向支护力，使洞室周边径向应力增大，这实质上是改变了隧道周边岩体的应力状态，使其从单向（或双向）受力状态变成双向（或三向）受力状态，从而承担围岩荷载;所谓“护”,指的是改善围岩的力学性能(包括变形指标和强度指标),增加了围岩的完整性,从而提高隧道结构体系的稳定性。

隧道是由围岩和支护结构(包括初期支护和二次衬砌)共同组成的复杂系统,在现行《铁路隧道设计规范》(TB 10003—2005)中已对隧道稳定做了明确的定义,即指坑道周边变形速率呈递减趋势并逐渐趋近于零,其最终位移不侵入限界,结构不出现影响正常使用的裂缝和破损。而隧道稳定性是指隧道稳定的程度,对照《工程结构可靠度设计统一标准》,把稳定性作为地下结构的基本功能要求,它既包括系统的安全性,又包括系统的耐久性和良好的正常工作性。从上述定义可以看出,隧道稳定及隧道稳定性的概念是贯穿于隧道系统的全寿命周期的,既包括建设期,又包括运营维护期。

4.2 施工过程软弱围岩隧道稳定性

软弱围岩隧道由于围岩强度低、自稳能力差,因此施工中往往容易产生大变形,甚至坍塌。软弱围岩隧道施工过程中失稳的宏观特征主要表现在:①变形大且持续发展;②洞周围岩坍塌;③后期变形与初始阶段规律不一致,呈现不协调发展势态(与静力学规律相悖)。

根据现代隧道设计理念,复合式衬砌体系以初期支护实现洞室围岩的稳定,二次衬砌作为安全储备。因此,在研究隧道稳定问题时重点应放在围岩和初期支护上。对于软弱围岩隧道,因变形大,持续时间长,围岩压力大,保持初期支护的稳定性是隧道能否顺利建成的关键,由于随即施作二次衬砌,因而初期支护在满足施工中承载要求和变形控制能力的前提下,允许其带裂缝工作。

综合上述,可将软弱围岩隧道施工过程稳定定义为:施工中围岩不发生坍塌,洞周位移协调发展且收敛,支护结构不产生影响承载能力的裂缝和破损。受众多因素影响,隧道的失稳是一个相当复杂的过程,但无论该过程如何复杂,在宏观上都会有所表征。结构位移的发生和发展是该结构力学行为动态的综合反映,不管隧道的作用机理如何复杂,其经受各种作用后的反应都可以通过周边位移体现出来。通过隧道周边变形观测以了解隧道的力学动态是比较直观且易于实施的办法,隧道的稳定性也应该从周边变形变化和发展中得到体现。以锚喷初期支护为主要技术背景的现代隧道修建技术的推行,提供了在隧道开挖和支护过程中及时对围岩及支护结构变形进行监测，并通过这种监测对围岩稳定性作出判断的可能性。

当隧道系统或其一部分超过某一特定状态就不能满足规定的某一功能要求时，此状态即为该功能的极限状态，对应极限状态下的隧道变形称为隧道极限变形。用变形判别隧道的稳定性，就是从隧道出现的各种极限状态入手，找出在某种极限状态下各控制点的变形(即所谓极限位移)，并作为稳定性判据。可以说，如何确定极限位移是实现稳定性控制的关键所在。

4.3 软弱围岩稳定性判别技术研究

4.3.1 围岩稳定极限状态的判别原理

一段时期以来，围岩稳定性问题已经引起业内人士的普遍关注，但由于地层条件的复杂性和不确定性，对稳定性的理解以及具体如何判别，目前仍有不同主张。著者在吸收业内专家的一些观点的基础上，并结合自身体验，提出如下观点。

(1)围岩材料的破坏及其描述方法

围岩材料从受力到破坏一般要经历三个阶段，即弹性、塑性与破坏。屈服和破坏是两种不相同的概念，屈服一般是指材料弹性变形的上限，超过屈服点，材料并不一定破坏，从屈服到破坏之间有一个塑性变形的范围；破坏是塑性过程发展的最终结果，是塑性变形所能达到的极限状态，也代表材料的极限变形能力。就围岩结构而言，破坏首先意味着结构整体不能继续承受荷载，外加荷载不能继续提高；其次破坏点连通形成整体的破坏面，沿破坏面两侧发生显著的、较大规模的相对移动，因而破坏面上会有应变和位移的突变，此时结构体变成流动、松散体。

围岩材料屈服后，应力与应变之间不再满足一一对应关系，对应同一个应力值，可以有不同的应变值，材料可以处于不同的状态——弹性状态或塑性状态、硬化阶段或软化阶段，所以不同于屈服准则，采用应力来描述材料的破坏将遭遇困难，因此应考虑选择采用其他变量进行描述。应变特别是作为内变量的塑性应变，其变化可以体现加载路径和加载历史，反映材料在荷载作用下从初始状态不断劣化直至最后破坏的整个过程，应变的极限值可以充分反映材料的极限变形能力。根据动力学的观点，对于理想弹塑性材料，进入塑性流动状态后，材料的应变近似线性增加,应变率为常数,应变加速度为0;塑性流动至破坏时,应变和应变率发生突变,应变快速增加,应变率不再是常数,应变加速度将大于0。

(2)隧道围岩稳定极限状态及其判别原理

隧道开挖过程是围岩的卸载过程,在卸载过程中围岩多数会出现一定范围的塑性区。虽然屈服区的大小和形状不能定量判定围岩的稳定程度,但屈服区的发展程度能够反映洞室的稳定情况。当围岩塑性过程发展到变形加速发展或塑性应变突变,围岩将变成塑性流动的状态,该部分围岩一经扰动就将会坍塌。后续理论分析和施工现场实践证明,只要隧道给予一定支护,将会约束围岩塑性应变突变的继续发展,保持该部分围岩的继续稳定。

因此,可将隧道开挖后,周边围岩的位移或塑性应变突变时的状态定义为未支护隧道围岩的极限状态,相应隧道位移为围岩极限位移。为此,隧道开挖后支护时机一定要在周边围岩位移或应变发生突变之前。

塑性应变突变原理在边坡稳定性判别方面已经得到了应用,尤其是在与强度折减法相结合的情况下,取得了较为丰富的研究成果。本文借鉴边坡工程的相关经验,采用塑性应变突变原理实现对隧道围岩稳定性极限状态的判别。具体思路为:对于某一特定的实际工程,首先应根据工程环境特点建立数值模型,分析隧道开挖过程中洞周塑性应变与地应力释放率之间的变化规律,采用合适的突变模型对围岩稳定性极限状态进行实际判别,从而计算相应的极限位移并结合现场位移监测结果指导施工。

4.3.2 突变理论及突变模型

突变理论是现代非线性理论的一个重要分支,其主要出发点是分叉理论、奇异性理论以及结构稳定性概念[120]。突变理论主要阐述的是:非线性系统如何从连续渐变状态走向系统性质的突变,即系统参数的连续变化如何导致不连续现象的发生。突变理论的一个显著优点是:不用列举和求解系统的各项微分方程,仅用少数几个控制变量的变化规律便可预测系统的诸多定性或定量状态。为解释各种突变现象,突变理论共有7种突变模型,其中尖点突变模型最为常用。

在尖点突变模型中,势函数是一个二参函数,即两个控制变量:u 和 v,其状态变量为 x,即:

$$V = x^4 + ux^2 + vx \tag{4-1}$$

其相应的平衡位置应满足：

$$\frac{\partial V}{\partial x}=4x^{3}+2ux+v=0 \tag{4-2}$$

在(x,u,v)空间中的图形称为突变流形。这是一个有褶皱的空间曲面，该状态曲面由上、中、下三叶组成（见图4-1），从正面看，其形态似一条S形曲线，存在明显的拐点。设想系统的状态是由以x,u,v为坐标的相空间的一点来表示，则任一相点必然会落在三叶曲面上。对中叶的势函数取极大值，其平衡位置是不稳定的；而上、下叶的平衡位置上是稳定的。显然，在曲面上存在竖直切线，其满足：

$$\frac{\partial^{2} V}{\partial x^{2}}=12x^{3}+2u \tag{4-3}$$

在式(4-3)点附近平衡位置的数目不同，这些点被称为突变点，实际上是曲线的拐点，它是一条由u剖分的抛物线，如图4-2所示。它们在参数空间中构成了分叉集，如图4-1所示。

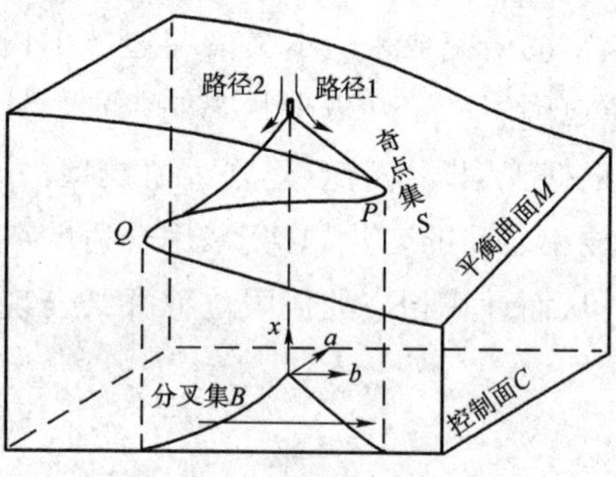

图4-1　尖点突变模型示意图

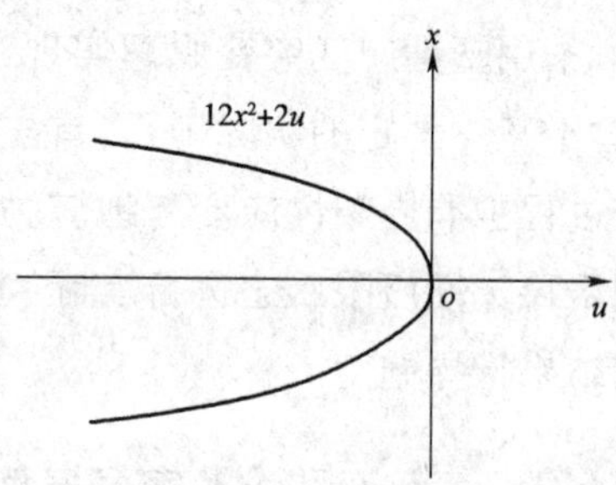

图4-2　势函数二阶导数为零的抛物线

当系统参数发生变化时，其经历的平衡位置为突变流形上的一条曲线，该曲线具有如下特征：

(1)具有多个平衡位置，即多模态性。

(2)在P点突然由上叶的平衡位置变为下叶的平衡位置，即跳跃性。

(3)当平衡位置在下叶变化时，突跳不发生在P点而是发生在Q点，即滞后性。

(4)在P点和Q点之间x值的相应状态是不可能达到的，即不可达性。

(5)因为分别在尖点的两侧，沿着两条靠近的路径2和1得到的平衡位置不相同（分别在上叶和下叶），即发散性。

这样，即可分析由一个光滑的势函数所控制的系统如何会出现不连续的性态。

4.3.3　围岩稳定极限位移

(1)极限状态的塑性应变突变判别技术

如前所述，围岩进入塑性阶段后，塑性应变的发展状态记录着围岩的变形、破坏历程，而塑性应变是判断围岩稳定性的主要指标之一。根据目前技术水平，受计算方法和计算参数获取的约束，若想通过理论计算分析围岩的失稳情况还比较困难。但根据现代隧道施工理念，软弱围岩隧道施工过程中应允许有益变形的发生，而应防止有害变形的发生。因此，在分析软弱围岩稳定性时，可将有害变形发生的临界点作为围岩稳定性的极限状态。在具体分析时，可根据围岩系统等效塑性应变的增量变化情况建立围岩系统失稳的判据。

设洞周某点围岩可用连续函数 $\gamma = f(t)$ 表示塑性应变随地应力释放率的变化规律。t 为对应的地应力释放率。将上述函数增量进行 Taylor 级数展开，并根据突变理论截断原理，取其 4 次项，得：

$$\Delta\gamma = \Delta f(t) = \sum_{i=1}^{4} a_i t^i \tag{4-4}$$

若令 $t \to x - \dfrac{a_3}{4a_4}$，则可将式(4-4)化成标准尖点突变函数，如下式：

$$V(x) = x^4 + ux^2 + vx \tag{4-5}$$

式中，x 是状态变量，u、v 为控制变量，其中 $u = \dfrac{a_2}{a_4} - \dfrac{3a_3^2}{8a_4^2}$，$v = \dfrac{a_1}{a_4} - \dfrac{a_2 a_3}{2a_4^2} + \dfrac{a_3^3}{8a_4^3}$。则对应的分叉集方程为：

$$8u^3 + 27v^2 = 0 \tag{4-6}$$

则 $d = 8u^3 + 27v^2$ 称为突变特征值，当 $d \leqslant 0$ 时系统可能发生突变。

具体计算流程如图 4-3 所示。

以埋深 500m、V_a 级围岩单线隧道为例，根据本算例围岩塑性区分布特点，从隧道拱脚至墙脚选取 5 条路径测线，如图 4-4 所示，分别研究各路径上不同深度节点的围岩塑性应变发展规律。不同地应力释放率下典型节点塑性应变分布如图 4-5所示(图中系列号为洞周围岩塑性区内的典型节点编号)。

从图 4-5 可以看出，当地应力释放 55% 后，洞周围岩才开始出现塑性区，而且前期塑性应变增长相对平缓，随着地应力的不断释放，塑性应变呈加速增长发展。塑性应变及塑性应变增量随地应力的变化情况见表 4-1。

根据表 4-1，不同应力释放率条件下塑性应变增量突变模型所对应的各变量计算结果如表 4-2 所示。

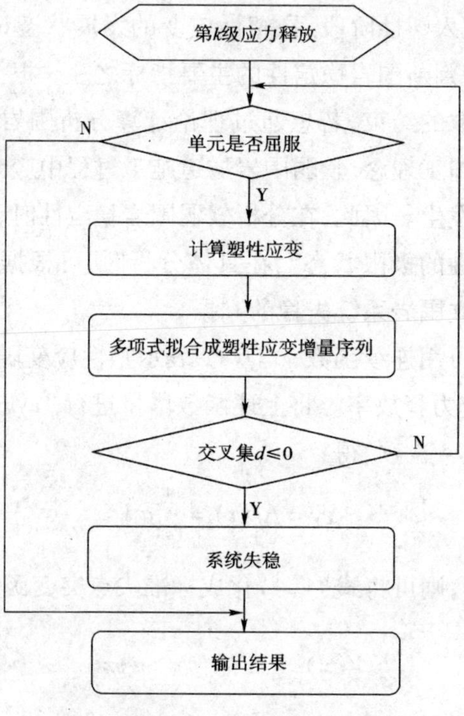

图 4-3　塑性应变突变计算流程框图

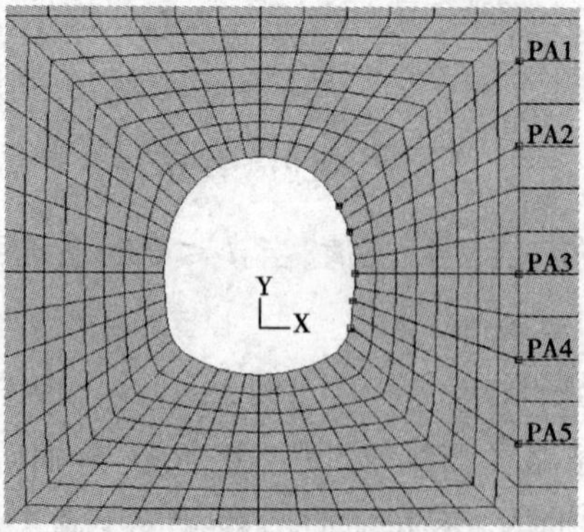

图 4-4　围岩塑性应变发展规律分析路径布置示意

图4-6为洞周围岩节点系列3塑性应变增量随应力释放率的变化及回归结果。根据表4-2,塑性应变的突变对应的时机为地应力释放率为85%左右。根据前面所述原理,可将该工况下地应力释放率为85%时围岩所处状态定义为围岩稳定性极限状态,此时洞周位移为围岩稳定性极限位移。

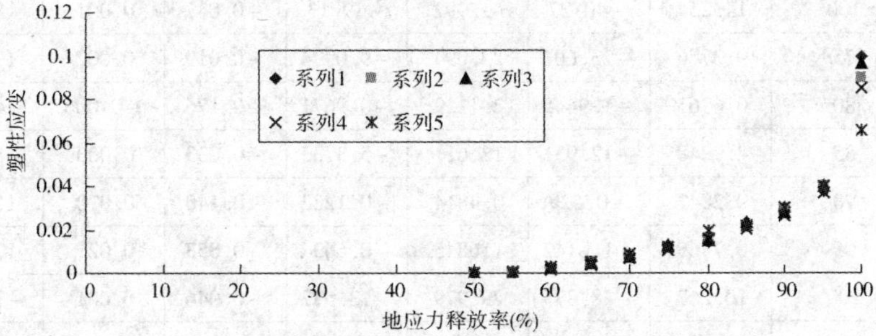

图4-5 洞周围岩典型节点塑性应变随地应力释放率的变化

塑性应变及其增量随应力释放率的变化 表4-1

应力释放率	节点1		节点2		节点3		节点4		节点5	
	塑性应变增量	塑性应变	塑性应变增量	塑性应变	塑性应变增量	塑性应变	塑性应变增量	塑性应变	塑性应变增量	塑性应变
50%	0	0	0	0		0	0	0	0	0
55%	4.14E-04	4.14E-04	2.82E-04	2.82E-04	0	0	0	0	5.56E-04	5.56E-04
60%	2.10E-03	2.52E-03	2.27E-03	2.55E-03	1.91E-03	1.91E-03	1.85E-03	1.85E-03	2.63E-03	3.19E-03
65%	2.95E-03	5.46E-03	2.49E-03	5.04E-03	2.35E-03	4.27E-03	1.77E-03	3.62E-03	2.18E-03	5.37E-03
70%	2.66E-03	8.12E-03	3.26E-03	8.31E-03	3.51E-03	7.78E-03	3.23E-03	6.85E-03	3.43E-03	8.80E-03
75%	4.71E-03	1.28E-02	3.93E-03	1.22E-02	5.10E-03	1.29E-02	3.78E-03	1.06E-02	3.61E-03	1.24E-02
80%	1.48E-03	1.43E-02	3.34E-03	1.56E-02	1.93E-03	1.48E-02	5.59E-03	1.62E-02	6.99E-03	1.94E-02
85%	8.74E-03	2.31E-02	6.61E-03	2.22E-02	8.56E-03	2.34E-02	4.20E-03	2.04E-02	2.38E-03	2.18E-02
90%	7.01E-03	3.01E-02	6.86E-03	2.90E-02	4.60E-03	2.80E-02	5.92E-03	2.63E-02	8.62E-03	3.04E-02
95%	7.35E-03	3.74E-02	1.07E-02	3.97E-02	1.18E-02	3.98E-02	1.03E-02	3.67E-02	9.51E-03	3.99E-02
100%	6.23E-02	9.97E-02	5.00E-02	8.97E-02	5.68E-02	9.65E-02	4.83E-02	8.50E-02	2.61E-02	6.60E-02

突变模型各变量统计结果 表4-2

节点号系列	应力释放率(%)	a_4	a_3	a_2	a_1	u	v	d
系列1	75	18.642	-46.273	42.756	-10.41	-0.017	0.376	3.83E+00
	80	-5.4393	13.394	-12.288	4.9959	-0.015	-0.003	2.93E-04
	85	10.078	-26.435	25.691	-10.949	-0.031	0.001	-2.09E-04
	90	-0.7872	2.4195	-2.7134	1.3336	-0.096	-0.026	1.18E-02

续上表

节点号系列	应力释放率（%）	a_4	a_3	a_2	a_1	u	v	d
系列 1	95	−1.6172	4.6974	−5.0255	2.3621	−0.056	−0.011	1.71E−03
	100	14.254	−40.27	41.992	−19.13	−0.047	0.001	−8.24E−04
系列 2	75	9.3766	−23.601	22.094	−9.0994	−0.019	0.002	1.93E−05
	80	0.6365	−1.9445	2.1159	−0.9671	−0.176	−0.006	−4.25E−02
	85	4.9248	−12.951	12.611	−5.3733	−0.033	0.003	−8.65E−05
	90	0.2847	−0.629	0.4814	−0.1282	−0.140	0.070	1.09E−01
	95	0.7165	−1.8142	1.6845	−0.6634	−0.053	0.021	1.11E−02
	100	10.267	−28.875	29.979	−13.597	−0.046	0.001	−7.58E−04
系列 3	75	−16.454	44.056	−44.014	19.464	−0.013	−0.001	2.11E−05
	80	−24.618	65.19	−64.442	28.203	−0.012	−0.001	5.62E−06
	85	16.511	−44.942	45.473	−20.252	−0.024	0.001	−9.57E−05
	90	−5.9571	17.218	−18.504	8.7768	−0.027	−0.003	3.04E−05
	95	2.2875	−6.3246	6.4568	−2.8664	−0.044	0.007	6.67E−04
	100	17.825	−52.075	56.372	−26.778	−0.038	0.001	−4.34E−04

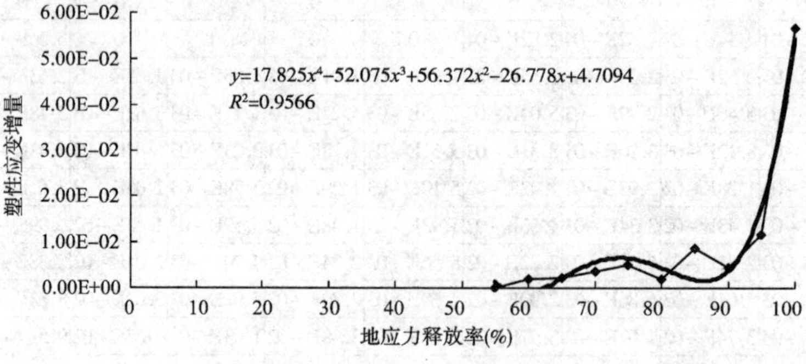

图 4-6　塑性应变增量随地应力释放率的变化及回归结果

(2)极限状态的宏观特征解译

塑性应变的变化结果最终将体现在洞周位移的变化特点上，图 4-7 为拱顶下沉和水平收敛变形随地应力释放率的变化情况，而图 4-8 为洞周变形增量随地应力释放率的变化情况。从图 4-7 中可以看出，在应力释放率小于 90% 前，洞周围岩变形基本呈平缓增长趋势发展，当地应力释放率大于 90% 后，变形快速发展。这一特点从图 4-8 中可以更清楚地看到。当地应力释放系数小于 55% 时，围岩处于弹性阶段,洞周各方位变形增量固定为一常量;当地应力释放系数处于55% ~90%时,为部分围岩塑性行为发展阶段,此时变形增量呈略微波动的线性增长;而当地应力释放系数大于90%后,洞周变形增量急剧增大,此时发生了塑性流动现象,洞室逐渐丧失稳定性。

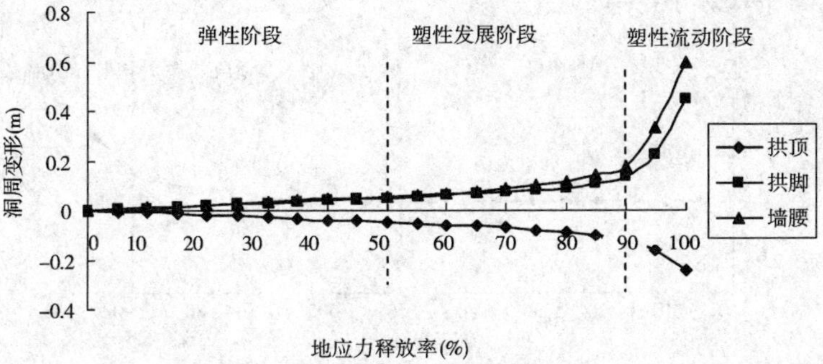

图 4-7　洞周变形随地应力释放率的变化规律

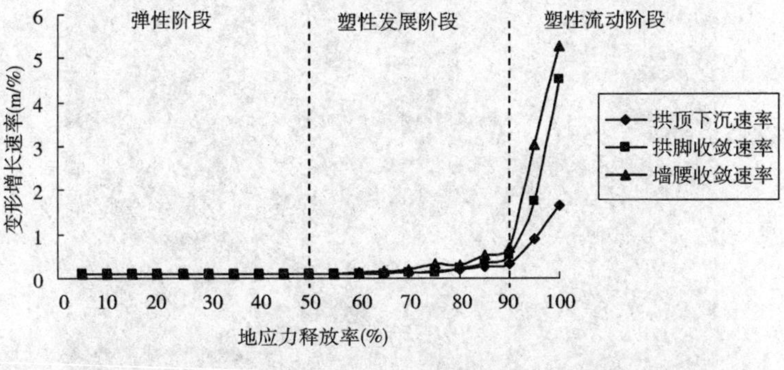

图 4-8　洞周变形增量随地应力释放率的变化规律

上述现象可总结为两点:①围岩稳定性极限状态可用塑性流动现象加以解释,这与动力学观点相左;②围岩发生塑性流动的宏观位移表现较塑性应变发生突变的时机略有滞后。

另外,围岩失稳也可以从洞周围的变形协调关系加以解释。图 4-9 为围岩变形协调系数(即水平收敛与拱顶下沉之比)随地应力释放率的变化情况。从图中可以看出,在弹性阶段,洞周水平收敛与拱顶下沉呈等比例增长,此时围岩变形协调系数为一常量;在塑性发展阶段(即地应力释放率为55% ~90%时),相对于拱顶下沉,水平收敛加速发展,但发展状态还处于可控阶段,表现在变形协调系数随地应力释放率关系上,基本呈平缓的近于线性的增长行为;而当围岩处于塑性流动阶段(即当地应力释放率大于90%时),洞周围岩的变形协调关系逐渐被打破,变形协调系数随地应力释放率呈跳跃式发展,此时洞周围岩稳定性将得不到保证。这种洞室失稳所表现出的变形不协调性在典型工程中已有所表现,并被工程实践所证实(见图4-10和图4-11)。

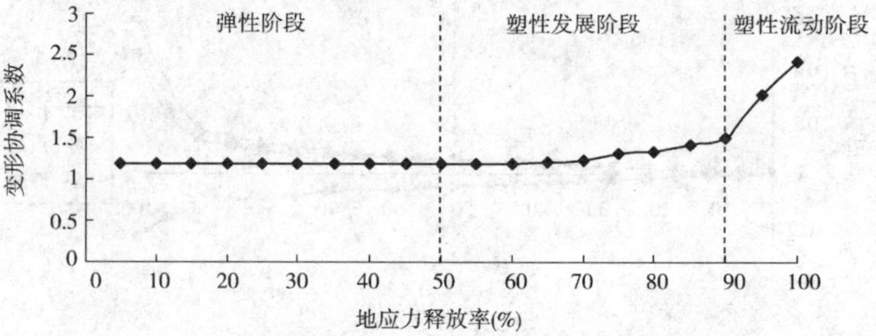

图4-9　围岩变形协调系数随地应力释放率的变化规律

图4-10　乌鞘岭隧道F7断层带边墙挤入现象

综合上述分析,软弱围岩隧道围岩失稳的主要原因是洞周围岩发生塑性流动现象,而其稳定性极限状态可从塑性应变发生突变或洞周围岩变形协调性两方面进行综合判定。研究中发现,塑性应变突变判据与变形形态判据相比,其失稳时机相对较早。从理论上讲,采用塑性应变突变判据进行围岩稳定性极限状态判断相对安全。但从现场监测技术现状角度出发,施工过程中,采用变形形态判据进行围岩稳定性极限状态辨识则更方便,更具可操作性。

(3)不同条件下极限位移的计算结果

根据上述方法,可确定围岩稳定性极限状态所对应的地应力释放率,而该时机所对应的位移即为极限位移。不同工况下围岩稳定性极限位移计算结果如表4-3和表4-4所示。

图4-11　乌鞘岭隧道岭脊千枚岩段尖拱现象

不同工况单线隧道极限位移(单位:mm)　　表4-3

围岩级别	变形性质	埋　深　(m)				
		100	200	300	400	500
Ⅳ	拱顶下沉	6.2	7.6	18.1	24.9	31.4
	水平收敛	4.4	6.6	15.0	21.8	28.1
V_a	拱顶下沉	22.5	47.7	79.3	92.5	118.2
	水平收敛	31.3	69.5	122.8	136.3	178.1
V_b	拱顶下沉	75.1	162.0	240.5	273.5	340.8
	水平收敛	123.9	308.8	436.8	473.4	593.7

注:表中下划线部分为无塑性流动变形发生,其值为稳定后最终计算结果。

不同工况双线隧道极限位移(单位:mm)　　表4-4

围岩级别	变形性质	埋　深　(m)				
		100	200	300	400	500
Ⅳ	拱顶下沉	10.0	18.1	26.8	35.9	45.1
	水平收敛	4.1	8.4	13.8	20.6	26.9

续上表

围岩级别	变形性质	埋 深 (m)				
		100	200	300	400	500
V_a	拱顶下沉	35.5	80.4	109.7	129.9	165.1
	水平收敛	37.0	101.6	134.1	149.3	196.4
V_b	拱顶下沉	114.8	255.6	328.8	374.3	463.0
	水平收敛	155.5	402.9	489.0	498.9	616.7

注:表中下划线部分表示无塑性流动变形发生,其值为稳定后最终计算结果。

4.3.4 塑性应变突变理论的实际应用

1)关角隧道9号斜井工区的应用

(1)工程概况

9号斜井工区位于二郎洞断层束边缘,埋深约250m,洞身穿越地层以石炭系板岩为主,岩体破碎,结构松散,板岩云母含量较高,地下水发育,属V_b级围岩。该区段隧道初期支护为C25喷射混凝土,厚28cm,拱墙设$\phi25$自进式锚杆,间距0.5m×1.5m(纵向×环向),全断面设置2榀/m的I 20a型钢钢架,具体断面形式如图4-12所示。

(2)计算模型和工况

计算采用平面有限元模型,如图4-13所示,根据9号斜井工区的实际情况,埋深约为250m,围岩计算参数如表2-1所示。模型两侧及上部采用应力边界条件,模型下部采用位移约束。

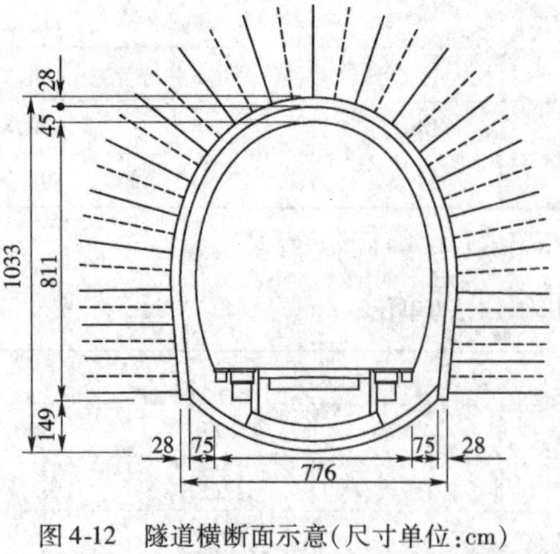

图4-12 隧道横断面示意(尺寸单位:cm)

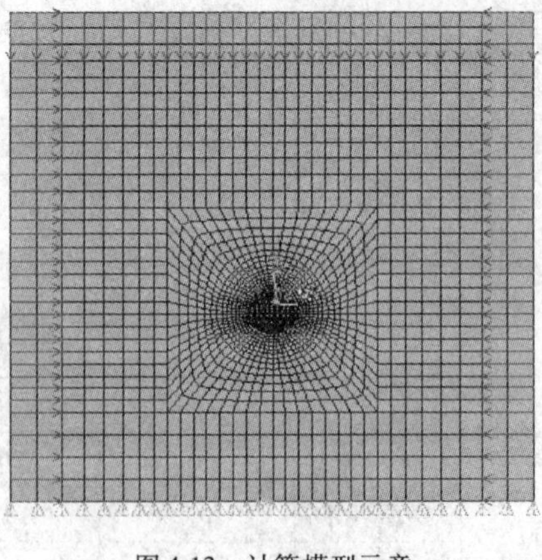

图4-13 计算模型示意

施工方案参照现场实际情况按台阶法考虑,为分析不同施工阶段隧道围岩失稳情况,计算中考虑了两种工况:一是只进行上台阶开挖,即模拟上台阶开挖过程中隧道的失稳情况;二是上台阶支护后,下台阶的开挖工况,用以模拟下台阶开挖过程中隧道的失稳情况。

(3)计算结果

不同工况下围岩极限位移计算结果分别如表4-5所示。

围岩极限位移计算结果(单位:mm) 表4-5

埋深(m)	工况1		工况2	
	拱顶下沉	拱脚水平收敛	拱顶下沉	墙腰水平收敛
250	150	254	247	356

计算过程中发现,洞周围岩位移随地应力释放系数也产生了突变情况,但其突变点一般要晚于塑性应变,为施工安全起见,本文认为采用塑性应变突变来判别围岩稳定性是合适的。

上述极限位移是在计算条件下得出的,由于受现场监测手段的限制,实际监测的结果丢失了施测前的位移,为方便与现场施工管理,所制定的位移管理标准必须与实测结果对应。此时,实测极限位移可表示为:

$$u_{测} = u_{计} - u_{前期} - u_{失} \tag{4-7}$$

式中:$u_{测}$——实际量测极限位移;

$u_{计}$——计算隧道极限位移;

$u_{前期}$——开挖前测点位置的先行位移;

$u_{失}$——开挖后至实测前丢失位移。

根据目前测试手段,$u_{前期}$难以利用监测手段获得,但可通过三维数值模拟得到其所占总位移的比例,即$u_{前期} = \beta u_{计}$(β为开挖前变形释放率)。为此研究中以9号斜井工区正洞试验段为对象,进行了三维数值模拟分析,三维数值计算结果如表4-6所示。

开挖前测点处洞周变形计算结果 表4-6

项目	墙腰水平收敛			拱顶下沉		
	计算值(mm)		β(%)	计算值(mm)		β(%)
	下台阶开挖前变形	最终累计值		上台阶开挖前变形	最终累计值	
数值	63.2	221.3	28.6	48.4	110.7	44.0

受目前位移监测技术限制，$u_{失}$ 的发生是不可避免的。一般爆破至位移监测第一次读数的时间间隔不超过1d，若假设断面监测前1d的位移变化规律与监测后同时段的变化规律一致，则可通过监测位移前推，得出区段爆破后至监测前的丢失位移。

根据9号斜井工区正洞DyK304+510、DyK304+495和DyK304+490三断面的测试结果，施测后第一天的变形量分别如表4-7所示。

各试验断面施测第一天变形值（单位：mm） 表4-7

断面里程	变形值			
	拱顶下沉	平均值	墙腰水平收敛	平均值
DyK304+510	4.00	4.7	7.18	8.5
DyK304+495	5.00		9.14	
DyK304+490	5.00		9.30	

根据式(4-7)，与实测值相对应的极限位移分别为：拱顶下沉247－(247×0.44)－4.7=133.6mm，墙腰水平收敛356－(356×0.286)－8.5=245.7mm。

考虑到在实际工程中，由于围岩性质、隧道断面大小、开挖技术等的不同，先行位移和测试丢失位移也会存在一定离散性。因此，在上述数据处理过程中应通过大量计算统计并找出不同条件下的 $u_{前期}$ 和 $u_{失}$，供实际应用。

(4)现场实际印证

9号斜井工区正洞DyK304+495、DyK304+490两处断面施工初期变形比较稳定，当掌子面施工至DyK304+471时，上述两测试断面变形开始加大，最大墙腰水平收敛变形达255mm，拱顶下沉达121mm，变形速率增大至39mm/d，初期支护发生了不同程度的开裂和钢架扭曲。从洞周变形速率和支护结构破损情况看，该处围岩稳定性已基本丧失，洞室失稳迹象明显。后经围岩加固、支护结构补强等综合整治后，隧道得以安全通过。从现场隧道变形发展过程上看，研究中所制订的极限位移基本符合现场实际。

2)围岩失稳形态预测中的应用

(1)计算工况

确保围岩稳定是隧道施工的关键所在，支护结构的作用也是在控制变形及稳定围岩的效果上才得以体现，对于软弱围岩隧道而言更是如此。为揭示台阶法施工过程中的隧道失稳形态，对上台阶开挖过程中围岩稳定极限状态进行了分析和研究。

基于上述观点，本研究以埋深400m的$\mathrm{V_a}$级围岩单线铁路隧道为背景，建立了平面数值模型，分析隧道开挖过程中洞周塑性应变与地应力释放率之间的变化规律，采用尖点突变理论对围岩稳定极限状态进行了分析和研究，围岩计算参数见表2-1。

(2)计算结果分析

计算过程中发现，围岩塑性区范围随地应力释放率的增加不断扩大，当接近极限状态时，塑性区范围急剧发展，不同上台阶断面高度下极限状态所对应的塑性区分布情况如图4-14所示。由图4-14可以看出，台阶法施工过程中拱脚附近围岩屈服程度最为突出，上台阶断面高度从4m变化到6m，基底围岩屈服区从拱脚局部逐渐扩展到整个下部区域。从塑性区的分布规律可以预测出，基底围岩的破坏形式随上台阶断面高度的增加由拱脚局部失稳逐渐向基底整体剪切失稳过渡。但无论台阶高度如何，拱脚处围岩的稳定程度均相对较差，因此施工过程中加强拱脚稳定措施，对洞室稳定和变形控制均是有利的。

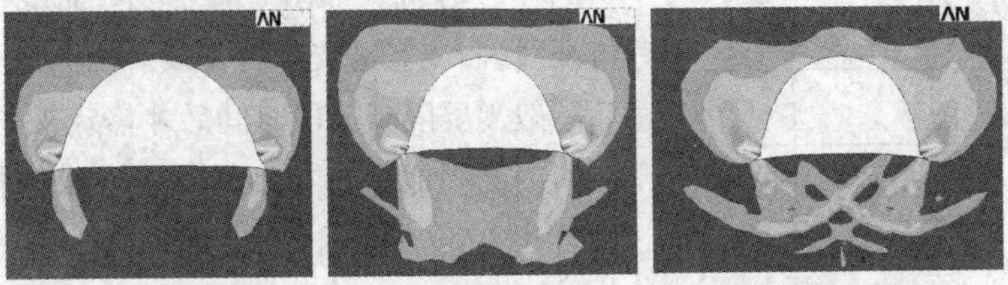

a)上台阶断面高度4m　b)上台阶断面高度5m　c)上台阶断面高度6m

图4-14　不同上台阶高度下极限状态所对应的塑性区分布

表4-8为上述不同台阶断面高度条件下极限状态所对应的极限位移，从表中数据可以看出，上台阶断面高度越大，围岩对洞周变形的承担能力越大，因此对于软弱围岩隧道，施工中在确保掌子面稳定的前提条件下，适当增加上台阶断面高度有利于围岩的稳定，同时也有利于施工作业。

不同台阶断面高度条件下的计算极限位移(单位:mm)　表4-8

位　移	上台阶断面高4m	上台阶断面高5m	上台阶断面高6m
水平收敛	60.7	102.5	149.7
拱顶沉降	68.8	89.7	112.2

4.4 隧道结构体系稳定性判别

4.4.1 支护施作时机和支护作用时机

目前,我国隧道初期支护体系基本以喷锚支护为主,硬岩隧道初期支护是力求控制围岩塑性区的产生,最大限度地发挥围岩的自承载能力;深埋软岩隧道,初期支护允许围岩出现塑性区,最大限度地释放围岩变形能,保护围岩的力学强度,使支护造价小,并使隧道稳定。

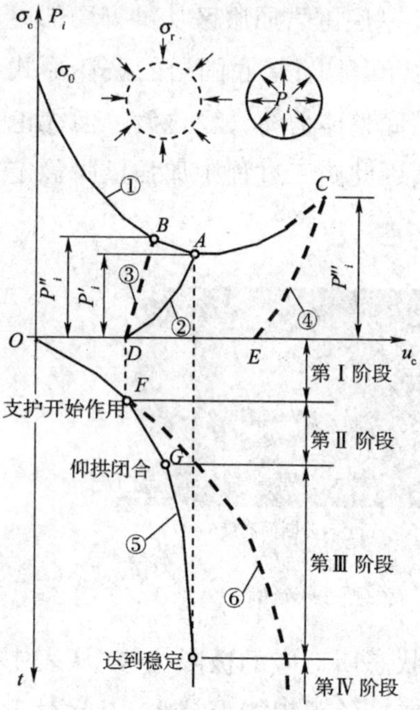

图 4-15 围岩与支护结构特征曲线示意

一般情况下,隧道开挖后施作锚杆、架立钢拱架、喷射混凝土等的时间称为支护施作时机;支护施作后,锚杆锚固材料和喷射混凝土强度随着时间增长,当支护结构各部分形成整体结构体系,并且开始与围岩共同变形时,称该时刻为支护的作用时机。如图 4-15 所示,曲线①为地层特征线,曲线②为支护特征线。因洞室开挖成形后一般需要隔开一段时间后才修筑支护,在这段时间内洞周地层将在不受支护约束的情况下产生自由变形。根据第 2 章计算结果,一般情况下,软弱围岩隧道支护前(掌子面前方)的先行变形占比较大。同时,考虑到支护结构的强度增长和各部分形成统一体系协调变形都还需要一定的时间。因此,反映到特征曲线上的 D 点(即支护作用时机)一般都相对较晚。支护施作后,随着变形的进一步发展,两特征曲线最终交汇于 A 点,从而实现支护抗力与围岩压力达到平衡状态,A 点对应的纵坐标 P'_i表示平衡状态下的围岩压力,其对应的横坐标表示平衡状态下围岩的最终位移。由图中曲线②、③、④对比可知,支护结构的作用时间、支护本身的刚度及其与围岩接触的好坏均将影响到围岩的稳定性和支护所受地压力的大小。对于深埋软弱围岩,最理想的平衡点是曲线①最低处偏左稍高的 A 点,此处支护所承受的围岩压力较小,又能可维持围岩的稳定性。曲线④代表支护作用时机过晚,此时支护将承受较大的松弛围岩压力,而且还可能未等到达支护平衡点,隧道就会坍塌。曲线③支护作用时机与曲线②虽然相同,但由于支护刚度过大,在相同变形条件下,支护反力增长较快,达到平衡时所受围岩压力也相对较大。其实图 4-15 的下半部更能说明问题。曲线⑤是洞壁位移 u_r 随时间的变化曲线,这条曲线可以通过监控量测得到,所以更为直观。这条曲线反映 4 个阶段的位移状态:第Ⅰ阶段是围岩无约束自由变形阶段,变形发展较快;第Ⅱ阶段初期支护开始发挥作用,洞壁位移由于有支护阻力而减缓;第Ⅲ阶段从支护形成封闭结构开始,支护阻力增加而位移速度大大降低,线形趋于平缓;最后位移趋于稳定,不再增长,进入第Ⅳ阶段。如果支护发挥作用时机较晚,则位移因受不到足够的支护阻力将快速增长,如曲线⑥。当位移超过 A 点的位移值后,由于洞周松弛范围的增加,也可能坍塌。

从图中可以看出,只有当支护结构闭合呈环后对洞周位移的约束作用才能充分发挥出来。因此,对于软弱围岩隧道而言,从变形控制角度出发,支护结构的及早闭合尤其重要。但在实际工程中,多种支护构件联合作用,分次施作,再加上施工中的分步开挖、分步支护,支护体系形成闭合时间一般均相对较长。在现有施工技术水平和技术装备的基础上,如何优化施工步序、减少开挖分部,实现支护及时施作、支护结构及早闭合,是目前我国软弱围岩隧道建设所面临并亟待解决的实际问题之一。

4.4.2 不同支护时机下围岩变形分析

1)计算模型与计算参数

以铁路工程建设通用参考图时速 200km 客货共线Ⅴ级围岩(两个亚级)为对象,采用 Ansys 建立二维模型,隧道埋深 300m,初始应力场按自重应力场考虑,地应力释放采用等效节点力模拟开挖释放荷载逐级施加,每级增量为初始地应力的 5%,采用 Drucker-Prager 屈服准则进行弹塑性分析,初期支护采用 beam3 弹性梁单元,围岩采用平面弹塑性实体单元 plane42。初期支护参数按照铁路工程通用参考图建议的参数选取,围岩计算参数如表 2-1 所示。

根据前述关于隧道围岩稳定性分析结果,Ⅴ级围岩隧道围岩失稳时机大约在地应力释放 70% 左右。因此,计算过程中支护的作用时机按地应力释放 60% 考虑。

2）不同作用时机的支护效应分析

（1）隧道位移

随着地应力的逐级释放，围岩洞周变形增大，在未支护的情况下洞周位移急速增大，在地应力释放85%以后，未支护隧道洞周位移发生突变，数值严重发散，隧道围岩失稳。

当地应力释放到60%、65%、70%、75%、80%考虑支护作用时，洞周围岩位移缓慢增加，直至地应力完全释放。不同支护作用时机下围岩拱顶下沉、拱脚收敛与应力释放率的关系如图4-16和图4-17所示。支护作用时机越晚，洞周变形越大，地应力释放60%后支护发挥作用，拱顶下沉和最大水平收敛为34.9mm和46.4mm，当地应力释放80%后支护发挥作用，拱顶下沉和最大水平收敛值为41.2mm和67.8mm。由于采用了同样的支护刚度，所以图中各支护结构的斜率相同。

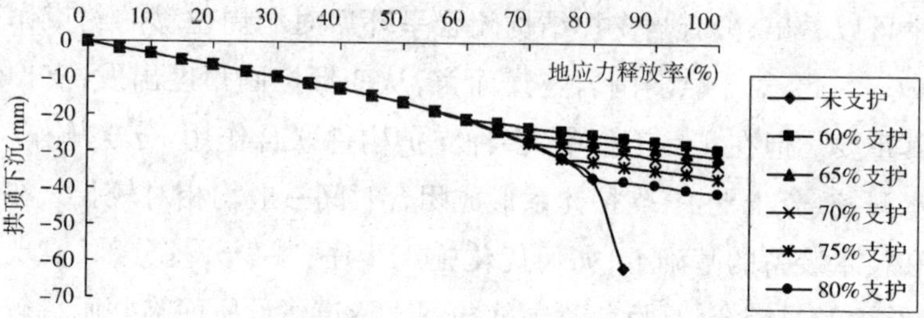

图4-16　不同支护作用时机下拱顶下沉与地应力释放率的关系

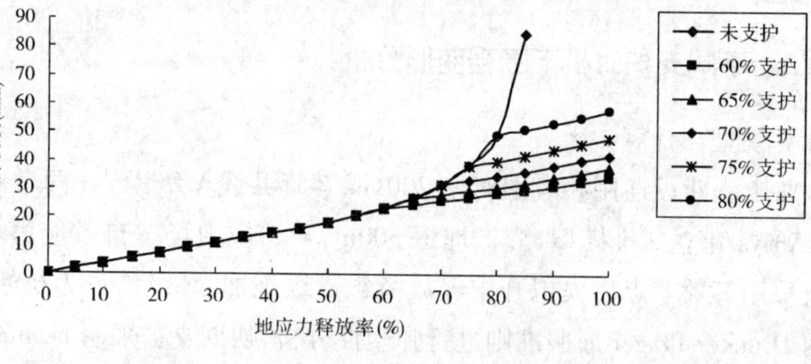

图4-17　不同支护作用时机下拱脚收敛与地应力释放率的关系

（2）围岩塑性区

地应力释放60%后支护发挥作用，最终围岩的塑性区为2.8m，塑性区范围主要集中在洞周墙腰位置，地应力释放70%后施作支护结构，最终围岩的塑性区为3.2m，当地应力释放80%后围岩的塑性区达到5.4m，洞周围岩塑性区有贯通之势。

选取洞周围岩塑性应变最大的单元,研究等效塑性应变与地应力释放率的关系如图4-18所示。

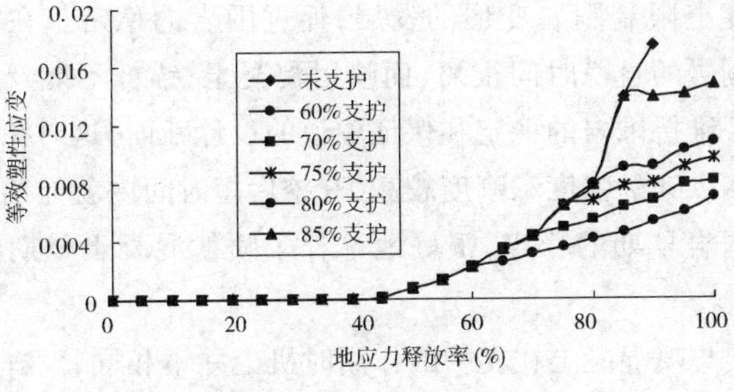

图4-18 不同支护作用时机下典型单元体塑性应变与地应力释放率的关系

(3)支护结构内力

在不同的支护作用时机下,支护结构的内力有很大变化(见表4-9),从表中可以看出,支护在墙脚处产生了很大的应力集中,支护时机越晚,支护结构内力越小。支护结构轴力减小的幅度远远大于弯矩减小的幅度,也就是说,不同的支护时机对轴力的影响远大于对弯矩的影响。地应力释放70%进行支护,最大弯矩发生在墙脚部位,其值为97.2kN·m,地应力释放80%后进行支护,最终最大弯矩为87.7kN·m,减小了9.7%,轴力从原来-7866kN减小为-5928kN,轴力减小了24%。

综合前述分析,支护越晚围岩单元体的等效塑性应变越大,但支护过早会导致初期支护结构的过早破坏。综合分析各个因素,认为最佳的支护时机为地应力释放70%~80%后比较合理。

支护结构各关键部位内力 表4-9

位置	释放系数0.7		释放系数0.75		释放系数0.8	
	轴力(kN)	弯矩(kN·m)	轴力(kN)	弯矩(kN·m)	轴力(kN)	弯矩(kN·m)
拱顶	4591	0.8	4218	0.562	3738	1.0
拱腰	5431	3.83	4689	8.13	3939	15.5
拱脚	6775	4.11	5947	15.5	5031	8.4
墙腰	7866	70.2	6879	72.3	5928	66.3
墙脚	6296	97.2	5552	90.8	4831	87.7

4.4.3 支护结构体系稳定性评价方法

1)钢架和喷混凝土的支护作用时机

软弱围岩的初期支护体系是由喷射混凝土、径向锚杆、钢拱架和钢筋网片等构成。喷射混凝土支护在隧洞开挖后立即施作，避免围岩处于单轴或双轴受力状态，在一定程度上限制围岩变形的发展，促进围岩的稳定。在软弱围岩隧道中，隧道开挖后围岩的自稳时间很短，而喷射混凝土、锚杆不能及时地提供足够的支护抗力，为了维持围岩的稳定和保证隧道的设计断面，这时往往采用钢拱架进行支护，由于钢拱架的强度和刚度较高，开挖后短时间内就能给围岩强有力的支撑，保证隧道围岩早期的稳定，很好地弥补了喷射混凝土早期刚度和强度的不足。

因此，钢拱架与喷混凝土在支护的作用时机上并不相同，发挥的作用也有不同，二者的"角色"在支护作用的过程中发生着变化。在支护施作早期，钢拱架是主要的承载结构，而喷混凝土由于早期刚度和强度的不足，并未真正提供有效的支护抗力，未能形成真正的钢架混凝土结构，主要起保护围岩、防止局部掉块的作用。而在支护作用的后期，随着混凝土龄期的增长，混凝土强度和刚度大大提高，喷混凝土能和钢架紧密结合，抗弯、抗压、抗剪能力大幅提高，形成钢架混凝土支护体系。而喷混凝土中的钢拱架受力趋于稳定，起钢架混凝土的骨架作用。

在软弱围岩隧道稳定性分析中，钢拱架和混凝土应分开建模，从而考虑二者不同的作用时机。

2）计算模型

研究中选取两榀钢架之间的这一段围岩为研究对象，建立一个沿隧道纵向包含两榀钢拱架的准三维有限元模型，沿隧道纵向水平约束，符合平面应变问题的条件。钢架采用可以自定义梁截面的三维梁单元，可以根据需求改变钢架的刚度和间距，混凝土与围岩采用实体单元，钢架与混凝土分开建模，计算仍采用地应力逐级释放法。但考虑到钢架与混凝土作用时机不同，根据前文的论述，选取围岩应变突变前（地应力释放70%后）钢架发挥作用，混凝土发挥作用的时机比钢架要晚，这里通过试算得到，以保证既能使支护结构发挥作用，又不能使支护结构过早的破坏，单独研究钢架与混凝土以及二者与围岩的相互作用。

围岩物理力学参数见表2-1，有限元计算模型图如图4-19所示。

3）钢架与喷混凝土作用时机的影响效应

（1）隧道变形响应

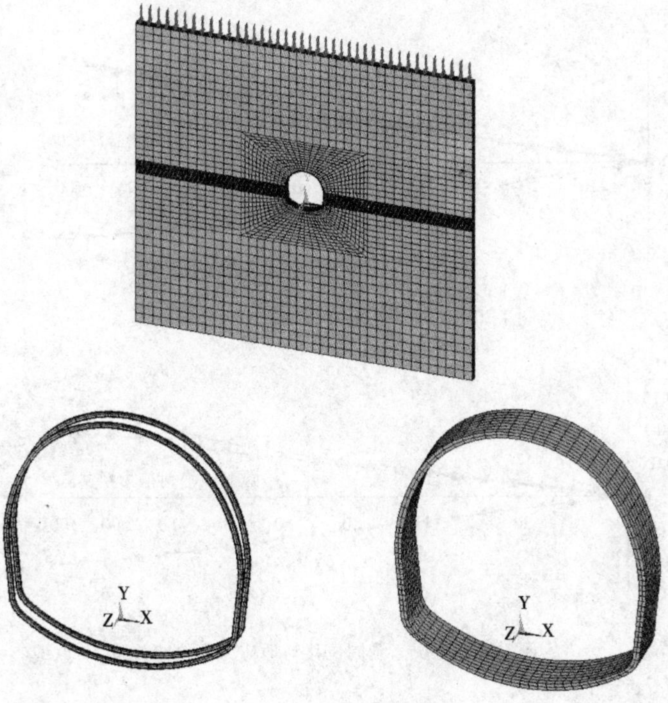

图 4-19 计算模型

计算中选取钢架的作用时机为地应力释放 60%,喷射混凝土的作用时机选取地应力释放 70%,仰拱闭合滞后。这里给出 V_a 级围岩埋深 500m 的单线隧道计算工况,工况 1 为地应力释放 60% 加钢拱架,释放 70% 激活喷射混凝土,释放 80% 仰拱闭合,简称 6-7-8 支护,工况 2 为 7-8-9 支护,工况 3 为 7-9-9.5 支护,3 种工况下洞周围岩位移如图 4-20 ~ 图 4-22 所示。

由图 4-20 ~ 图 4-22 可以看出,不同的支护作用时机对变形影响较大,工况 1 支护拱顶沉降、拱脚收敛与墙腰收敛分别为 89.6mm、85.9mm 和 132.2mm,工况 2 支护拱顶沉降、拱腰收敛与墙腰收敛分别为 101.7mm、99.5mm 和 155.6mm,工况 3 支护拱顶沉降、拱腰收敛与墙腰收敛分别为 112.2mm、113.9mm 和 171.5mm。钢架支护使围岩变形速率有所减缓,但仍显示出加速增长的趋势,拱墙混凝土喷层支护后围岩的变形趋势进一步减缓,只有在激活仰拱后围岩变形速率才显现出加速收敛的趋势,最终出现稳定的收敛位移(习惯称为变形“点头”),现场施工中,只有这样的变形曲线才是合理的,隧道与支护系统才稳定。计算结果表明:由于钢架的刚度远远小于喷射混凝土的刚度,钢架的支护效果还不能完全控制围岩的变形。

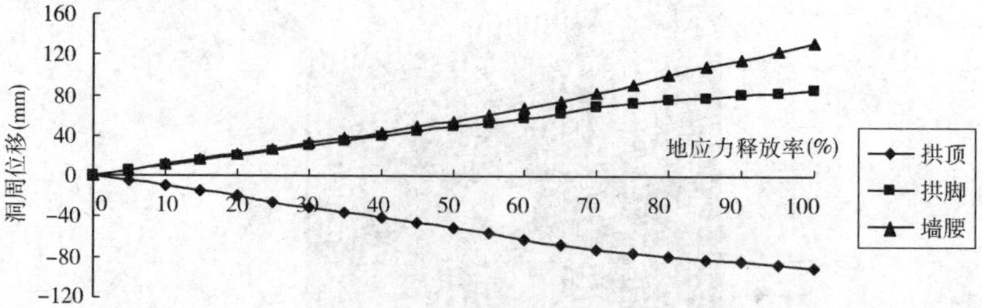

图 4-20　工况 1 洞周位移与地应力释放的关系

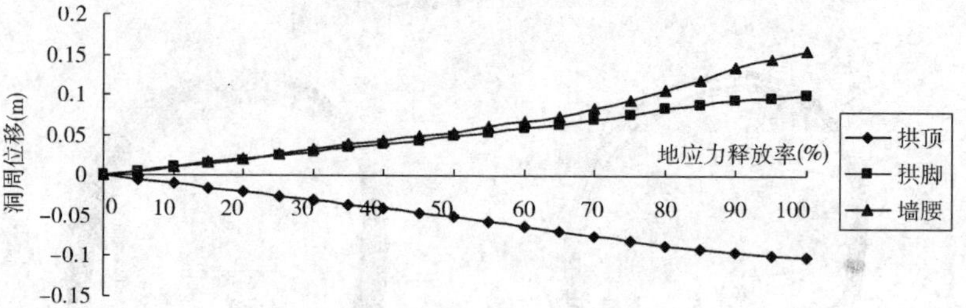

图 4-21　工况 2 洞周位移与地应力释放的关系

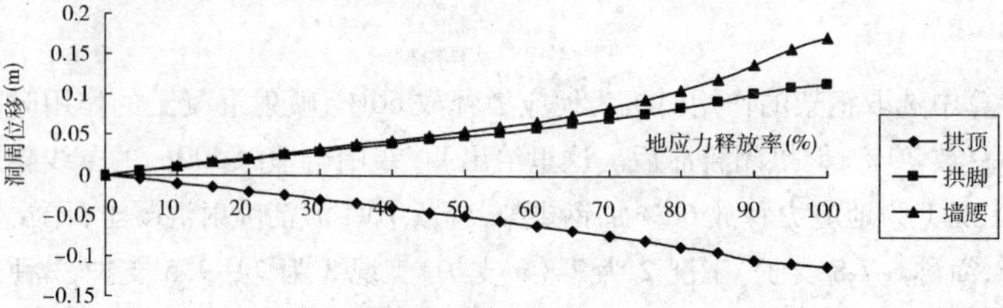

图 4-22　工况 3 洞周位移与地应力释放的关系

(2)喷层应力

研究中分别选取拱顶、拱腰、拱脚、墙腰、墙脚 5 个关键部位分析喷层应力的变化情况。由于混凝土喷层是有厚度的薄壳结构,喷层内缘与外缘的应力有一定的差距。因此,规定截面平均应力达到混凝土的极限强度即为喷层混凝土截面发生破坏。表 4-10 给出三种不同支护时机工况下喷射混凝土的应力。由表中可以看出在工况 1 和工况 2 下,多个喷层截面应力会超过极限抗压强度(19.5MPa),而工况 3 情况下,由于支护结构实际参与和承担的变形小,所以其自身应力结果相对较小。需要说明的是,由于工况 3 中,支护结构作用时机较晚,根据前述有关围岩稳定性研究结果,在这种情况下,支护前围岩失稳的可能性是存在的。在现场施工中,由于存在钢架与围岩并不是密贴、钢架并不是整体结构而是以节点板连接的多铰结构、围岩和混凝土的时间效应等问题。因此,上述作用时机的分析仅仅是理想状态下的结果。

三种不同支护时机工况下喷射混凝土的应力(单位:MPa) 表4-10

部位	工况1			工况2			工况3		
	内缘	外缘	平均	内缘	外缘	平均	内缘	外缘	平均
拱顶	-33.2	-32.9	-33.1	-26.3	-25.2	-25.8	-15.4	-14.8	-15.1
拱腰	-38.7	-35.8	-37.3	-29.3	-27.2	-28.3	-17.6	-15.5	-16.5
拱脚	-44.4	-42.4	-43.4	-35.7	-32.2	-34.0	-21.7	-19.8	-20.8
墙腰	-56.3	-44.5	-50.4	-42.0	-33.2	-37.6	-24.4	-19.5	-21.9
墙脚	-21.9	-83.5	-52.7	-11.8	-66.8	-39.3	-5.9	-41.9	-23.9

(3)洞周围岩变形控制效果分析

支护体系对围岩变形的影响如图4-23、图4-24所示。支护对限制围岩的变形有很大的效果,未支护的隧道拱顶下沉最大能达到250mm;支护与围岩共同作用时,拱顶下沉为120mm,变形量减小了52%。合理的支护时机下控制软弱围岩的变形效果非常明显,选择合理的支护时机对创造安全、经济、合理的隧道体系稳定条件以及优化稳定条件有好处。

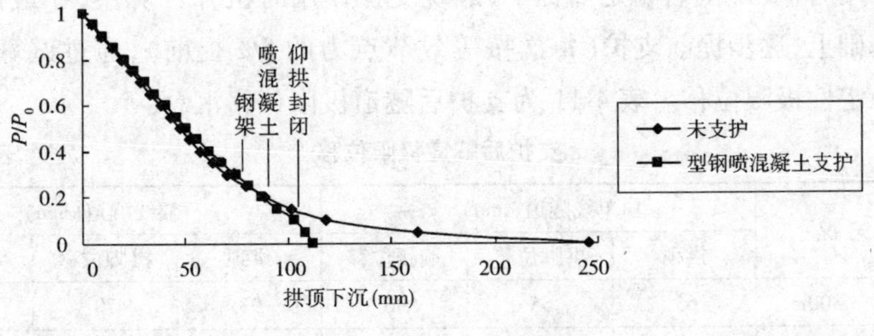

图4-23 拱顶下沉特征曲线

4.4.4 隧道体系稳定极限位移

要确定隧道围岩及支护结构的极限位移,首先要明确隧道体系的极限状态。在隧道施工过程的不同阶段,极限状态有其不同的含义。前文中已经探讨了未支护的隧道围岩极限状态,即围岩单元体发生塑性流动,围岩坍塌失稳。支护一般由钢架、喷射混凝土和钢筋网组成,一般为相对较薄的柔性支护,喷层与围岩密贴,支护结构自身受围岩约束是一种超静定结构。对于喷层而言,局部的开裂和压坏并不导致结构的失稳。因此,规定超过3个截面以上混凝土开裂或破损,即为隧道支护结构的极限状态。

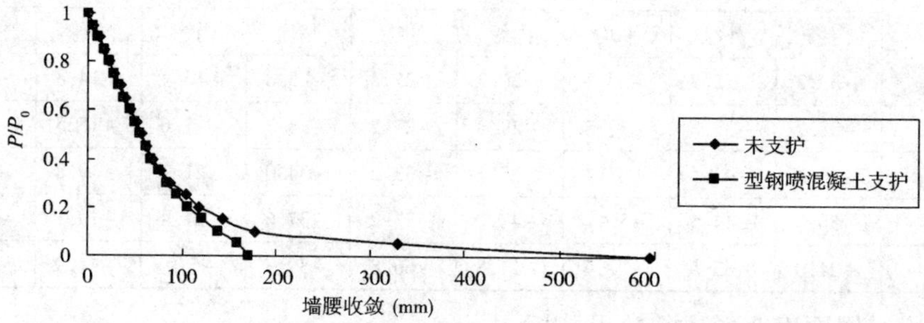

图 4-24　墙腰收敛特征曲线

综上所述,支护后的隧道极限状态,可按支护构件多处开裂或破损,或因围岩屈服区域发展形成破坏楔体向坑道内滑移,使支护被剪坏来确定其承载能力极限状态。相对于支护裂损或剪切破坏时的位移即为其极限位移。分析时,采用4.4节中钢架与混凝土喷层分开建模的方法,结合4.3.3节研究结果,寻求围岩失稳前最佳支护作用时机(即围岩稳定前提下,最晚支护作用时机),计算中,在最佳支护作用时机基础上,逐步提前支护(每次按等效节点力的5%提前),通过试算,寻求支护结构稳定性极限位移。表4-11为支护后隧道极限位移汇总。

支护后隧道极限位移　　表 4-11

计算工况		单线隧道(mm)			双线隧道(mm)		
		拱顶	拱脚位移	墙腰位移	拱顶	拱脚位移	墙腰位移
V_a 级	300m	65	65	96	93	70	99
	400m	89	90	134	124	95	136
	500m	112	114	172	155	120	172
V_b 级	100m	57	67	99	93	81	121
	300m	188	216	358	273	252	387
	500m	314	359	621	497	525	751

注:现场施工中仰拱闭合时机太晚的情况按上述极限位移的1.1倍计算。

4.5 基于屈曲原理的支护结构稳定性判别技术

对比支护前和支护后隧道极限位移分析结果可以看出，隧道体系失稳由支护结构先失稳再导致围岩失稳。特别是软弱围岩隧道，由于支护与围岩紧密接触、共同作用，支护结构一旦失稳，丧失支护作用，围岩必然产生坍塌或滑移，最终导致整个系统失稳。可以说，支护结构的失稳表征了整个隧道体系的失稳。在实际施工过程中，由于受支护施作时机、支护刚度、支护闭合时机、支护与围岩接触状态、混凝土喷层强度增长情况，以及支护体系施作次序等因素的影响，采用传统方法确定支护结构的极限变形存在较大困难。但作为承载结构来讲，其受力及相应的变形条件则更能直接反映其工作状态。

隧道支护结构属于拱形偏压构件，支护结构处于地层约束之下，为多次超静定结构，当受压较大时将可能发生整体失稳现象。对于软弱围岩隧道较大刚度的支护结构，可参照地面拱结构情况，结合自身边界条件进行面内非线性屈曲分析，进而判断支护结构的失稳模式和承载极限。

4.5.1 屈曲原理

目前主要有两种计算结构屈曲临界荷载的方法：特征值屈曲分析与非线性屈曲分析。工程中常常将二者结合起来：先利用特征值屈曲分析方法得出结构线性临界荷载值及主要屈曲模态，然后以屈曲模态为依据对结构施加初始缺陷，进而进行非线性分析，所得最大荷载水平即为所求整体屈曲临界荷载。

拱的面内屈曲有两种不同的形式，第一种形式是在屈曲临界荷载前后，拱的挠曲线发生急剧变化，可看作这是具有分支点问题的形式。当荷载对称分布时，如果拱轴线与压力线是吻合的，则在失稳前的平衡状态中只有压缩变形而没有弯曲变形。当荷载加至临界值时，平衡就会出现弯曲变形的分支，拱开始发生屈曲。第二种屈曲形式是在非对称荷载作用下，拱在发生竖直变位的同时也产生了水平变位。随着荷载的增加，两个方向的变位形式在没有急剧变化的情况下继续增加。当荷载加至临界值后，变位迅速增加，这类失稳称之为极值点失稳，也称第二类失稳。求解这类失稳问题的极限荷载，需要采用非线性分析方法。在实际隧道结构中，拱轴线和压力线不会完全吻合，在对称荷载下，拱一开始就可能出现带有对称弯曲变形的平衡状态。然而当荷载达到临界值时，拱仍可能发生分支点失稳现象。

(1)圆拱平面屈曲微分方程

如图4-25所示的圆拱，在均布径向荷载 q 作用下，开始只有沿拱轴方向的弹性压缩变形。若忽略轴向变形的影响，拱轴线与压力线完全吻合，拱处于无弯矩状态。当荷载达到临界值时，拱发生了一微小的屈曲变形 v，它的屈曲微分方程就是针对这一变形状态来建立。

①平衡条件

从圆拱中取出微元 $ds=\widehat{mn}$，在拱屈曲前只承受轴力 $N_0=qR$，屈曲后移至新位置廊 $m'n'$(见图4-26)，这时半径和轴力的增量分别为 ΔR 和 ΔN：

$$\left.\begin{aligned}\rho &= R+\Delta R\\ N &= N_0+\Delta N\end{aligned}\right\}\tag{4-8}$$

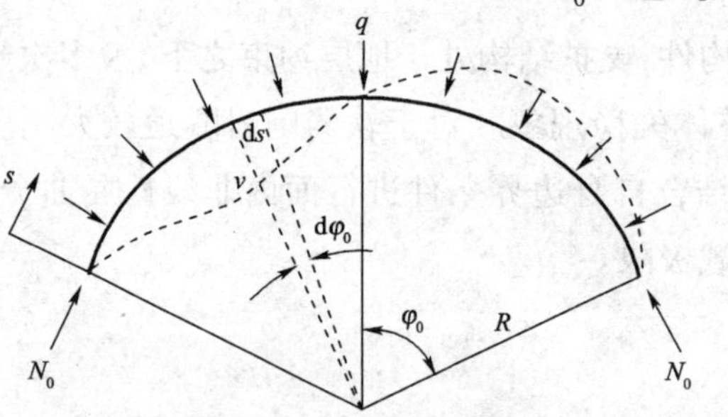

图4-25　圆拱屈曲模型

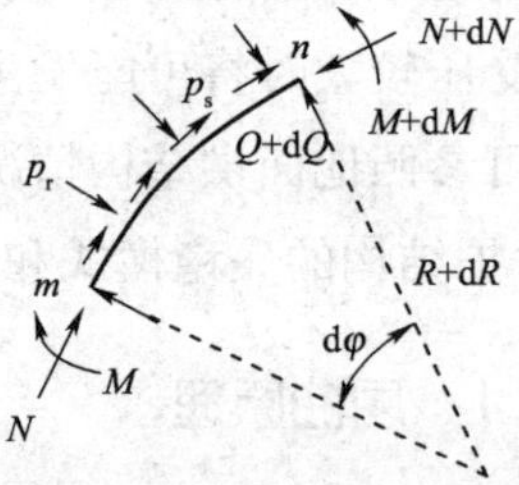

图4-26　圆拱微段屈曲受力情况

此外，还出现了新的弯矩 M 和剪力 Q。屈曲后的内力状态应满足平衡方程。将微弧段上的力沿角平分线方向和垂直于角平分线方向分解得：

$$\left.\begin{aligned}dN+Qd\varphi-p_s ds&=0\\ dQ-Nd\varphi+p_r ds&=0\\ dM-Qds&=0\end{aligned}\right\}\tag{4-9}$$

略去二阶小量，并同除 ds，得平衡微分方程：

$$\left.\begin{aligned}\frac{dN}{ds}+\frac{Q}{R}-p_s&=0\\ \frac{dQ}{ds}-\frac{N}{R}+p_r&=0\\ Q&=\frac{dM}{ds}\end{aligned}\right\}\tag{4-10}$$

将式(4-10)中的第三式带入前两式得:

$$\left.\begin{aligned}\frac{dN}{ds}+\frac{1}{R}\frac{dM}{ds}-p_s=0\\ \frac{d^2M}{ds^2}-\frac{N}{R}+p_r=0\end{aligned}\right\}\tag{4-11}$$

②变形几何关系

微元在屈曲后的变形情况见图 4-27,m 点发生了径向位移 v 和切向位移 w,n 点发生了径向位移 $v+dv$ 和切向位移 $w+dw$。

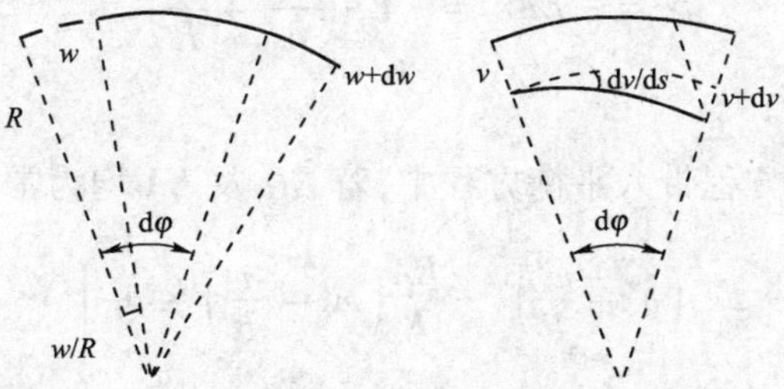

图 4-27 圆拱屈曲变形示意

则 m 和 n 点的相对径向位移引起的转角为:

$$\beta=\frac{1}{ds}[(v+dv)\cos d\varphi+(w+dw)\sin d\varphi-v]\tag{4-12}$$

由于 $d\varphi$ 很小,并注意 $ds=Rd\varphi$,则上式简化为:

$$\beta=\frac{dv}{ds}+\frac{w}{R}\tag{4-13}$$

m 和 n 点的相对切向位移将引起拱轴伸缩 ε:

$$\begin{aligned}\varepsilon&=\frac{1}{ds}[(w+dw)\cos d\varphi-(v+dv)\sin d\varphi-w]\\&\approx\frac{dw}{ds}-\frac{v}{R}\end{aligned}\tag{4-14}$$

由于屈曲时拱轴压力只有高次微小量变化,因而拱轴可视为无压缩的($\varepsilon=0$),它仅作刚体运动,即:

$$\frac{dw}{ds}-\frac{v}{R}=0\tag{4-15}$$

将式(4-13)微分一次后带入式(4-15)消去 w,得圆拱平面变形的几何方程,即挠曲率微分方程:

$$x_x = \frac{d\beta}{ds} = \frac{d^2 v}{ds^2} + \frac{v}{ds^2} = \frac{1}{R^2}\left(\frac{d^2 v}{d\varphi^2} + v\right) \tag{4-16}$$

③内力和变形的本构关系

弯矩与曲率的关系为：

$$M = -EI_x x_x = -\frac{EI_x}{R^2}\left(\frac{d^2 v}{d\varphi^2} + v\right) \tag{4-17}$$

轴力与曲率的关系为：

$$N = -EA\varepsilon = -EA\left(\frac{dw}{ds} - \frac{v}{R}\right) \tag{4-18}$$

④屈曲微分方程

将上述本构关系方程带入平衡方程中，若 EI_x 及 EA 均为常量则有：

$$\left.\begin{aligned} EI_x\left(v'' + \frac{w'}{R}\right)'' - \frac{EA}{R}\left(w' - \frac{v}{R}\right) = p_r \\ EA\left(w' - \frac{v}{R}\right)' + \frac{EI_x}{R}\left(v'' + \frac{w'}{R}\right)' = p_s \end{aligned}\right\} \tag{4-19}$$

上式中的导数均是对 ds 进行的。若不计 p_s 的影响，将式(4-19)中两式再一次对 ds 求导后相加，并注意到 $dw/ds = v/R$，有：

$$EI_x\left(v'' + \frac{2}{R^2}v''' + \frac{1}{R^4}v'\right) = \frac{dp_r}{ds} \tag{4-20}$$

上式即为屈曲微分方程。式(4-17)、式(4-20)都可求得圆拱的屈曲临界荷载，而式(4-17)更为方便。

(2)拱结构的非线性屈曲

一般来讲，前面所述的压屈理论会过高地估计拱的临界力。在实际工程中，应考虑拱轴线与压力线不完全吻合等因素的变形影响和材料弹塑性影响，按几何非线性和材料非线性理论来求得衬砌拱的失稳极限荷载，即压溃荷载。拱的压溃荷载(拱的极限荷载)的求解一般采用有限元法。

在有限元分析中，材料非线性一般可以通过给定某种本构关系来实现，并选择适当的屈服准则判断材料是否满足屈服条件，若满足屈服条件，则材料的力学行为将表现为非线性行为，否则表现为线性行为。在混凝土工程中，大多选用 Drucker-Prager 屈服准则，而材料的塑性行为一般被假定为理想弹塑性。

4.5.2　隧道支护结构屈曲模型

(1)支护结构的组成

目前,大多铁路隧道均采用复合式衬砌,即包括初期支护、二次衬砌以及两者之间的防水结构等,其中初期支护主要由混凝土喷层、锚杆以及钢筋网片等组成,当围岩相对较差的地层,为满足变形控制的需要,常常还布设钢架以增加支护刚度。对于软弱围岩隧道,初期支护是施工过程中主要的人工承载结构,其稳定与否直接关系到隧道体系的稳定程度和工程建设的成败,因此对初期支护结构的屈曲失稳进行分析,具有实际意义。研究中,为简化计算模型,减少计算工作量,主要考虑混凝土喷层、锚杆以及钢架对支护结构承载能力的作用,而忽略了钢筋网片以及其他辅助工法的影响。

(2)计算模型

研究中,初期支护结构极限承载力分析采用荷载—结构模型,并以铁路工程建设通用参考图时速200km客货共线隧道Ⅴ级围岩支护参数为例,建立如图4-28所示的计算模型。模型中,混凝土喷层采用壳单元模拟,钢架采用梁单元模拟,支护结构主要受围岩抗力和锚杆的双重约束作用,两种约束均采用弹簧单元模拟。

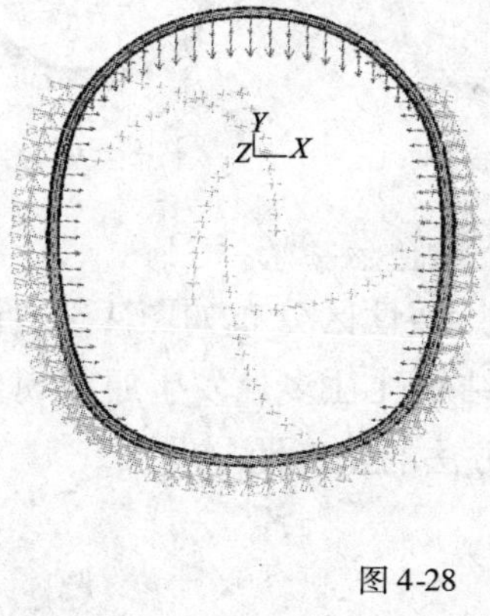

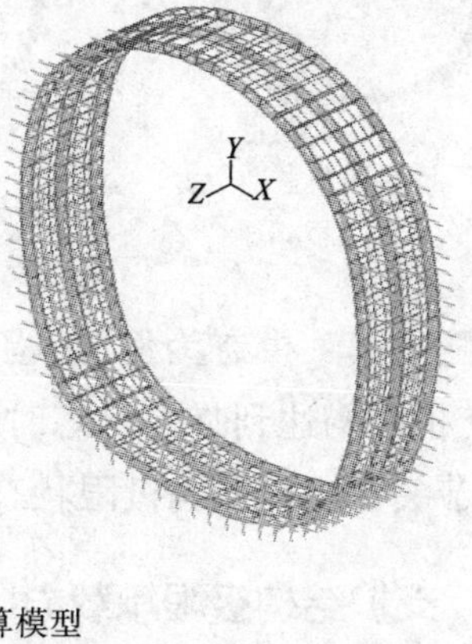

图4-28　屈曲计算模型

围岩压力按均布荷载考虑,水平侧压力系数分别考虑了0.3、0.5、0.6和0.7四种情况,计算采用Ansys软件进行。

(3)锚杆作用模拟

由于研究的目的是分析支护结构体系的承载能力,考虑了锚杆对支护结构的约束作用,而锚杆对围岩力学性质的改善作用,计算中未予考虑。锚杆对支护体系的约束作用主要表现在锚杆的抗拔性能上，而锚杆的抗拔极限状态主要表现在以下三个方面，即杆体拉断、杆体与周围胶结体脱离以及胶结体与围岩拉脱。对于软弱围岩隧道，后者较容易发生。

围岩被动抗力系数可根据相关规范选取；锚杆的抗力系数可按照围岩抗力系数量纲由抗拔力和作用范围以及锚杆弹性模量转化求得。考虑到现场施工工艺以及围岩属性的差别，计算中分析了不同锚杆抗力系数的影响。

4.5.3 隧道支护结构失稳模态分析

支护结构的前 3 阶失稳模态如图 4-29 所示。从支护结构失稳形态可以看出，支护结构的失稳一般表现出变形的不协调性，这一结果与围岩稳定性极限状态结分析结论有较好的一致性。相应于产生各种屈曲模态时的荷载即为该屈曲失稳时的极限承载力，表明荷载增长到此时，支护结构将产生屈曲失稳。

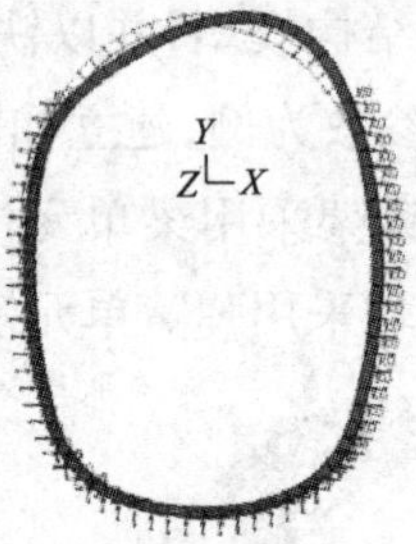

a)第一种模态

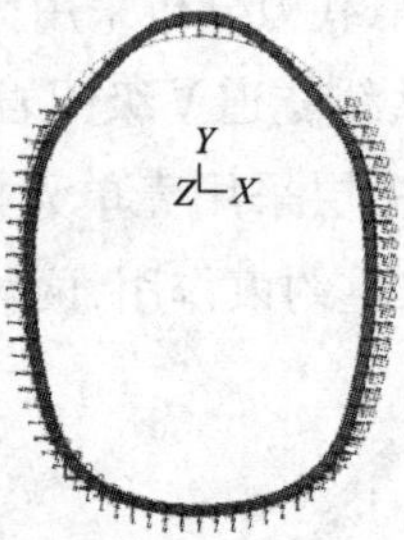

b)第二种模态

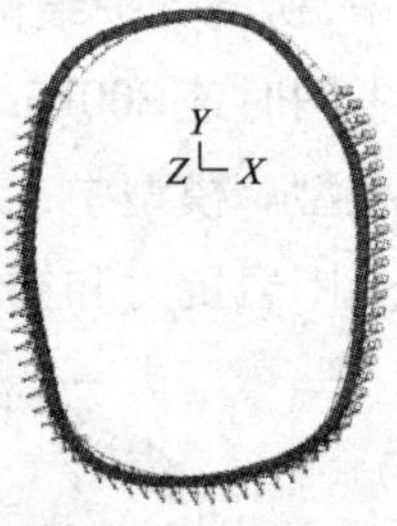

c)第三种模态

图 4-29 特征值屈曲模态

以双线隧道第 1 模态为例，结构失稳时，塑性区分布如图 4-30 所示。从图中可以看出，支护结构达到临界状态时，喷层结构往往多处发生屈服现象，这进一步印证了 4.4 节关于支护结构极限状态判定方法的正确性。

4.5.4 支护结构极限承载力

作为一种分析方法的尝试，书中仅针对 V_a 级围岩的单、双线隧道支护结构承载能力进行分析和探讨。分析中，喷混凝土强度等级为 C25，单线隧道喷层厚度 230mm，双线隧道喷层厚度 270mm。支护分别考虑了素喷混凝土结构、I20 型钢 + 喷混凝土复合结构、H175 型钢 + 喷混凝土复合结构等三种情况（其中钢架间距均按 0.8m 计）。考虑到锚杆抗力不仅与围岩特性、锚杆参数等有关，还与施工工艺效果密切相关，一般不易通过计算手段获取。因此，分析中考虑了不同锚杆抗力情况。各工况支护结构极限承载力计算结果见表4-12～表4-15。

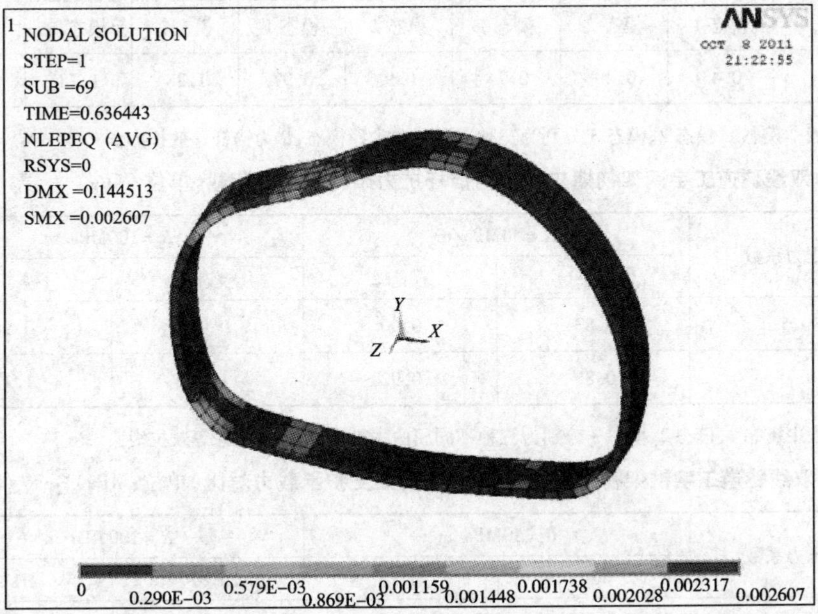

图4-30　隧道支护结构极限状态塑性区分布

从上述计算结果可以看出，支护结构的临界荷载不仅受地层条件的影响，而且与锚杆作用效果和支护形式密不可分。根据初步估算，锚杆抗力在20～100MPa/m之间，在工字钢架条件下（间距0.8m），支护结构的承载能力为0.4～1.0MPa，说明在较高的地应力条件下，支护结构完全有可能发生压溃现象。同时，如图4-28所示，支护结构在发生整体失稳时，一般变形是不协调的，这一点也符合工程实际情况。

单线隧道锚杆抗力为100MPa/m条件下结构临界荷载（单位：MPa）　表4-12

侧压力系数	素混凝土模态形式			I 20 钢架初期支护模态形式			H175 钢架初期支护模态形式		
	1	2	3	1	2	3	1	2	3
0.3	0.32	0.35	0.33	—	—	—	—	—	—
0.5	0.37	0.46	0.39	0.42	0.48	0.44	—	—	—
0.6	0.52	0.56	0.52	0.74	0.9	0.77	1.01	1.05	1.02
0.7	0.54	0.59	0.55	1.13	1.24	1.13	—	—	—

注：表中模态1、模态2、模态3分别为三种不同屈曲失稳模态。

单线隧道工字钢架初期支护不同锚杆抗力条件下临界荷载(单位:MPa)　　表 4-13

侧压力系数	$R=50$MPa/m		$R=100$MPa/m		$R=150$MPa/m		$R=200$MPa/m	
	模态 1	模态 2	模态 1	模态 2	模态 1	模态 2	模态 1	模态 2
0.6	0.43	0.49	0.74	0.9	0.97	1.28	1.28	1.34

注:表中模态 1、模态 2、模态 3 分别为三种不同屈曲失稳模态,R 为锚杆等效抗力。

双线隧道工字钢架初期支护不同锚杆抗力条件下临界荷载(单位:MPa)　　表 4-14

侧压力系数	$R=50$MPa/m		$R=100$MPa/m	
	模态 1	模态 2	模态 1	模态 2
0.5	0.83	0.90	0.90	0.91
0.75	0.88	0.92	1.07	1.12

注:表中模态 1、模态 2、模态 3 分别为三种不同屈曲失稳模态,R 为锚杆等效抗力。

双线隧道工字钢架初期支护与 H 型钢初期支护承载力对比(单位:MPa)　　表 4-15

侧压力系数	$R=50$MPa/m		$R=100$MPa/m	
	I 20	H175	I 20	H175
0.5	0.83	0.91	0.90	0.99

注:表中模态 1、模态 2、模态 3 分别为三种不同屈曲失稳模态,R 为锚杆等效抗力。

这里需要说明的是,对隧道支护结构作用荷载的确定方法还存在较大争议,尤其是有关支护结构形变压力的计算模式和分布规律的研究,还有待于进一步深入开展。本书采用均布荷载来模拟围岩对支护结构的作用只能是一种理想化的简化处理。在实际工程应用中需要对相关工程的围岩压力量测结果进行大量统计工作,并进而统计和概化出相应的围岩压力作用简图,这样才能保证分析工作具有充分的针对性,同时,也能将大量开展的现场监测数据得以充分利用起来,以改变有关围岩压力的测试工作大量开展但量测数据却得不到实际应用的尴尬局面。另外,在上述分析结果中,虽然不能简单地将支护结构极限承载力直接应用于实际工程中,但一方面说明了深埋软弱围岩隧道支护结构存在整体压溃的可能性,另一方面得出了支护结构在极限状态附近存在变形不协调现象这一重要结论。这一点与前述有关围岩稳定性极限状态时洞周变形协调性发生突变结论相互呼应。这为现场通过变形量测和实际观察判别隧道体系稳定性提供了理论支持。

4.5.5 非线性屈曲原理在上台阶断面高度优化中的应用

(1)计算工况及计算模型

以铁路工程建设通用参考图时速200km客货共线隧道V_a级单线隧道为例，施工工法按两台阶开挖，分别对上台阶开挖高度为6m、5.5m、5m、4.5m、4m的围岩稳定性进行分析。根据不同上台阶断面高度，建立如图4-31所示计算模型。

图4-31 支护结构单元图

(2)屈曲模态

特征值屈曲典型模态如图4-32所示。不同台阶高度下支护结构承载能力结果如表4-16和图4-33所示。

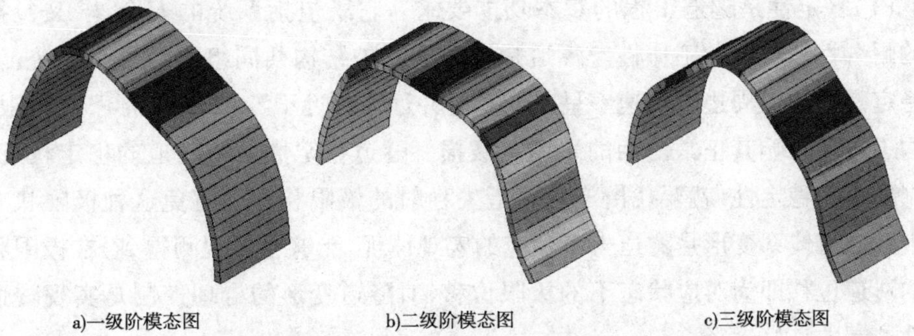

图4-32 支护结构失稳模态

不同台阶高度下支护结构临界荷载集度　表 4-16

台阶高度(m)	特征值极限荷载(MPa)	非线性屈曲极限荷载(MPa)
6.0	9.44	1.35
5.5	10.04	1.43
5.0	9.45	1.29
4.5	7.24	1.01
4.0	6.27	0.93

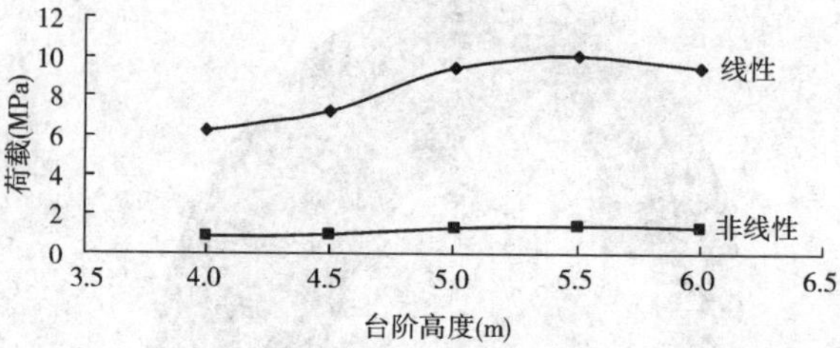

图 4-33　台阶高度与屈曲荷载关系

根据计算结果,就结构整体承载能力而言,台阶高度优先顺序为 5.5m→6m→5m→4.5m→4m。可见,采用两台阶开挖时,上台阶开挖高度为 5.5m 时受力较理想。

4.6　小　结

(1)稳定性是隧道工程的基本功能要求。它既包括系统的安全性,又包括系统的耐久性和良好的工作性。隧道是围岩和支护结构共同组成的复杂系统,隧道的稳定是指隧道周边变形速率呈递减趋势并逐渐趋近于零,最终变形不侵入限界,结构不出现影响其正常使用的裂缝和破损。隧道稳定性是指隧道的稳定程度,要控制隧道的稳定性,就要找出隧道临近失稳时的极限状态并避免这种极限状态的发生。隧道体系变形是隧道力学效应的宏观体现,能够通过观测得到,在极限状态下的隧道位移即为对应状态下的极限位移,对隧道变形的合理控制是实现隧道稳定性控制的良好途径。

软弱围岩隧道由于变形特征的复杂性和多样性,施工过程中的每个环节都应与之相适应,才能保证隧道顺利建成。因此,软弱围岩隧道稳定性控制,首先必须确保施工过程的隧道稳定。

(2)在隧道施工过程的不同阶段,极限状态有其不同的含义。未支护的隧道围岩极限状态,即围岩单元体发生塑性流动,围岩坍塌失稳的状态。支护的喷层、钢架、锚杆都和围岩紧密连接,个别截面喷层开裂或局部压坏,不至于影响支护系统的稳定,而喷锚支护结构不失稳时围岩也不会失稳,根据支护结构受力特点,隧道体系可按喷层多个截面被压、剪或拉坏时为极限状态。根据上述方法进一步可确定不同施工阶段隧道所对应的极限位移,将现场隧道变形监控量测数据进行回归整理,找出变形发展趋势和最大位移值,即可对隧道施工状态的稳定性进行综合判定,为信息化施工提供技术和手段支持。

(3)分析中发现,支护后隧道往往支护结构失稳要先于围岩失稳,因此对支护结构安全状态的评价更具有实际意义。在这种情况下,基于非线性屈曲原理对支护结构的承载极限进行评价同样有效。非线性屈曲理论的分析结果显示,对于深埋软弱围岩隧道,支护结构发生整体压溃的可能性很大。同时,支护结构在发生整体失稳时,一般变形是不协调的,这一点也符合工程实际情况。

(4)在隧道施工过程中,虽然支护施作时机较早,但实际上其作用时机却相对较迟,因此在软弱围岩实际工程中,需加强超前支护或采取有效措施增加超前支护刚度,以有效控制隧道变形。

按照临界荷载求出的相应位移也是支护结构自身安全承载的极限位移。将数值模拟分析和屈曲分析所得的两种极限位移对比分析,结合实测经验值,可作为隧道稳定性控制基准的重要依据。

第5章　软弱围岩施工技术现状及建议

5.1　软弱围岩隧道的常用施工方法

软弱围岩隧道的常用施工方法有台阶法、CD 法、CRD 法、单侧壁导坑法、双侧壁导坑法等。

5.1.1　台阶法

根据台阶长度不同，划分为长台阶法、短台阶法和微台阶法三种，如图 5-1 所示。

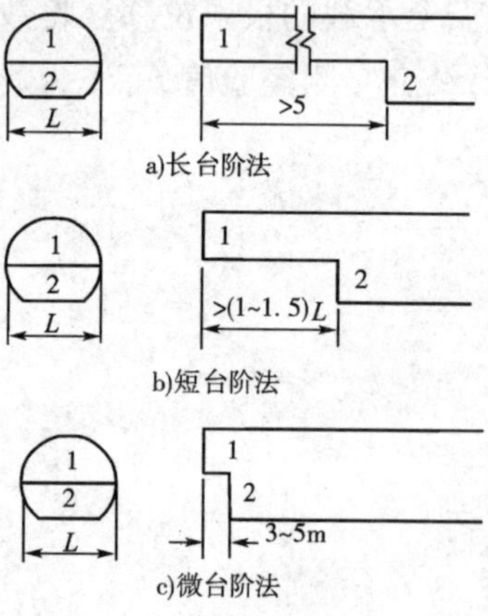

图 5-1　台阶法类型

施工中采用哪一种台阶法，要根据两个条件来决定。第一是对初期支护形成闭合断面的时间要求，围岩越差，要求闭合时间越短。第二是对上部断面施工所采用的开挖、支护、出渣等机械设备需要施工场地大小的要求。对软弱围岩，主要考虑前者，以确保施工安全；对坚硬围岩，主要考虑如何更好地发挥机械设备的效率，保证施工中的经济效益，因此只考虑后一条件。

5.1.2　临时仰拱台阶法

临时仰拱闭合法是台阶法的一个改进工法（见图 5-2），主要是应对软弱围岩而设计。由于增设了临时仰拱，使上半断面的支护结构即时封闭成环，从而控制围岩的变形，防止拱顶坍塌等破坏现象。

临时仰拱闭合法的施工步序如下：

(1)开挖上部导坑；

(2)施作上部导坑的初期支护；

(3)施作临时仰拱，临时仰拱一般紧随上部导坑的初期支护，使上部导坑的初期支护即时封闭成环，从而改善初期支护的受力结构；

(4)下台阶开挖；

(5)下台阶初期支护。

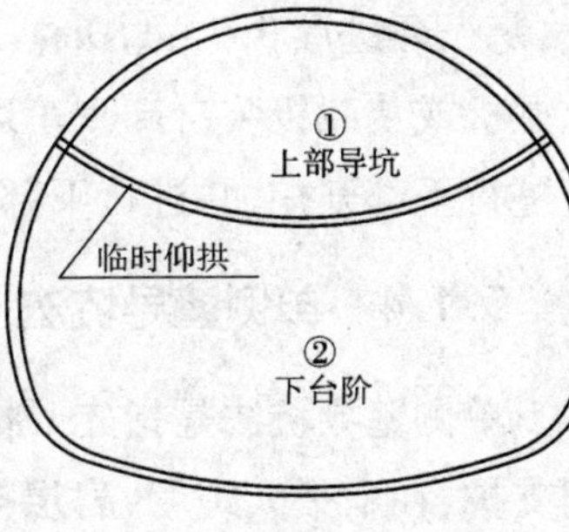

图 5-2 临时仰拱台阶法

5.1.3 预留核心土台阶法

预留核心土台阶法也称为上部弧形导坑预留核心土法(见图 5-3)，多用于掌子面稳定性较差的围岩。这种工法能够很好地控制掌子面的变形，对防止掌子面的坍塌具有较好的效果。

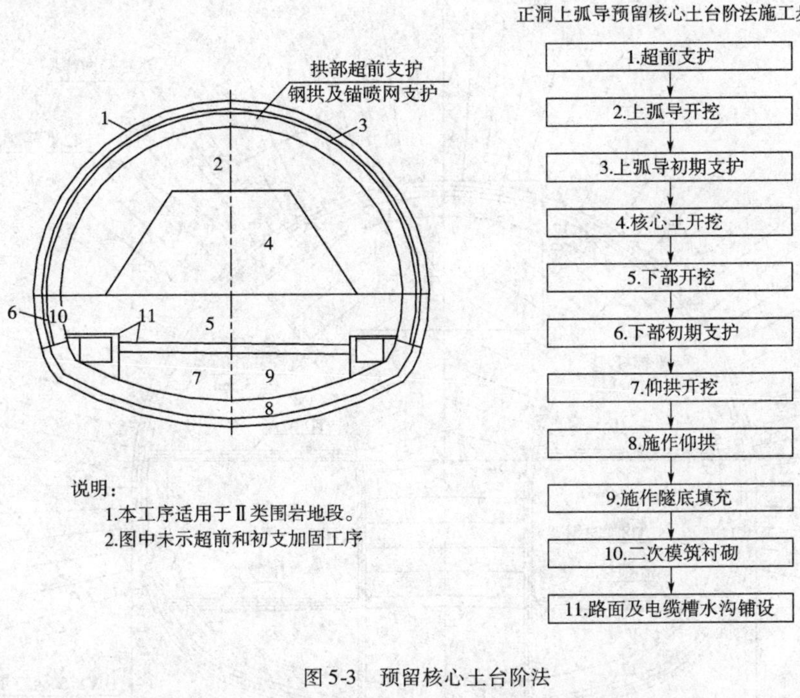

图 5-3 预留核心土台阶法

上部弧形导坑以人工风镐或挖掘机开挖为主，需要时辅以弱爆破；开挖前采用 $\phi108$ 管棚或小导管超前支护，开挖后及时喷混凝土封闭岩面，并进行初期支护作业，每循环进尺0.5~1.0m。上弧导坑出渣采用人工配合挖掘机扒渣至下断面后，挖掘机或装载机装自卸汽车运走；核心土采用挖掘机或采用控制爆破，核心土开挖后进行下部开挖，并进行下部初期支护。

5.1.4 单侧壁导坑法

单侧壁导坑法是指先开挖隧道一侧的导坑，并进行初期支护，在扁平大跨度、岩层产状平缓、地质条件差、地下水丰富的隧道施工中，单侧壁导坑法开挖不失为一种理想的开挖方法。单侧壁导坑横断面开挖分部如图5-4所示。

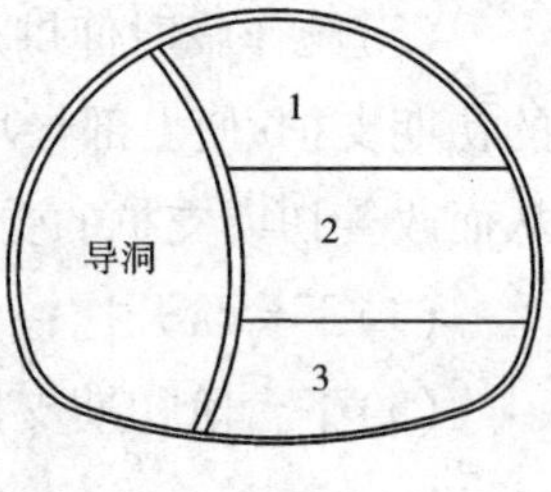

图5-4 单侧壁导坑法断面分部

5.1.5 双侧壁导坑法

双侧壁导坑法简称双侧壁法（见图5-5），双侧壁法支护封闭的意义主要体现在横撑的架设上，当其两侧导坑封闭后可提供较强的整体支护刚度。因此，双侧壁法开挖阶段对软弱围岩的扰动程度小，控制偏压地层变形能力强，尤其对地表沉降

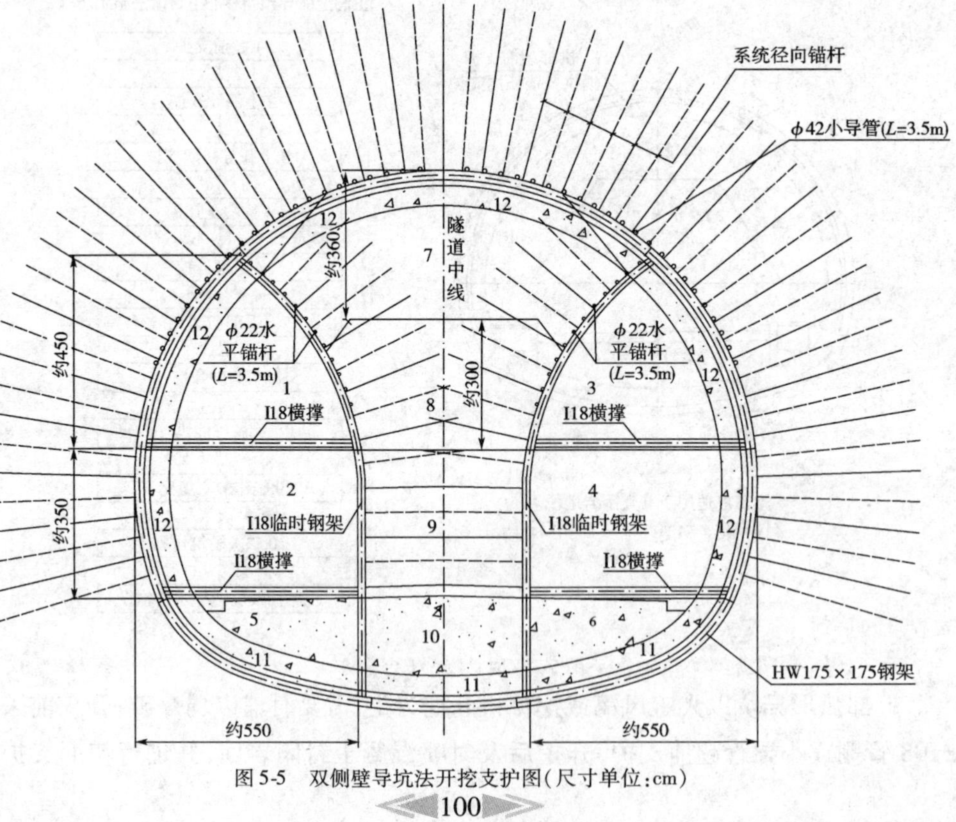

图5-5 双侧壁导坑法开挖支护图（尺寸单位：cm）

的控制效果显著，在上述单层支护的工法试验中控制地表沉降的实际效果最好。总体上，在各种大断面顺序施工方法中，双侧壁法是一种具有优异控制围岩变形能力的施工方法。

双侧壁法施工中需耗费大量时间和材料用于架设和拆除临时支撑，施工速度比较慢（一般铁路双线隧道平均为30m，郑西高铁大断面软弱围岩隧道平均月进尺15～25m），成本比较高。双侧壁施工空间分割比较狭小，在采用需要回转空间的挖掘机开挖时，不利于上横撑的及时跟进，施工中往往造成上横撑架设滞后，带来净空位移控制不力的问题。因此，在确保横撑及时架设的情况下，双侧壁法可适用于对地表沉降有严格控制要求的地层、埋深不大于1.5倍隧道开挖宽度的软弱围岩地层、显著偏压地层以及难以自稳的饱和黄土地层。对于浅埋大跨度及地质条件很差的隧道，双侧壁开挖是一种较为理想的方法。

5.1.6　CRD法

CRD法（见图5-6）在先行导坑横撑架设后同样可提供较强的整体支护刚度，

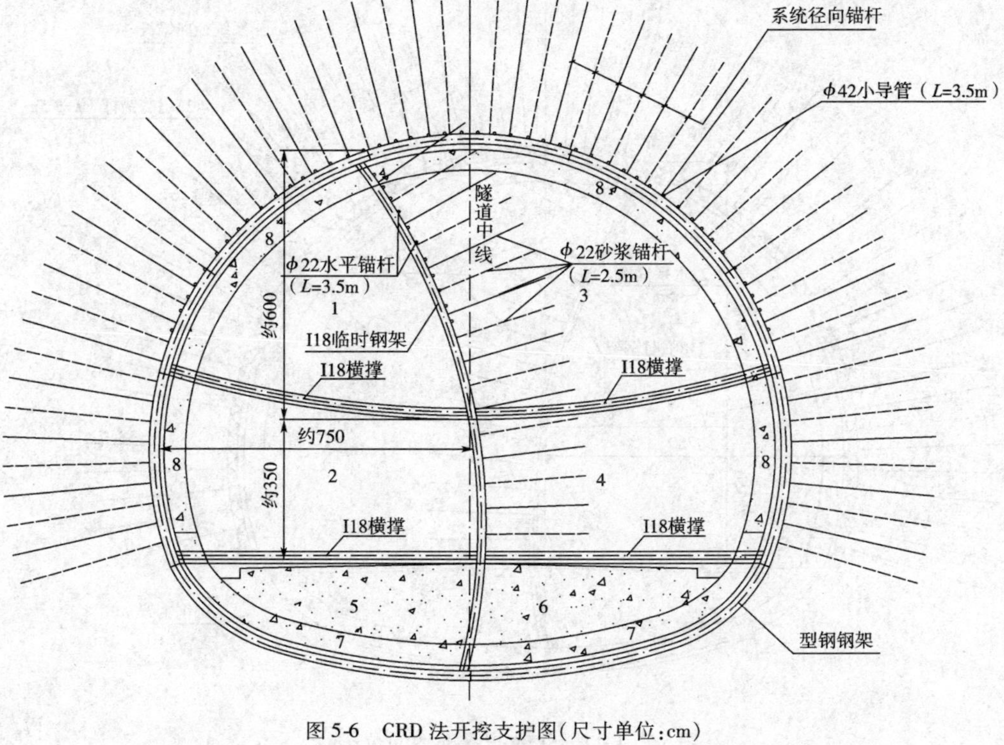

图5-6　CRD法开挖支护图（尺寸单位：cm）

相对台阶法可有效控制浅埋软弱围岩中的拱部整体下沉。由于一侧导坑先封闭，因此处理偏压地层变形的能力同样比较强。CRD 法控制围岩变形的效果不如双侧壁法，但临时支撑比双侧壁法省，施工速度相对比较快（一般铁路双线隧道平均为 40m，郑西高铁大断面黄土隧道平均月进尺可达到 35m），成本相对较低。

CRD 法施工空间较双侧壁法大，但受横撑分割，施工空间的高度仍比较受限，采用挖掘机开挖时同样存在临时仰拱架设容易滞后的问题。因此，在确保临时仰拱及时架设情况下，CRD 法可适用于对地表沉降有控制要求的地层、埋深不大于 1.5 倍隧道开挖宽度的软弱围岩地层以及偏压较显著地层。

5.1.7 CD 法

相对台阶法，CD 法（见图 5-7）多了一道中隔墙，断面被划分成两半按先后导坑顺序开挖，对开挖面的控制较台阶法断面有利。由于 CD 法没有横撑，它只有在先行导坑仰拱封闭后才能形成较强的整体支护刚度。在此之前，CD 中壁的稳定性容易受开挖影响，尤其是在承载力较弱的围岩中。因此，CD 法控制净空位移的能

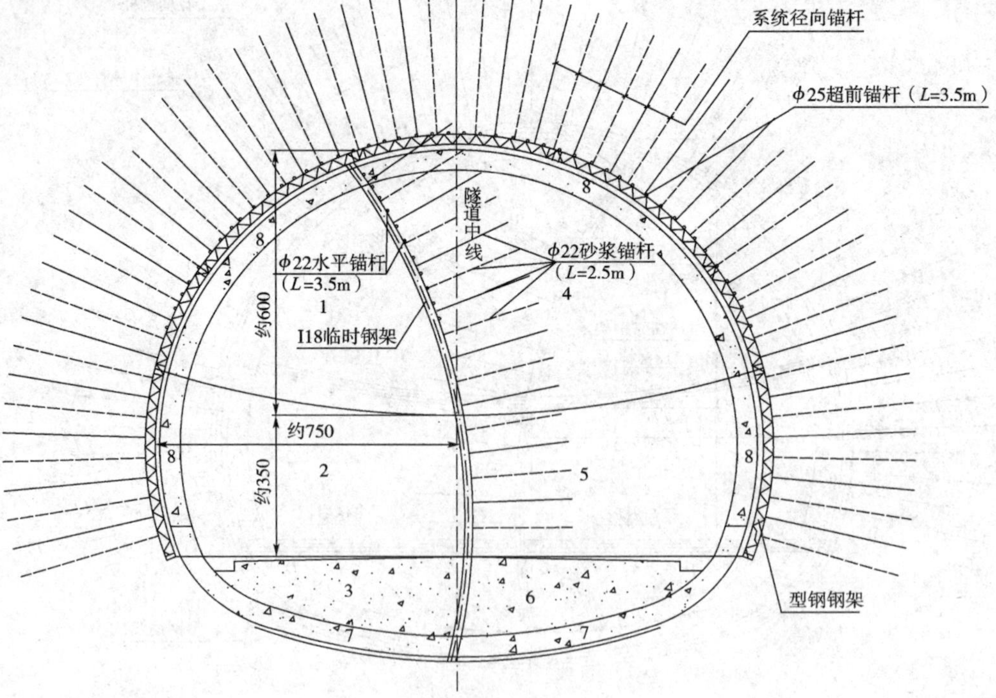

图 5-7　CD 法开挖支护图（尺寸单位：cm）

力较双侧壁法和 CRD 法弱，尤其是在净空高度比较大的高铁 160m² 超大断面软弱围岩隧道场合，一侧导坑仰拱未封闭就开挖另一侧导坑很容易造成中壁失稳。

CD 法临时支撑较双侧壁和 CRD 省，而且由于没有横撑，施工空间较 CRD 更为宽裕，尤其是在施工空间高度上对挖掘机的使用不再受限，但在软弱围岩中施工，CD 法先行导坑仰拱必须及时封闭。因此，施工速度相对 CRD 提高并不明显，据试验段推算平均月进尺可在 40m 左右。因此，在先行导坑仰拱及时封闭的情况下，CD 法可适用于偏压地层以及埋深大于 1.5 倍隧道开挖宽度的软弱围岩地层。

5.1.8 三台阶七步法

三台阶七步开挖法溯源于中铁十二局 2000 年被铁道部确定为部级工法的《大跨度软岩公路隧道短台阶七步平行流水作业工法》（TLEJGF-99.00-36），铁路大断面隧道三台阶七步开挖法是以弧形导坑开挖为基本模式，分上、中、下三台阶留核心土和七个开挖面，各部位的开挖与支护沿隧道纵向错开，平行推进的隧道施工方法。三台阶七步开挖法适用于开挖断面为 100～180m²，具备一定自稳条件的Ⅳ、Ⅴ级围岩地段隧道的施工。三台阶七步法的具体施工流程如图 5-8 所示。

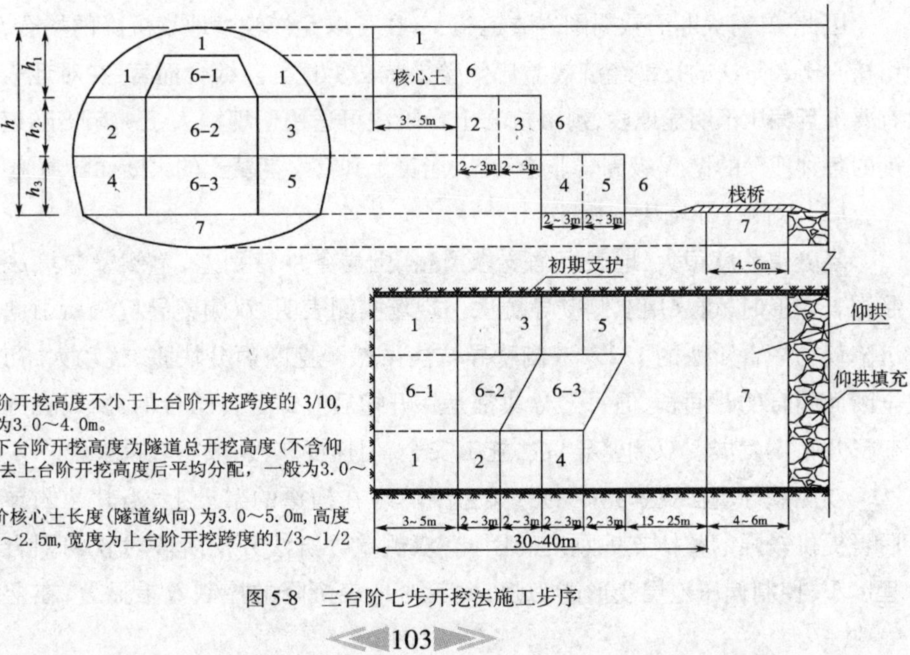

注：
1. 上台阶开挖高度不小于上台阶开挖跨度的 3/10，一般为3.0～4.0m。
2. 中、下台阶开挖高度为隧道总开挖高度（不含仰拱）减去上台阶开挖高度后平均分配，一般为3.0～3.5m。
3. 上台阶核心土长度（隧道纵向）为3.0～5.0m，高度为1.5～2.5m，宽度为上台阶开挖跨度的1/3～1/2

图 5-8 三台阶七步开挖法施工步序

5.2 黄土隧道施工方法的对比分析

5.2.1 各工法的评价

(1)预留核心土台阶法

试验表明,台阶法通过在掌子面后方预留核心土、缩短台阶使仰拱尽量靠近掌子面封闭以及加强拱脚支护等手段,可以不同程度地控制浅埋软弱围岩尤其是新黄土中的拱部整体下沉变形。而高桥和张茅隧道的实践表明,预留核心土台阶法不仅适用于不同埋深条件下砂质及黏质老黄土,而且可用于浅埋非饱和砂质新黄土的大断面施工(如高桥隧道)以及富水老黄土的大断面施工(如张茅隧道)。

但台阶法在开挖阶段对软弱围岩的扰动比较大,控制浅埋地层沉降变形的能力远不如双侧壁导坑法,尤其是在偏压地层。

该工法不需要架设大量临时支撑,作业空间大,便于大型机械快速施工,在施工成本和效率上均优于侧壁导坑法。预留核心土台阶法的月平均进尺,在郑西高铁试验段可以达到40m以上,其中:深埋老黄土≥70m(最快超过100m,秦东隧道)、浅埋老黄土≥50m(潼洛川隧道)、浅埋新黄土≥40m(高桥隧道)、富水老黄土≥70m(张茅隧道)。

因此,针对大断面软弱围岩隧道施工,在可以允许较大地表沉降的场合,采用预留核心土台阶法的技术经济效益比侧壁导坑法更优异。综合而言,在对地表沉降没有要求且偏压不明显地段,预留核心土台阶法可适用于埋深大于1.5倍隧道开挖宽度的各种埋深的Ⅳ、Ⅴ级围岩非饱和新、老黄土和富水老黄土的大断面隧道施工。

(2)双侧壁导坑法分析

当隧道跨度很大、地表沉陷要求严格、围岩条件特别差、单侧壁导坑法难以控制围岩变形时,可采用双侧壁导坑法。现场实测表明,双侧壁导坑法所引起的地表沉陷仅为短台阶法的1/2。双侧壁导坑法虽然开挖断面分块多,扰动大,初期支护全断面闭合的时间长,但每个分块都是在开挖后立即各自闭合的,所以在施工期间变形几乎不发展。双侧壁导坑法施工安全,但速度较慢,成本较高。

双侧壁导坑法支护封闭的意义主要体现在横撑的架设上,当其两侧导坑封闭后可提供较强的整体支护刚度。因此,双侧壁导坑法开挖阶段对软弱围岩的扰动程度小,控制偏压地层变形能力强,尤其对地表沉降的控制效果显著,在上述支护参数的试验中控制地表沉降的实际效果最好。总体上，在各种大断面顺序施工方法中，双侧壁导坑法是一种具有优异控制围岩变形能力的施工方法。

双侧壁导坑法施工中需耗费大量时间和材料用于架设和拆除临时支撑，施工速度比较慢（一般铁路双线隧道平均月进尺为30m，郑西高铁大断面软弱围岩隧道平均月进尺15～25m），成本比较高。双侧壁导坑施工空间分割比较狭小，在采用需要回转空间的挖掘机开挖时，不利于上横撑的及时跟进，施工中往往造成上横撑架设滞后，带来净空位移控制不力的问题。

因此，在确保临时仰拱及时架设的情况下，双侧壁导坑法可适用于对地表沉降有严格控制要求的地层、埋深不大于1.5倍隧道开挖宽度的新黄土地层、显著偏压地层以及难以自稳的饱和软弱围岩地层。双侧壁导坑法可用于V_b和Ⅵ级软弱围岩的浅埋大断面隧道施工。

（3）CRD法

CRD法在先行导坑横撑架设后同样可提供较强的整体支护刚度，相对台阶法可有效控制浅埋新黄土中的拱部整体下沉。由于一侧导坑先封闭，所以处理偏压地层变形的能力同样比较强。CRD法控制围岩变形的效果不如双侧壁，但施工速度相对比较快（一般铁路双线隧道平均为40m，郑西高铁大断面软弱围岩隧道平均月进尺可达到35m），成本相对较低。

CRD法施工空间较双侧壁月进尺大，但受临时仰拱分割施工空间的影响，高度仍比较受限，采用挖掘机开挖时同样存在临时仰拱架设容易滞后的问题。

因此，在确保临时仰拱及时架设的情况下，CRD法可适用于对地表沉降有控制要求的地层、埋深不大于1.5倍隧道开挖宽度的新黄土地层以及偏压较显著地层。CRD法可用于V_a和V_b级围岩非饱和软弱围岩的浅埋大断面隧道施工。

（4）CD法

相对台阶法，CD法多了一道中隔壁，隧道开挖断面被分隔成两半，按先后导坑顺序开挖，对大断面的稳定性控制较台阶法有利。由于CD法没有横撑，它只有在先行导坑支护封闭后才能形成较强的整体支护刚度。在此之前，CD中壁的稳定性容易受开挖影响，尤其是在承载力较弱的软弱围岩中。因此，CD法控制净空位移的能力较双侧壁法和CRD法弱，尤其是在净空高度比较大的高铁特大断面软弱围岩隧道场合，一侧导坑仰拱未封闭就开挖另一侧导坑很容易造成中壁失稳。

CD法临时支撑较双侧壁和CRD省，而且由于没有横撑，施工空间较CRD更为宽裕,尤其是在施工空间高度上对挖掘机的使用不再受限。但在软弱围岩中施工,CD 法先行导坑仰拱必须及时封闭。因此施工速度相对 CRD 提高并不明显,据试验段推算平均月进尺可在 40m 左右。

因此,在先行导坑仰拱及时封闭的情况下,CD 法可适用于偏压地层以及埋深大于 1.5 倍隧道开挖宽度的新黄土地层。CD 法可用于 V_a 级围岩非饱和软弱围岩的大断面隧道施工。对于郑西高铁特大断面软弱围岩隧道而言,CD 法控制围岩变形的实际效果相对预留核心土台阶法并不明显。因此除偏压地层外,其他 CD 法适用地层用预留核心土台阶法取代可取得较好的技术经济效益。

各施工方法的优缺点对比如表 5-1 所示。

各施工方法的优缺点对比 表 5-1

施工方法	优点	缺点	适用性
全断面法	全断面开挖法有较大的作业空间,有利于采用大型配套机械化作业,提高施工速度,且工序少,便于施工组织和管理	由于开挖面较大,围岩相对稳定性降低,且每循环工作量相对较大;每次深孔爆破震动较大,因此要求进行精心的钻爆设计和严格的控制爆破作业	适用于Ⅳ~Ⅴ级围岩洞身开挖(当开挖断面最大跨度大于 13m 时不宜采用)
台阶法	灵活多变,适用性强;具有足够的作业空间和较快的施工速度;台阶有利于开挖面的稳定性,尤其是上部开挖支护后,下部作业则较为安全	上下部作业有互相干扰,应注意下部作业时对上部稳定性的影响,台阶开挖会增加对围岩的扰动次数等	适用于Ⅱ~Ⅲ级围岩或节理发育的围岩及当Ⅳ~Ⅴ级围岩开挖断面最大跨度大于 13m 时
预留核心土台阶法	有利于掌子面的稳定	预留的核心土对施工有一定的影响,不利于大型机械的使用	适用于一般土质围岩地段且掌子面自稳能力较差时
单侧壁法	有利于控制拱顶沉降和地表变形,单侧先行导坑的开挖有利于探明掌子面前方围岩的地质情况	工序较多,需要拆除临时支撑	适用于围岩较差、跨度大、埋层浅、地表沉降需要控制的地段和小净距隧道;中壁墙的拆除必须在初期支护封闭成环和围岩稳定后进行
双侧壁法	每个分块都是在开挖后立即各自闭合,施工安全	开挖断面分块多,扰动大,初次支护全断面闭合的时间长,速度较慢,成本较高	适用于浅埋大跨度隧道及地表下沉量要求严格而围岩条件很差的地段

续上表

施工方法	优点	缺点	适用性
CD 法	施工有中壁支撑，把隧道分成两部分，6 个导坑，施工安全度较高、控制地层变形较好	工序多，相互影响大，机械出渣影响比较大，效率比较低，工序间的转换慢，施工相互干扰较大，成洞速度比较慢，工程造价高且施工时易造成围岩长时间暴露，要根据围岩量测数据拆除中壁，因此，仰拱和二次衬砌施工相对滞后	适用于偏压地层、埋深大于 1.5 倍洞跨的软弱围岩地层
CRD 法	有利于控制拱顶沉降和地表变形	工序多、相互影响大，机械设备难于展开	适用于对地表沉降有控制要求、埋深不大于 1.5 倍洞跨的软弱围岩以及显著偏压地层
三台阶七步法	工序少，相互影响小，出渣快，机械设备效率比较高，上、中、下导坑一次成形，围岩暴露时间短，安全能保证，施工进度有很大提高，工序相互转换快，工程造价低，成洞速度比较快	有一定的安全风险，对突发事件（如初期支护大变形）的应对能力较差，须加强施工期间地质超前预报和施工监测的力度；按照此方法施工，仰拱和二次衬砌必须紧跟开挖，确保施工安全；须有可靠的地质超前预报系统并加强施工中监控量测的力度，及时根据量测数据反馈结果来指导施工	适用于开挖面积为 100 ~ 180m^2 且具有一定自稳条件的Ⅳ、Ⅴ级围岩，且对隧道变形控制要求不高的情况

5.2.2 各工法的对比分析

(1)台阶法与临时仰拱台阶法的比较

根据日本对此两种工法差别的研究，在市区软弱、松散的土层中，修建浅埋暗挖大断面的地下工程，由于临时仰拱闭合法能及时封闭上半断面成环，所以就两者控制地表的下沉和减小施工过程的风险而言，理论和实践均表明，台阶法不如临时仰拱闭合法。

(2)临时仰拱台阶法与双侧壁法的比较

巴西在修建圣保罗地铁的工程中，对应用临时仰拱闭合法和双侧壁法施工，导致的地面沉陷槽其断面形状作了比较，并分析了地面沉陷的理论计算值与实际量测值的相关性。如图 5-9、图 5-10 所示。

从图 5-9 可以看出，不管是上部导坑开挖引起的地面沉降值还是最终地面沉降值，双侧壁法的地面沉降值明显要小于临时仰拱闭合法的沉降值。

从图 5-10 可以看出,在开挖顶部弧形导坑时,实测的地面最大沉降值比理论计算值略大,而实测的地面最终沉降值比理论计算值略小。

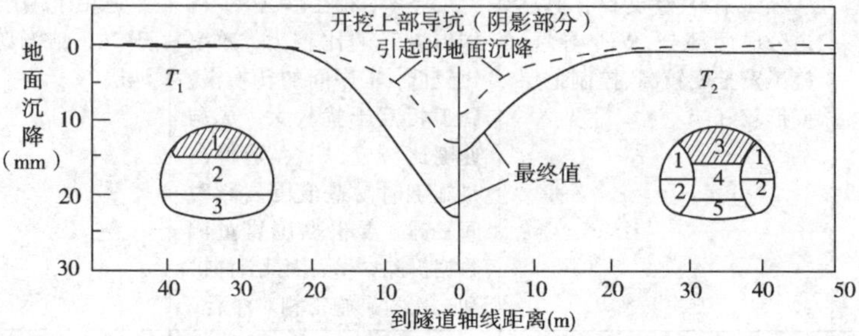

图 5-9　临时仰拱台阶法和双侧壁法对地面沉陷槽的数值分析结果

T_1 – 应用临时仰拱闭合法施工时,地面出现的沉降情况;T_2 – 采用双侧壁法施工时,地面出现的沉降情况

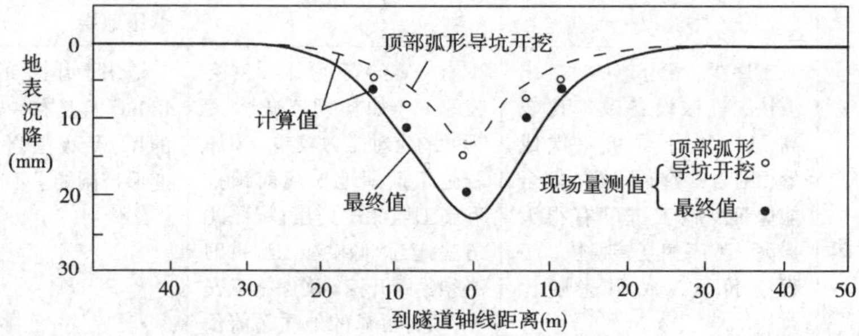

图 5-10　数值分析结果与现场量测的比较

(3)CD 法与 CRD 法的比较

根据日本在习志野台隧道对两种工法在同样的地层条件和支护刚度下,进行比较发现:

①CD 法的地表下沉为 77 ~ 84mm,CRD 法的则为 26 ~ 30mm,前者为后者的 2.8 倍以上,且难以控制在 70mm 之内。

②CD 法地表最大下沉坡度为 0.6%,CRD 法则为 0.23%,前者为后者的 2.6 倍以上。

③CD 法侧向水平位移为 20mm,CRD 法为 9mm,前者为后者的 2 倍以上。

显然,CRD 法在控制地表下沉和土体水平位移等方面,优于 CD 法。原因主要是 CRD 法各个局部封闭成环时间短,隔墙仰拱在阻止结构初期的下沉方面,起了关键作用。

大量施工实例资料的统计结果表明,CRD 法比 CD 法减小地表下沉近 50%,但 CRD 法施工工序复杂、隔墙拆除困难、成本较高、进度较慢,一般在软弱围岩中修建大断面地下结构物(如停车场),且地表下沉要求严格时才使用。

(4)CRD 法与双侧壁法的比较

①据分析，当仅为单洞施工时，两种方法都可以控制地表下沉在 30mm 以内，但土体水平位移 CRD 法仅为双侧壁法 66% 左右；而两洞交互施工时，就克服相互干扰而言，CRD 法优于双侧壁法。

②双侧壁法顶部弧形导坑开挖具有一定风险性，而 CRD 法步步封闭成环；各施工阶段风险性较小。且相对而言，CRD 法各工作面可同时作业，有利于安排工序和劳力，互相干扰小。

③双侧壁法两侧弧形导洞内的钢支撑(或格栅支撑)往往难以控制在同一断面内，顶部弧形导坑开挖后，钢支撑若无法连成整体，则支护承载能力大为降低，而 CRD 法则不存在此类问题。

④两者所需费用基本相当。

(5)综合对比

通过上述论证，各施工方法比较，见表 5-2。

施工方法对比表　　　　表 5-2

施工方法	示意图	重要指标比较					
		适用条件	沉降	工期	防水	一次支护拆除量	造价
全断面法		地层好 跨度≤8m	一般	最短	好	没有拆除	低
台阶法	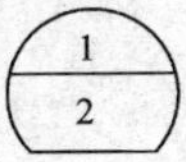	地层较差 跨度≤12m	一般	短	好	没有拆除	低
上半断面临时封闭正台阶法	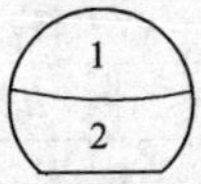	地层差 跨度≤12m	一般	短	好	少量拆除	低
预留核心土台阶法	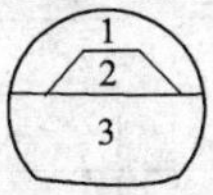	地层差 跨度≤12m	一般	短	好	没有拆除	低
单侧壁导坑正台阶法	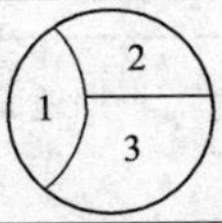	地层差 跨度≤14m	较大	较短	好	拆除少	低
中隔墙法(CD 法)	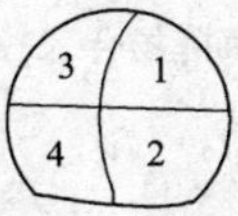	地层差 跨度≤18m	较大	较短	好	拆除少	偏高

续上表

施工方法	示意图	重要指标比较					
		适用条件	沉降	工期	防水	一次支护拆除量	造价
交叉中隔墙法（CRD 法）	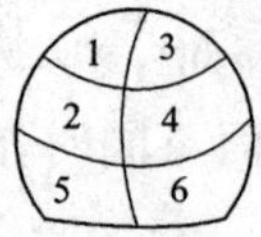	地层差 跨度≤20m	较小	长	好	拆除多	高
双侧壁导坑法	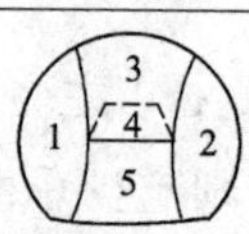	小跨度，连续使用可扩成大跨度	大	长	效果差	拆除多	高

5.2.3 各工法的适用性

根据以上分析，对软弱围岩隧道的工法适用性进行综合评价，结果分别按围岩分级、埋深和偏压类型列于表 5-3 ~ 表 5-5 中，供设计参考。

按围岩分级的工法适用性 表 5-3

围岩分级	现行规范	Ⅳ		Ⅴ		Ⅵ
	软弱围岩分级	$Ⅳ_a$	$Ⅳ_b$	$Ⅴ_a$	$Ⅴ_b$	Ⅵ
双侧壁导坑法					✓	✓
CRD 法				✓	✓	
预留核心土台阶法		✓	✓	✓	✓	

注：✓表示适用，后同。

按埋深类型的工法适用性 表 5-4

<table>
<tr><td rowspan="2">埋深类型</td><td rowspan="2">深埋</td><td colspan="3">浅埋</td></tr>
<tr><td>$H>1.5B$</td><td>$H>1.0B$</td><td>$H\leqslant1.0B$</td></tr>
<tr><td>双侧壁法</td><td></td><td colspan="2">●</td><td></td></tr>
<tr><td>CRD 法</td><td></td><td colspan="2">◎</td><td></td></tr>
<tr><td>预留核心土台阶法</td><td>○</td><td>○</td><td></td><td></td></tr>
<tr><td>双层支护</td><td></td><td></td><td></td><td>●</td></tr>
</table>

注：1. H 为隧道埋深，B 为隧道开挖宽度。偏压类型按地形偏压考虑，根据地面坡度和隧道外侧拱肩地层厚度来确定。

2. ●适用于严格控制地表沉降场合，◎适用于需要控制地表沉降场合，○适用于对地表沉降无特殊要求场合。

3. 对于 $H\leqslant1.0B$ 的特浅埋场合，应采用双层支护。

综合分析 表5-5

地质条件	Ⅱ级	Ⅲ级	Ⅳ级深埋（硬质岩）	Ⅳ级深埋（软质岩）	Ⅳ级（浅埋）	Ⅳ级（偏压）	Ⅴ级（深埋）	Ⅴ级（浅埋）	Ⅴ级（偏压）	Ⅵ级
全断面	△	○								
台阶法	○	△	△	△	△	○	○			
大拱脚台阶法			○	○	○	△	△	○	○	
CD法				○	○	△	△	△	○	
CRD法					○	○	○	△	○	○
双侧壁法							○	○	△	○

注：△为推荐使用，○为可使用，在工点设计中可根据实际情况作相应调整。

5.2.4 各工法施工功效对比分析

(1)各工法的施工速度

预留核心土台阶法根据围岩类别、设计断面及机械配套情况，在Ⅴ类围岩中，每循环进尺0.5m，每天两个循环，即每天掘进1.0m，每月可完成30m的掘进计划。

单侧壁导坑法每个循环约需要23.7h，每循环进尺为2～2.5m，则每月进度为60～75m。

双侧壁导坑法由于工序较多，每循环约需要25h，循环进尺2.0m，则每月进度约55m。

CD法先行导坑仰拱必须及时封闭，因此施工速度相对CRD提高并不明显，据试验段推算平均月进尺可在40m左右。

CRD法控制围岩变形的效果不如双侧壁法，但临时支撑比双侧壁法省，施工速度相对比较快，一般铁路双线隧道平均为40m，郑西高铁大断面黄土隧道平均月进尺可达到35m。

各施工方法施工速度对比情况如表5-6所示。从对比结果来看，台阶法比临时仰拱闭合法的施工速度快，而CD法和CRD法相对比较慢，双侧壁导坑法施工速度相比较而言最慢。

(2)安全施工工法的比选

各施工方法施工速度对比表

表 5-6

	工法名称	台阶法	临时仰拱闭合法	双侧壁导坑法	CD 法	CRD 法
	示意图	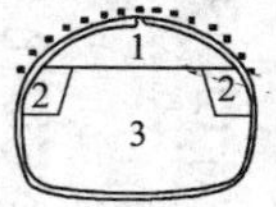	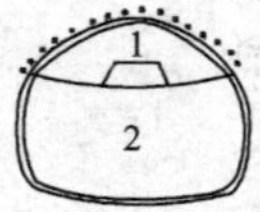	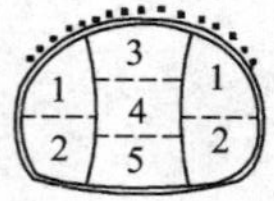	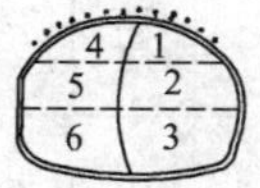	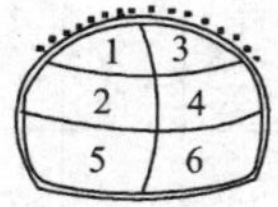
1	工法特点	环形开挖留核心土	留核心土跳设仰拱	变大跨为小跨	变中跨为小跨	步步封闭
2	施工难度	不复杂	较复杂	最复杂	一般	复杂
3	技术条件	低	一般	高	较高	最高
4	预测地表沉降	大	较大	较小	小	最小
5	工程造价	低	较低	最高	中等	高
6	适用范围	跨度≤10m 地质较好	跨度≤10m 地质较差	跨度＞10m 超浅埋	跨度＞10m 沉降要求高	跨度＞10m 沉降要求很高
7	施工速度	快	快	最慢	一般	慢

通过以上对比分析可知，在软弱围岩隧道施工中，台阶法施工工艺简单，作业空间大，方便大型机械设备的操作，无需增设和拆除临时支撑，其施工速度明显优于CD法、CRD法、双侧壁导坑法。因此，在稳定性较好的Ⅲ、Ⅳ级围岩中，台阶法被大量采用。而在稳定性较差的Ⅳ、Ⅴ级软弱围岩中，要想采用台阶法施工，则在开挖之前必须选择合适的超前支护措施，才能保证施工的安全。

综上所述，超前支护作用下的台阶法施工是实现软弱围岩隧道安全快速施工的有效途径。

5.3 软弱围岩隧道安全施工的基本原则与理念

5.3.1 软弱围岩隧道安全施工的基本原则

“预支护、快挖、快支、快闭合”是软弱围岩隧道安全施工的基本原则。

(1)“预支护”是在开挖前，针对开挖后预计的变形实态，事前采取的控制变形的对策，预支护的目的是控制掌子面前方先行位移和挤出位移。

(2)“快挖”是采取全断面法或台阶法进行快速掘进的对策，快挖的重点是控制开挖进尺及分部距离。

(3)“快支”是采取初期支护控制变形的对策，其目的是控制初期位移速度及最终位移值。

(4)“快闭合”是使变形早期收敛的对策，其目的是控制收敛距离以及控制位移收敛时间。

在上述原则下，重点是“预支护”和“快闭合”，尽可能地在短时间内使开挖后的断面(横断面及纵断面)闭合，是非常重要的。如上台阶的临时闭合、各种导洞的临时闭合以及整个断面的闭合等。施工中虽然大家都认识到及时闭合的重要性，但常常由于技术上的、管理上的原因却做不到这一点。因此改善我们的技术现状和提高管理水平，就显得异常重要。

在断面闭合上，我们强调的是时间概念。因为开挖后的围岩动态的发展与时间密切相关。

众所周知，隧道开挖后，随着时间的推移，变形也在发展。一般说，刚开挖过后，变形发展很快，掌子面挤出位移、掌子面前方先行位移以及掌子面后方位移都在发展,即初期变形速度很快,而且变形值也比较大。因此,如果能够控制住这些变形的初期发展,也就控制了变形的后期发展,就可以控制隧道围岩的松弛。从目前的施工状态看,我们远远没有做到这一点。特别是缺乏控制掌子面前方的先行位移和挤出位移的意识。

另一个时间概念就是从开挖到初期支护全断面闭合的时间。在复杂地形、地质条件下,从开挖到全断面初期支护的闭合时间越短越好,闭合距离也是越短越好。因为,初期支护全断面闭合的过程,就意味着隧道变形逐渐趋于稳定(收敛)的过程。而闭合距离,基本上要求在距掌子面2~3倍隧道开挖跨度之内,甚至更短一些。例如:在法兰克福的地铁中,这一时间减小到9h,使地表下沉得以减小。在慕尼黑地铁中,采用了闭合时间几乎为零的施工方法,使地表下沉进一步减少。在日本的新干线和公路隧道中,之所以多采用微台阶的全断面开挖方法,其目的就是缩短全断面的闭合时间。

图5-11是超短台阶法和长台阶法的比较图。仰拱闭合的可能位置,在前者约为5m左右,后者则在30m左右。此30m间,控制下沉的手段可以采用钢架或修筑临时仰拱。此种措施必然要增加许多费用,而且效果欠佳。

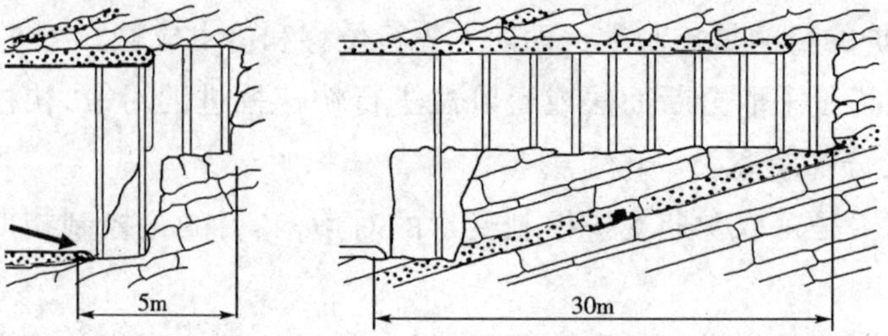

a)超短台阶法　　b)长台阶法

图5-11　两种施工方法的比较图

总结近十年矿山法的实绩和经验,可以看出:在复杂地形、地质条件下,山岭隧道施工最基本的经验,就是“断面的初期支护早期闭合”,这已为众多实绩所证实。

全断面早期闭合工法的优点可归纳如下:施工简便;开挖速度快;断面形状良好,周边围岩应力状态也好;支护效率高;能够把隧道开挖影响控制在最小限度。

因此,在围岩状态差,变形显著的隧道,采用使最终断面早期闭合的全断面法和带辅助措施的台阶法,是最佳选择。

5.3.2　软弱围岩隧道安全施工的理念

(1)应根据围岩应力特征和变形规律合理划分开挖断面和进尺

围岩的失稳破坏是围岩应力和变形调整导致的结果,坚硬围岩由于强度高、变形小,围岩失稳破坏对施工的影响不显著。而在软弱围岩中,则必须充分考虑围岩应力和变形调整的结果。因此,在软弱围岩隧道施工中,根据围岩应力调整的特征及其变形规律,合理选择开挖分部和开挖进尺,如台阶的数量、高度、长度等,是实现软弱围岩隧道安全快速施工的理论基础。

(2)采用大断面少分部的开挖方法

台阶多、步序复杂、施工速度慢是目前我国软弱围岩隧道施工方法的主要特征。在保障围岩稳定的前提下,减少开挖台阶及简化施工步骤以加快施工速度是隧道安全快速施工的研究方向。

相比较而言,国外的隧道施工多采用全断面法开挖,对于稳定性较差的围岩,则采用超前支护或者超前加固的手段,提高掌子面前方围岩的稳定性,而后仍采用全断面法开挖,如意大利的 ADECO-RS 工法多是如此。在我国,则多采用台阶分部开挖来达到控制围岩变形的目的,这主要是因为我国隧道超前支护的技术较为薄弱。因此,提高隧道超前支护的技术水平,减少开挖分部,是隧道安全快速施工技术的研究方向。

(3)重视超前支护

软弱围岩隧道变形的一个主要特征是掌子面前方围岩变形较大,因此采用超前支护措施控制掌子面前方围岩变形是必要的。我国隧道修建过程中对超前支护重视不足,往往是出现了较大变形后方才加强支护措施,这些措施多是掌子面后方的,补救性的支护措施。对于软弱围岩来说,掌子面前方的超前支护对围岩变形的控制效果要比掌子面后方的支护措施好得多。

(4)实现机械化

机械化是软弱围岩隧道安全快速施工的发展趋势。大型机械的施工速度是人工开挖所无法比拟的,如 TBM 掘进机单个工作面的掘进速度约 900m/月,一般为钻爆法的 8 倍,而英吉利海峡隧道创造了月进尺 1719.1m 的最高纪录。

机械化能够大幅度地减少单个工序占用的时间,如多臂钻孔台车、湿喷机械手、拱架安装机等机械的有效利用可使钻孔、喷混凝土、安装拱架的时间减少 50% 以上。

机械化是加快施工速度、提高施工效率、保障施工安全的重要措施,也是隧道施工技术进步的体现。随着大型机械,如 TBM 掘进机的广泛应用,隧道施工越来越朝着机械化、信息化、智能化的方向发展。

5.4 软弱围岩隧道安全施工建议

5.4.1 合理确定开挖断面和进尺

围岩的失稳破坏是围岩应力和变形调整导致的结果，坚硬围岩由于强度高、变形小，围岩失稳破坏对施工的影响不显著，而在软弱围岩中，则必须充分考虑围岩应力和变形调整的结果。因此，在软弱围岩隧道施工中，根据围岩应力调整的特征及其变形规律，合理选择开挖分部和开挖进尺，如导洞的洞形、台阶的数量、高度、长度等，是实现软弱围岩隧道安全快速施工的基础。

根据围岩应力的分布规律，隧道开挖后围岩应力的调整受初始应力场的影响较大。因此，隧道的开挖过程应考虑侧压力系数对围岩应力调整的影响。以往经验表明，当初始地应力场以构造应力为主、侧向压力较大时，横椭圆形洞室的围岩应力状态最佳，则隧道开挖应选择如图 5-12a）所示的导洞形式；当初始地应力场以自重应力为主时，竖椭圆形洞室围岩应力状态最佳，隧道开挖中应选择如图 5-12b）所示的导洞形式。

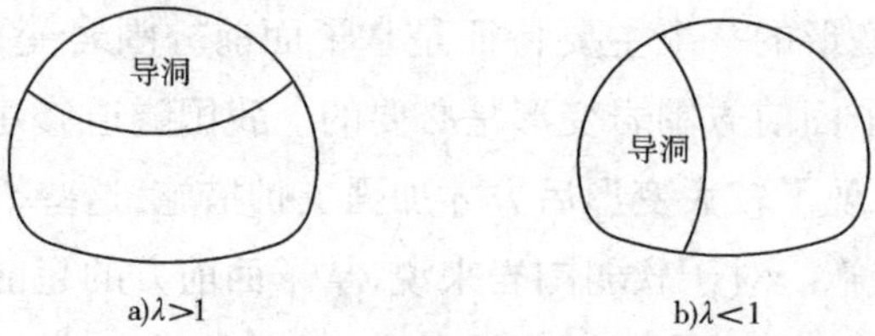

图 5-12 根据初始地应力的侧压力系数确定导洞的洞形

5.4.2 切实做好超前支护

根据软弱围岩的变形规律，软弱围岩在掌子面前方较大范围内就已经开始发生变形，如果不采取超前支护措施，此变形将显著增加，并带动掌子面周边变形发展。掌子面前方的变形是无法通过掌子面后方的支护或加固措施控制的。因此，超前支护是软弱围岩隧道变形控制的关键，也是软弱围岩隧道实现安全施工的基础。

目前，我国软弱围岩隧道施工过程中最大的问题就是对超前支护重视不足，往往是出现了较大变形后方才加强支护措施，这些措施多是掌子面后方的、补救性的支护措施。对于软弱围岩来说，掌子面前方的超前支护对围岩变形的控制效果要比掌子面后方的支护措施好得多。正是由于超前支护的缺失,往往导致需要在掌子面后方采取大量复杂的支护措施才能控制住围岩的变形,这些支护措施效果不佳且耗时耗力,严重影响了施工安全和施工速度。

超前支护也是少分部大进尺开挖方法的前提。软弱围岩强度低、变形大、稳定性差,要实现少分部大进尺的快速施工,则必须在开挖之前,对掌子面前方围岩进行预支护或预加固,以确保后续施工工序的安全。

超前支护大体上可以按构造分类,分为利用隧道纵向刚性的梁构造和利用横向刚性的拱形构造两大类(见图 5-13)。过去在岩堆地段和断层破碎带等不良围岩中,多把开挖断面分割为小断面进行开挖,但最近由于机械大型化和新材料及新工法的实用化,超前支护与一般地层也可采用同样的施工机械、支护材料及断面的施工方法,这样的案例逐渐增多。

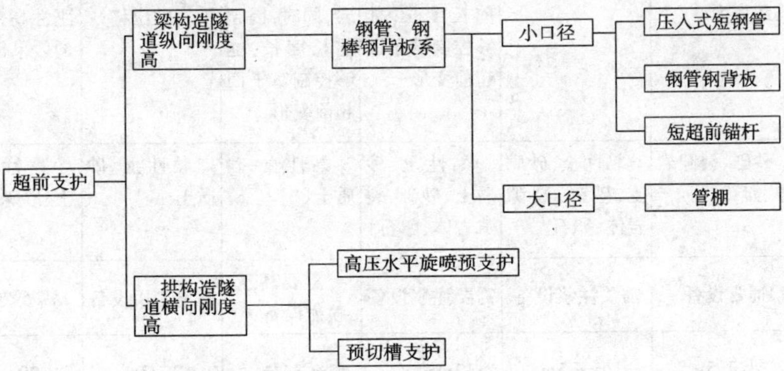

图 5-13 超前支护分类汇总

超前支护按其长度不同划分为以下几类:

①短超前支护:小导管、插板、锚杆以及预衬砌;一般长度不超过 6m;

②中长超前支护:水平旋喷注浆、6 ~ 10m 的钢管超前支护;

③长超前支护:10m 以上的长钢管超前支护、管棚、水平旋喷等。

各种超前支护的特征列于表 5-7。由于超前支护材料、使用机械、设备、地质条件及一次打设长度等,各具特色,所以选定超前支护时,要选定适合地质条件和周边环境条件而且经济的工法。

(1)小导管

小导管是我们普遍采用的防止拱顶崩塌的技术。其类型也比较多,归纳国内外采用小导管支护的经验,其种类大致如表 5-8 所示。

超前支护的种类和特征 表 5-7

工法名称	小导管(锚杆)		长钢管	水平旋喷注浆	预衬砌	管棚
	充填式	注浆式				
示意图	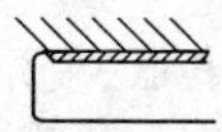	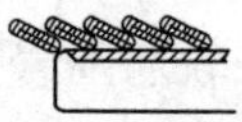	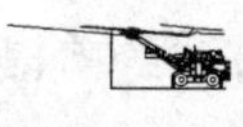	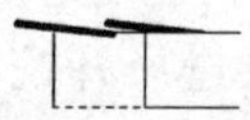	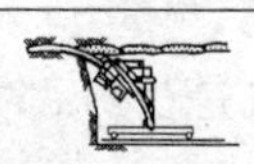	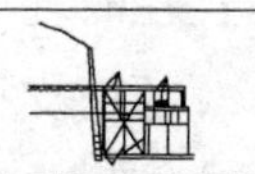
工法概况	用钻孔台车沿掌子面外周每隔 40 ~ 60cm 打入超前锚杆(钢筋)等	用钻孔台车沿掌子面外周打入钢管,并注浆,打入间隔 40 ~ 60cm	用钻孔台车或专用机械打设直径约 100mm 的钢管并注浆,间隔 45 ~ 60cm	用专用机械钻孔后,从前端喷射搅拌地层,间隔、改良直径约 60cm	用专用机械在开挖前于掌子面前方构筑拱状衬砌	用机械沿隧道断面外周配置比较大直径的钢管
特征	锚杆(钢筋)等能够提高掌子面前方围岩的约束力	形成的注浆带能够改良围岩	钢管和注浆材能够改良围岩,同时,因超前长度长,能够控制掌子面超前变形	高压喷射能够确实地改良掌子面周边围岩,同时,因超前长度长,能够控制掌子面超前变形	预衬砌能够稳定拱部,同时也能够抑制围岩的位移	能够根据环境条件选择各种管径的钢管;钢管的刚性高,抑制变形的效果也高
适用地质	砂砾、裂隙岩体、卵石	黏性土、砂质土、砂砾、裂隙岩体、卵石	黏性土、砂质土、砂砾、裂隙岩体、卵石	黏性土、砂质土	黏性土、砂质土	黏性土、砂质土、砂砾、卵石
施工性	通常设备	需要注浆设备	需要注浆设备	需要高压喷射设备	需要专用设备	需要专用设备
一次打设长度	小于 5m	小于 5m	12m 左右	12m 左右	2 ~ 3m	20 ~ 100m

短超前支护的种类 表 5-8

种类	使用材料	长度(m)	适用条件
非充填式	钢筋(ϕ25)	3	不充填拱顶也稳定
	钢管	3	压入可能的黏性土 需要刚性的场合
	钢背板	1 ~ 2	未固结砂层 喷射混凝土附着不良
	钢管(膨胀型)	3 ~ 4	孔壁难于自稳的场合 需要早期附着强度的
充填式	钢筋(ϕ25)	3	孔壁自稳的场合 几乎所有的地质条件都适用

续上表

种　　类	使用材料	长度(m)	适用条件
注浆式	注浆管	3	需要改良开挖轮廓带围岩的场合 孔壁能自稳的场合
	中空锚杆(自钻式)	3～4	需要改良开挖轮廓带围岩的场合 孔壁不能自稳的场合

小导管支护是在开挖前向掌子面前方的拱部,斜向打入长6m以内的锚杆、钢管等,打设范围是隧道中线左右各60°,计120°左右,每一次掘进后打设。但视崩落规模和位置,范围和间距可以调整。锚杆的锚固可用砂浆充填,但孔壁不能自稳的场合可采用后充填的自钻式锚杆。在固结度低的砂质围岩场合,也可采用单管和铁插板,用打击力打入,确保拱顶稳定的方法。

(2)插板法

插板法也是采用比较多的一种超前支护方法。早期修建软弱围岩隧道时,插板法也是经常采用的方法,只不过当时是采用木插板。现在在崩塌性显著以及砂质的围岩中,采用图5-14所示钢插板,以较大面积地支护拱顶,插板相互搭接,可以防止砂砾的泄漏。钢插板的宽度一般采用15～25cm,长度为1.2～1.6m,以间隔30cm左右打入。一般都在拱顶120°范围内施设,如图5-15所示。

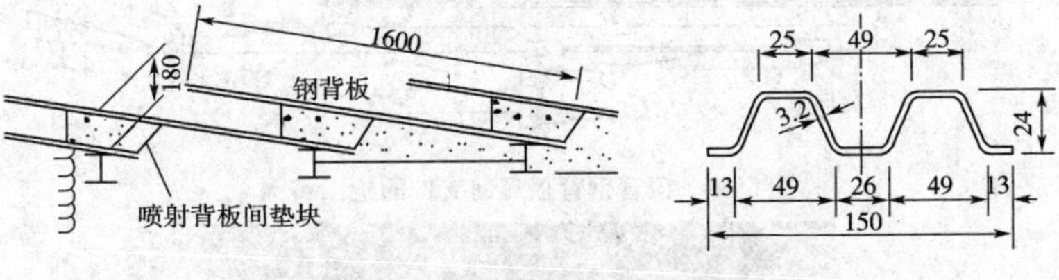

图5-14　钢背板超前支护例

日本在近期修建的新干线隧道中,把钢管和插板结合在一起,开发出钢管钢背板压入打击工法,并在隧道拱顶附近的地质是软弱的场合作为掌子面稳定对策而应用。具体操作如图5-16和图5-17所示,把装备有轻型钢背板的钢管,搭载在钻孔台车的导向槽上,用钻机的压入力和打击力打设到掌子面前方。钢管的作用是使钢背板形成一个连续的拱形构造,从而起到导向的作用,提高超前支护刚性及固结钢管外侧围岩。钢背板比注浆式的改良体的刚性大,能够确实地形成拱形构造并使周边围岩挤密。

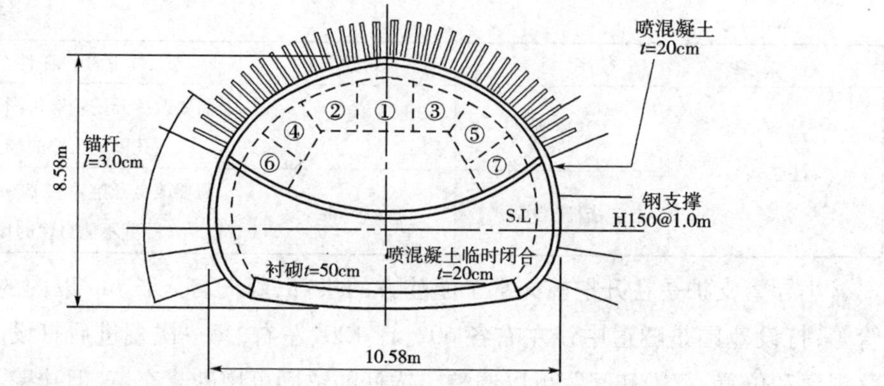

图 5-15　钢背板施工例

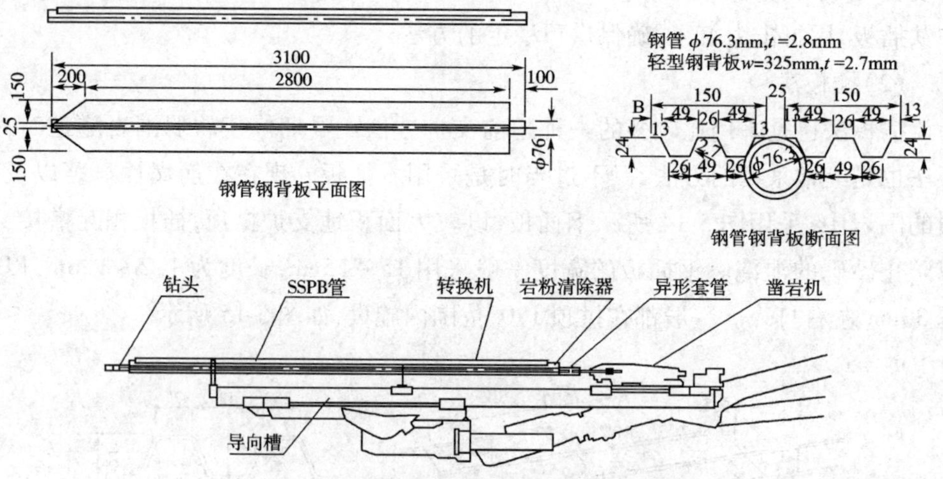

图 5-16　钢管钢背板超前支护的施工实例

图 5-17　钢管钢背板的外貌

压入带有钢背板的钢管，适用于围岩刚性比较低的围岩。预计从钢背板之间有砂流出的场合，可加设注浆管（19mm）进行注浆。

图5-18是采用钢管钢背板工法区间（埋深7.5m）的地表面下沉分布。

为了提高插板法机械化施工的水平，日本在城市地下铁道隧道中，广泛采用了可以机械化的插板法，其构成示于图5-19。

日本在城市土砂围岩的浅埋隧道中的施工证实，这是一个超挖少、围岩没有松弛的、可以用于任意断面形状的开挖方法。

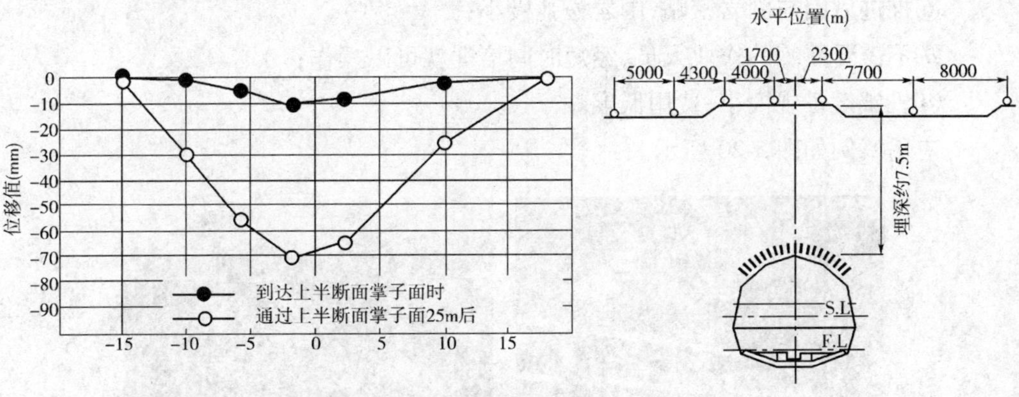

图5-18 地表面下沉分布

在土质隧道施工中，该法可以根据地质、埋深、地表结构物等进行设计，设计出适合周边环境和能够正确推进的插板和稳定机构。其推进千斤顶的推力是10t/台，可以人工操作、连续作业。

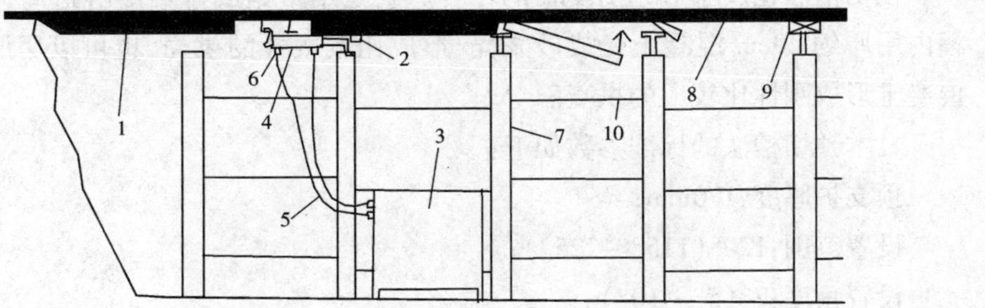

图5-19 插板法

1-插板；2-导向工具；3-压力泵；4-千斤顶；5-管路；6-压力变化手动装置；7-钢支撑；8-木背板；9-木楔；10-纵撑

该法是与盾构法类似的工法。盾构法是用盾构机推进的，插板法则是用一种特殊构造的插板，用千斤顶压入围岩中的，在插板的防护下，一边开挖，一边支护、一边衬砌的方法。但与盾构法比较,设备简单、造价低。

其主要特点可归纳如下:

①能够开挖任意断面形状的隧道,围岩不松弛;

②无超挖,混凝土厚度均一;

③掌子面被插板防护,可确保洞内安全、作业环境良好;

④插板与稳定机构成为一体,能够安全、正确的推进;

⑤适应直线、曲线的变化;

⑥推进后因与围岩密贴,围岩松弛极小;

⑦不需要熟练的作业人员,经短时间培训就可以操作;

⑧机械设备规模小,费用低廉。

应用实例如图 5-20 所示。

图 5-20　插板法的应用实例

(3)预切槽法

预切槽法也属于短超前支护的一种。它是用带锯或排钻沿隧道周边预切槽,槽内用厚约 20cm 混凝土壳或砂浆壳,形成比较柔性的拱壳,也可以用厚约 30cm 混凝土形成刚性比较大的拱壳。

日本预切槽法的标准参数如下:

预支护厚度:170mm;

设置范围:120°(115°~125°);

设置角度:7°(5°~10°);

纵断方向切槽长度:4.0m;

纵断方向充填长度:3.5m;

搭接长度:0.5m;

超前残余长度:1.0m(1.0~2.0m)。

日本铁道和公路隧道的预切槽支护的标准模式示于图5-21。

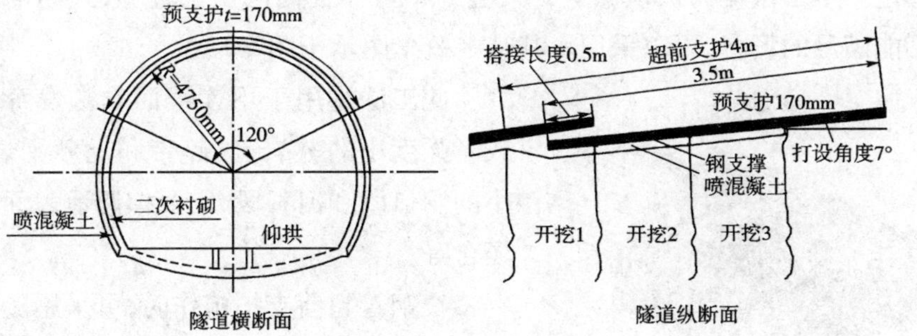

图5-21　预切槽支护设计断面

预切槽支护必须具有专用的施工机械，图5-22是日本采用的两种机械。

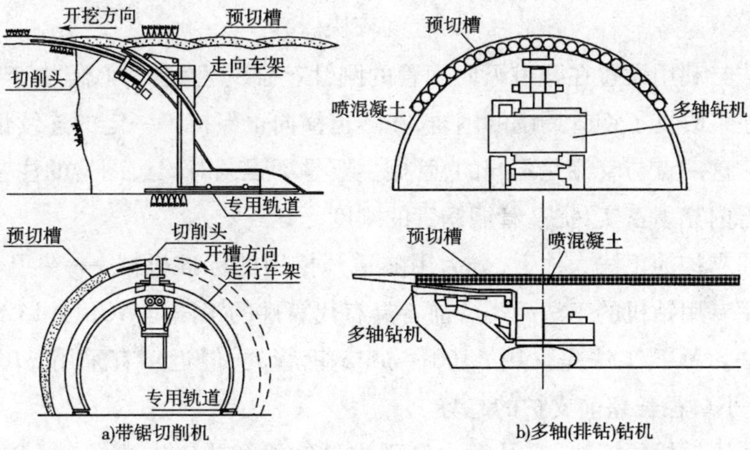

图5-22　预衬砌专用机械概貌

(4)长钢管超前支护

长超前支护是打设长度超过6m的超前支护的总称。多采用长钢管超前支护。钢管直径采用外径114的最多，根据围岩条件和环境条件、目的和荷载条件等，外径变化在101.6～139.8。一次打设标准长度是12.5m，大致变化在10～20m，但也有超过30m的施工事例。环向打设间隔40～60cm。

长钢管的刚性大，有梁的效果，同时钢管间的围岩因注浆也有改良围岩效果，因此超前支护的效果好。相对超前锚杆、超前小导管等以防止拱顶崩落和小规模崩塌为主的工法来说，此工法主要是能够抑制先行位移和挤出位移，从而提高拱顶的稳定性。注浆材料与注入式小导管相同,应根据围岩、涌水状况和注浆材料的特性等选定。本工法作为拱顶稳定对策是一个可靠性高的工法,注入式超前小导管支护不能满足的场合,可以采用。其基本概念图示于图5-23。

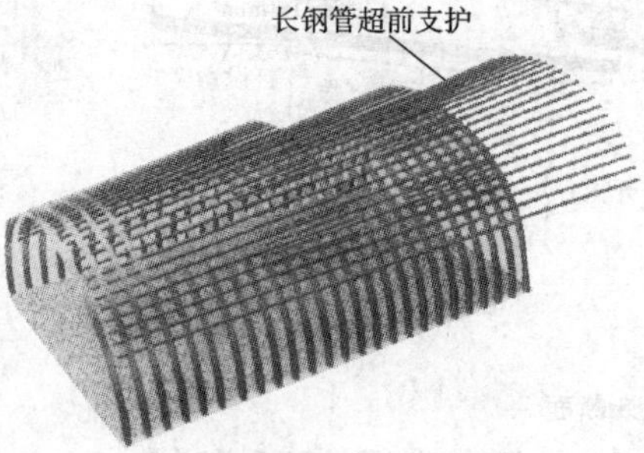

图5-23　长钢管超前支护概念图

此工法适用于不连续面非常发育的围岩或者强度小的软岩、破碎带和土砂围岩、埋深小的洞口段和河谷段,需要抑制地表面下沉的场合等。

长钢管超前支护施作时,可采用隧道用凿岩台车,也可采用专用机进行施工,不需要特殊的作业人员,但一个施工循环中需要的时间较长。由于安全性高,可提高开挖效率,施工进度较快。

此工法与利用设置在隧道纵向钢管的刚性补强的管棚类似,但由于长钢管超前支护用注浆改良了钢管周围的围岩,在隧道横向也保持了一定的连续性,类似于深孔注浆。这一点与管棚是不同的,管棚主要是不强调对周边围岩的注浆加固,注浆仅仅使管内充填密实,提高管棚钢管的刚度。

长超前支护的工法大体上,分为用隧道开挖用的标准机械——钻孔台车施工的工法和用专用钻机的工法两类。前者具有代表性的工法是AGF(All Ground Fastening)工法。AGF工法是采用$\phi100 \sim \phi115$钢管的,但近年有采用$\phi100$以下和GFRP管等小口径长超前支护的趋势。

采用专用钻机的工法,是从意大利引进的钻机和施工方法。表5-9表示长超前支护的分类和特征。

两种方法的不同点从文字上看,几乎都体现在施工机械特性上,前者用3~5m钢管接续施工的,后者则是用14.5m以下长钢管,搭载在导轨上一次钻孔施工的,也可以接续施工。从钻孔效率看,后者是有利的,但要导入专用机械,与采用隧道开挖时的标准机械——钻孔台车的AGF工法比较,一般说在经济上可能是不利的。而且采用专用钻机的长钢管超前支护要采用比AGF工法口径大的的钢管,还要采用与母材同等强度的接头,也能够像管棚那样进行水平超长施工。同时改变为水平旋喷注浆工法也比较容易。一次选定时要基于隧道的设计条件、施工条件,比较后决定。

长超前支护的分类和特征 表 5-9

类别	采用钻孔台车的工法	采用专用钻机的工法
名称	AGF 工法，小口径长超前支护等	
施工概要	用长 3.0 ~ 3.5m 的钢管接续钻孔推进； 标准的一次打设长度是 10 ~ 13m； 钢管设置后，进行注浆，改良钢管周围的围岩，在隧道环向也形成连续的改良区域	用长 6.0 ~ 14.5m 的钢管钻孔推进，钢管也可接续推进； 标准的一次打设长度是 12.5 ~ 18.5m； 钢管设置后，进行注浆改良钢管周围的围岩，在隧道环向也形成连续的改良区域
施工概念图	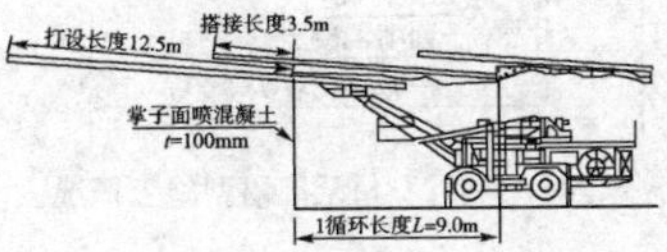	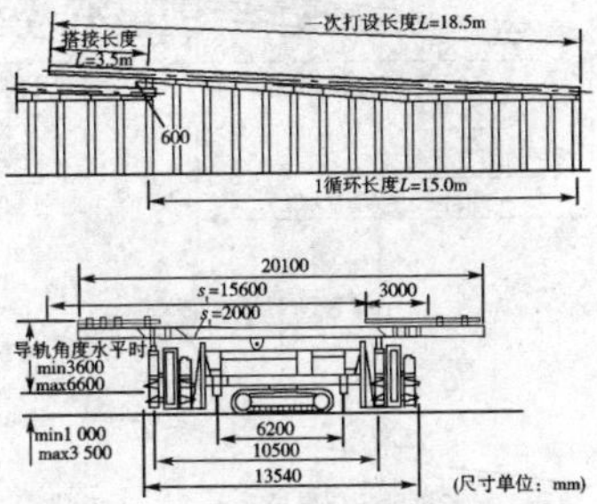
使用钢管	AGF：ϕ101.6，ϕ114.3	ϕ114.3，ϕ139.8
钢管接头	AGF：PIN BOX 型 小口径：PIN BOX 型和玻璃接头 （不管哪一种都比母材强度低）	拉伸接头（与母材强度相同） PIN BOX 型（比母材强度低）
钻孔方式	钉锤方式	旋转式、旋转式 + 钉锤方式 旋转式 + 潜孔汽锤方式
注浆材料	水泥系、尿烷系、水玻璃系	水泥系、尿烷系、水玻璃系

超前支护，打设仰角越大，距开挖线的距离也越大，会降低超前支护的效果。因此，如采用长钢管施工，要在不妨碍钻孔的范围内，尽可能地减小仰角的角度。为了利用作为先行支护的特征，基本上采用把上覆荷载传递到钢支撑上的构造。为此，在长钢管超前支护的施工中，应根据隧道断面配合超前支护的设置状况依次扩大断面，在最大断面处打设下一循环的钢管，使钢管和钢支撑的间隔不要过大。因此扩幅型是施工的基本模式。图 5-24 表示日本采用的长钢管超前支护打设时的 4 种开挖断面的变更形式。

最近，为了抑制因断面扩幅造成的开挖量和喷射混凝土量的增加，开始采用不扩幅，而是从钢支撑下方打设长钢管，把端部管（长度 3m 左右）留在开挖断面内的施工方法。在无扩幅施工方法中，端部管随开挖而切除。为易于切除可采用强度低的树脂管和断面缺损的钢管。在此工法中，拱顶采用了承载力小的材料，并且端部管切除时和切除后必然不能确保充分的搭接长度，因此与扩幅型比较，拱顶稳定性易于降低。

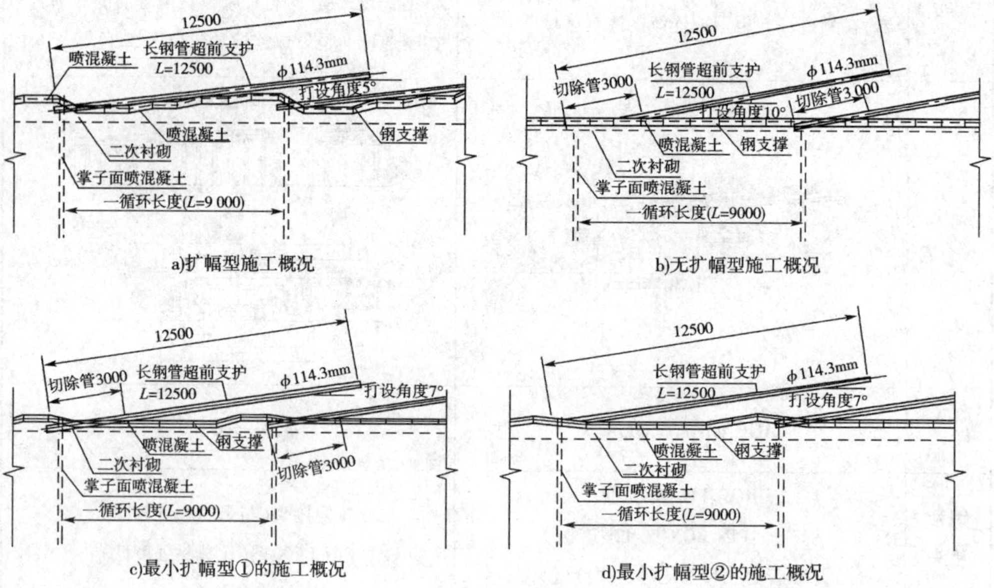

图 5-24　AGF 工法的断面变更形式

（5）管棚法

管棚法是在隧道开挖前沿隧道外周用钻机打置超前长钢管，而后在钢管内外充填砂浆的工法，是抑制洞口、拱顶变形和先行位移、地表面下沉及保护周边环境的一种方法。采用的钢管比一般钢管直径大，控制地表面下沉的效果很好（见图 5-25）。一般采用的钢管直径为 89 ~ 150mm（150mm 以上的工程实例也不少见），施工长度为 16 ~ 30m，施工范围在拱部 120°左右，打设间隔为 30 ~ 50cm。

此工法多用于在隧道正上方有道路、铁道、建筑物时，作为防止地表面塌陷的对策。

近年来，为了长距离施工，也有采用 ϕ1000 以上的大口径钢管顶管工法的实例，而方向控制采用小直径的掘进机进行。

过去都是在城市及其周边的住宅区等建筑物、道路和铁道等交通设施、地中结构物等重要结构物的正下方，从两端用钻机插入钢管的管棚工法，但近年由于特殊钻头的开发，可以采用双重管在隧道洞内插入长钢管的管棚工法（如 AGF 工法等），作为隧道洞口段的控制对策。

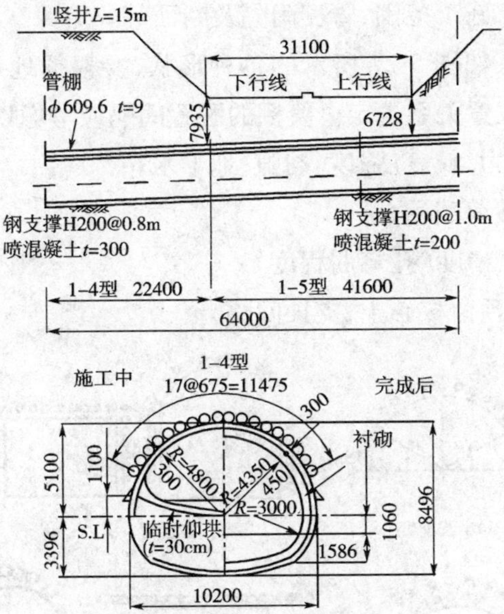

图 5-25　管棚施工实例（尺寸单位：mm）

管棚工法是插入比较大的钢管，对抑制地表面下沉是最可靠的工法，适用范围比较广泛，如填土、岩堆等各种未固结围岩。

一般来说，管棚工法的施工范围，多在洞外设置基地，而后以如图 5-26 所示的管棚前端到终端再加上松弛范围（3～5m）的区间。

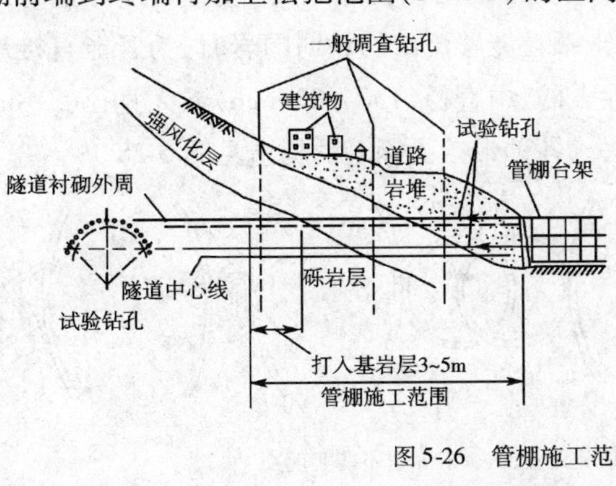

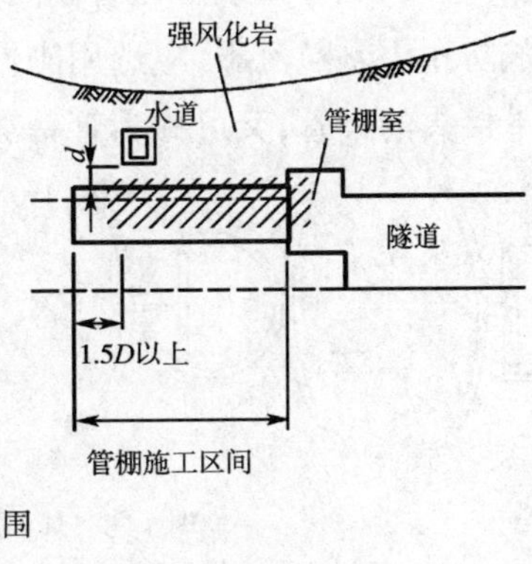

图 5-26　管棚施工范围

钢管直径采用回转插入方式时，多为 89 ~ 150mm，顶管法时多在 150mm 以上，目前采用最大直径的达 812.8mm。为了提高钢管的刚性可向管内注浆。受到钻孔影响的周边围岩也要进行注浆补强。

在设计中，要充分考虑地质、周边环境、隧道开挖断面、埋深以及开挖方法等，决定管棚的配置、形状、施工范围、管棚间隔及断面等。

管棚的配置形状有如图 5-27 所示的各种形状，要根据地形、围岩性质及地表面或地中的结构物等位置关系选定。管棚的配置间隔应考虑以下情况决定。

①地层性质（黏聚力、粒度、强度、裂隙、地下水）；

②荷载（埋深、上覆荷载）；

③水平钻孔的施工精度（孔弯曲程度）；

④隧道开挖方法（预留核心土、支护间隔）。

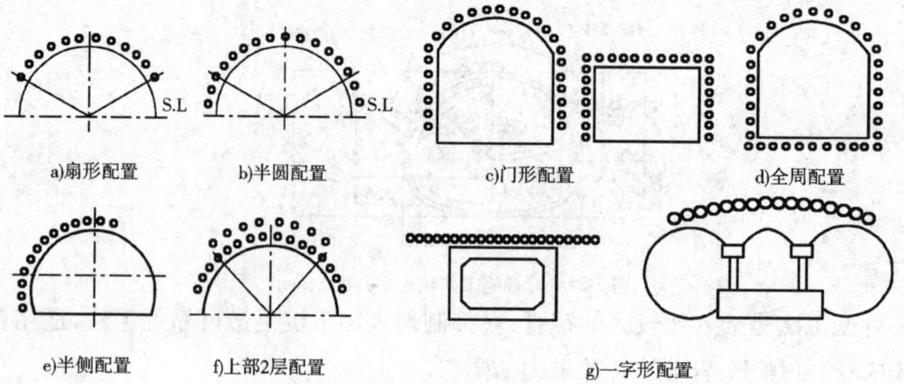

图 5-27　管棚的配置、形状例

隧道在公路、铁道下方通过时，或者接近结构物施工时，或者隧道开挖对周边环境有直接影响时，或者在管棚间土颗粒能够流出的软弱围岩时，为了能直接承受荷载、防止土颗粒流出，应选用刚性大的、中直径（150 ~ 220mm）或大直径（318mm）的、带接头的钢管，又可称为管幕法。各种带接头钢管的构造见图 5-28。

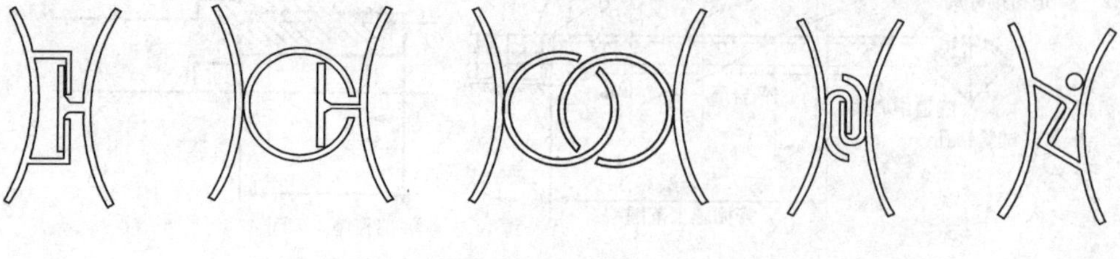

图 5-28　管幕法钢管接头（旋转钻进不能实现）

(6)水平旋喷预支护

水平旋喷预支护是用专用机械进行钻孔,达到孔底后,按规定速度回转钻杆,从钻头喷嘴用超高压泵高压喷射水泥系固化材料,切削围岩并搅拌,造成需要的改良体的工法。也有在改良体内设置钢管,提高改良体纵向刚度的工法。水平旋喷预支护因为能够造成连续的改良体,是有效果的,但因采用专用机械、高压泵等设备,费用较高,故在矿山法中采用较少。在城市的黏性围岩中注浆困难的场合,水平旋喷预支护的效果很好,近年不仅作为拱顶部的超前支护,也作为脚部补强对策得到应用。

水平旋喷预支护的分类列于表5-10,其标准的水泥浆配比列于表5-11。

不管哪种工法,表5-11的配比是标准的,改良体的设计基准强度,在砂质土中多采用 $q_u = 3.0\text{MPa}$,黏性土中为 $q_u = 1.0\text{MPa}$。

水平旋喷预支护的分类　　表5-10

工　法	施工长度(m)	适用围岩	喷射压力(MPa)	主要使用设备
旋转喷射工法	10~15	*N*值10以下	40	专用钻机、超高压泵、水泥搅拌等
双重管喷射工法	10~40	*N*值30以下	40	专用钻机、超高压泵、水泥搅拌等
高压喷射搅拌工法	50~80	*N*值10以下	40	专用钻机、超高压泵、水泥搅拌等

标准的水泥浆配比　　表5-11

普通硫酸盐水泥	水	混合材	相对密度
700kg	750kg	12kg	1.522

①单管喷射工法

旋转喷射工法(RJFP)的概要示于图5-29。RJFP工法是采用专用机械,钻孔到规定深度后,用安装在钻头的喷嘴,把硬化剂用超高压一边喷射一边回转、拔出钻杆,用喷射的切削、混合作用造成均匀的圆柱状的改良体的工法。作业分为钻孔和旋喷两个工序。改良体直径约为60cm。改良体长度10~15m,在*N*值为10以下的地层中是有效果的。基本上不需要钢管等芯材,但也有在改良体造成后设置芯材的情况。

②双重管喷射工法

双重管喷射工法的施工系统示于图5-30,是用芯内钢管和外管构成的双重管。在旋转喷射水泥浆之前,用高压水喷射切割扩孔,加大固结体直径。

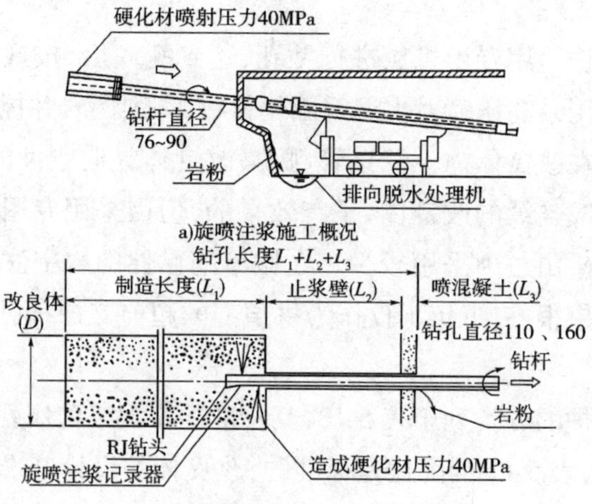

a)旋喷注浆施工概况

b)制造旋喷注浆体概念图

图 5-29　旋转喷射工法概要图

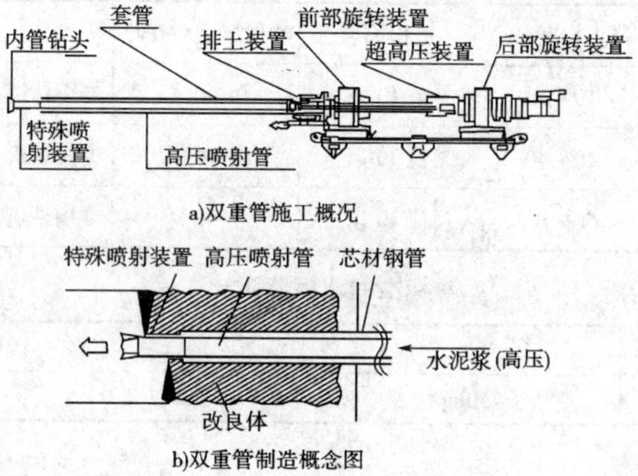

a)双重管施工概况

b)双重管制造概念图

图 5-30　双重管喷射工法

③多重管喷射搅拌工法

多重管喷射搅拌工法(MJS)的施工概要示于图 5-31。此工法是用一边高压喷射水泥系硬化剂,一边切削地层,因搅拌、硬化而在地中造成改良体的工法。MJS 工法为了解决孔内压力过高问题,采用了多孔管,多孔管内同时设置高压气、高压水、高压浆压力传感器和排浆管,加大了扩孔直径,能够控制孔内压力。因为钻孔的同时使用压缩空气和高压水扩孔,能够形成直径比较大的改良体。此外,在前端还设有压力测定用的压力计,可实时测定各种数据,并反馈到施工中。施工可能的长度为 50 ~ 80m,在 N 值小于 10 的地层中是有效果的。

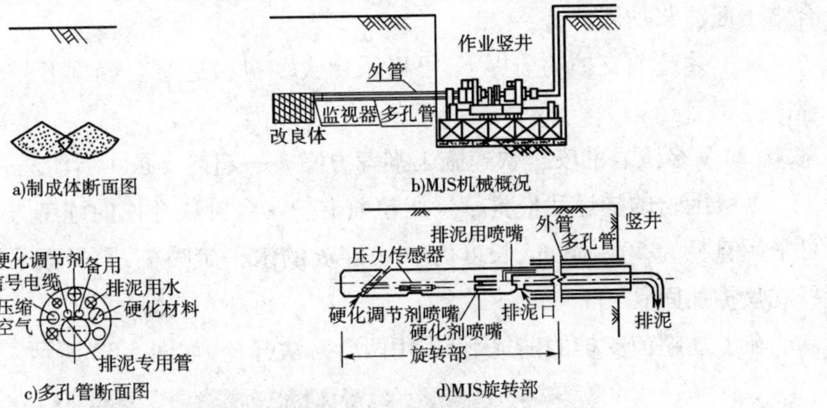

图5-31　多重管喷射搅拌工法概要图

5.4.3　大断面隧道少分部开挖方法

开挖分部多、循环进尺短、临时支撑多、步序复杂、施工速度慢是目前我国软弱围岩隧道施工的主要特征。通过超前预支护和预加固的施工措施，在保障围岩稳定的前提下，减少开挖分部、加大循环进尺、免除不必要的临时支撑、简化施工步序以加快施工速度是隧道安全快速施工的研究方向。

一般来说，全断面法和台阶法工序简单，施工速度快，是隧道快速施工的首选。国外的隧道施工也多是采用全断面法开挖，对于稳定性较差的围岩，则采用超前支护或者超前加固的手段，提高掌子面前方围岩的稳定性，而后仍采用全断面法开挖，如意大利的 ADECO-RS 工法即是如此。我国软弱围岩隧道施工中之所以未能实现少分部大进尺的快速开挖，这主要是因为我国隧道超前支护的技术较为薄弱，必须通过多台阶、多分部、短进尺的开挖方法以及各种临时支撑来达到控制变形的目的，这种施工方法工序复杂，而且临时支撑的架设和拆除都需要占用大量时间，施工速度缓慢，施工安全也不易保障。因此，提高隧道超前支护的技术水平，减少开挖分部，加大循环进尺，免除不必要的临时支撑，简化施工步序，可有效提高施工工效。

(1) Ⅳ级围岩的安全快速施工推荐方案——超前支护 + 全断面开挖

Ⅳ级围岩的隧道我们推荐采用超前支护 + 全断面的施工方案。为了能够在Ⅳ级围岩中实现全断面开挖，必须切实做好超前支护，以保证在全断面开挖下围岩能够稳定，因此建议超前支护采用直径为 50 ~ 100mm、长度为 16 ~ 24m 的注浆锚管桩，掌子面采用玻璃纤维锚杆注浆加固；也可采用直径 108mm 以上管棚预支护配合掌子面注浆加固。

在上述超前支护的前提下,可以采用大型机械进行全断面开挖,实现安全、快速的施工目标。

(2) Ⅴ级围岩的安全快速施工推荐方案——超前支护 + 台阶法开挖

Ⅴ级围岩的隧道我们推荐采用超前支护 + 台阶法开挖的施工方案。超前支护可采用直径为 50 ~ 60cm,长度为 16 ~ 24m 的水平旋喷桩,掌子面采用玻璃纤维锚杆旋喷桩加固。

在上述超前支护的前提下,采用两台阶法开挖,如图 5-32 所示。

图 5-32　兰渝铁路桃树坪隧道在超前支护下的台阶法开挖

(3) Ⅵ级围岩的安全快速施工推荐方案——超前支护 + 两台阶四步法开挖

Ⅵ级围岩的隧道我们推荐采用超前支护 + 两台阶四步法开挖的施工方案。超前支护可采用直径为 60 ~ 80cm,长度为 16 ~ 24m 的水平旋喷桩,掌子面采用玻璃纤维锚杆旋喷桩加固。

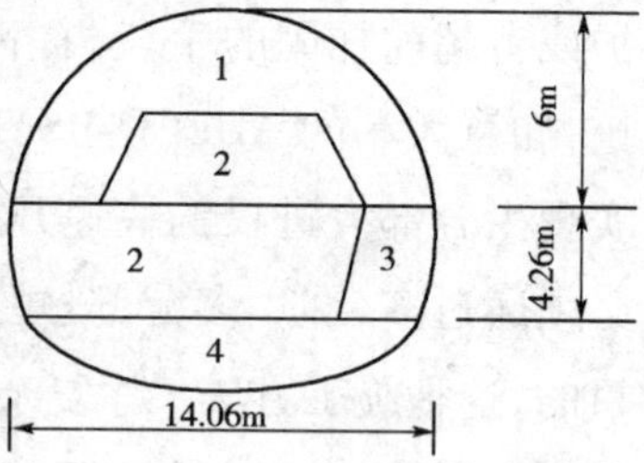

图 5-33　两台阶四步法

两台阶四步法开挖如图 5-33 所示,其实质为预留核心土的台阶法,其上台阶长 6m,下台阶长 8m,其中下台阶右侧与左侧交错 2m,上台阶核心土保持 3m 长度。

5.4.4　加大设备投入,减少单工序的作业时间

机械设备的采用能够大幅度地减少单工序的作业时间,减轻劳动强度,如多臂

钻孔台车、湿喷机械手、拱架安装机等机械的有效利用可使钻孔、喷混、安装拱架的时间减少50%以上，使施工速度明显加快。

隧道施工的机械化是加快施工速度、提高施工效率、保障施工安全的重要措施，也是隧道施工技术进步的体现。随着各种新型机械设备的研制和开发，如拱架安装机、防水板铺设机、新型模板台车、自动仰拱栈桥等的研制和开发，隧道施工越来越朝着机械化、信息化、智能化的方向发展。

隧道施工中，钻孔、出渣以及初期支护是占用作业时间最长的工序，因此，着重研究提高这些主要工序的机械化水平，有助于提高施工效率、保障施工安全，从而实现隧道安全快速施工的目标。

(1)凿岩机械

20世纪70年代以来，国外在气动凿岩机的基础理论、测试技术和制造工艺等方面都取得了重大进展。在现代波动力学、减振、消声和新材料应用等方面也有显著成果。目前的主要趋势是应用波动力学理论改变活塞几何形状，实现最优能量传递，适当加大活塞直径、缩短冲程、提高冲击频率、降低噪声和振动、改善润滑条件、采用新型材料、改进加工工艺、提高零件寿命等。阿特拉斯·科普柯公司最近已研制成COP900型气动凿岩机，凿岩速度达1.5m/min。

液压凿岩机具有凿速高，能耗低，易实现操作自动化和计算机控制，可改善作业环境等优点，有取代气动凿岩机的趋势。我国1973年开始研制，目前已能进行小批生产的是株洲矿山工具总厂制造的YYG-80型液压凿岩机。长沙矿院和株洲东方工具厂据此改进制成YYGJ80A型液压凿岩机。该机在梅山铁矿、铁二局和汝城钨矿进行工业性试验和推广使用，证明性能稳定，使用可靠。

国外有9个国家17家公司生产液压凿岩机，共有48个型号投放市场，如瑞典的COP1238、法国的HC80和HC120、芬兰的WF等，主要特点是转速和活塞行程均可调，能适应不同岩石的凿岩要求。新一代液压凿岩机的研制重点是提高凿岩工具的寿命，改进换钎、定位和开眼等关键部位，开发手持式小型机，广泛研究传动介质和矿物油，合理设计活塞形状，以提高凿岩效率、降低噪声。

凿岩台车行走方式已由轨轮式向轮胎式和履带式发展。发动机多采用低污染柴油机。底盘多用铰接式车架，爬坡能力高、转弯半径小。国产已通过部级鉴定的凿岩台车有铁科院西南研究所与铁二局共同研制的CGJ15-3型液压操纵气动凿岩台车和郑州水工机械厂生产的CTJ-4Z重型四臂台车，适于单线铁路隧道全断面开挖。国内还研制了不少全液压凿岩台车,其中有中南矿院和铁二局共同研制的CGJS-2YA 型铁路隧道半断面凿岩台车。南京工程机械厂引进瑞典阿特拉斯公司专有技术制造的 NH178 型三臂全液压钻车(配用最新的 BVT35 型钻臂和 COP1238 液压凿岩机)。

国外全液压凿岩台车发展很快,阿特拉斯·科普科公司已生产出 20 多种,能适应 4 ~ 100m^2 巷道作业的 1 ~ 3 臂轨行式或轮胎式全液压凿岩台车,开挖断面在 100m^2 以上的特殊全液压凿岩台车也已问世,这种台车最多可装 4 台钻臂。

瑞典、瑞士、奥地利等国已研制出多种轻便灵活、调节方便、钻孔范围大的台车,所配钻臂可自由旋转、能保证钻凿的炮眼互相平行,操作稳定性及机动性都好。国外大型台车均装有带空调设备的封闭驾驶室,隔声和抗振性能好。为了提高钻孔精度,凿岩过程采用计算机控制,实现了钻孔工作自动化。如日本古河矿业公司生产的自动凿岩台车,英国艾姆科-西哥马公司生产的电子控制 ATH22 型凿岩台车以及芬兰的塔姆鲁克公司 Datamatic 计算机控制凿岩台车等。上述自动凿岩台车大都装有激光定位设备,有各种检测仪器及显示器,能显示支臂角度、推进速度、回转扭矩、钎头的钻孔状态及所在孔底位置。可将炮孔图的设计参数输入计算机,控制台车动作,使之准确打眼,还可以根据岩质变化自动控制凿岩机和推进器的各种参数,实现最优凿岩。对比试验证明,自动控制的凿岩机平均凿岩速度提高了 30%,凿岩机损耗降低 27%。今后,将进一步发展无人管理的自动凿岩台车,推广故障的自动监测技术。继续开发装通用钻臂,带不同工作状态的液压凿岩机,并能自动控制钻凿炮孔的全液压凿岩台车。

图 5-34 阿特拉斯·科普柯新型 Boomer XL3D 三臂凿岩台车,具有安全、高效、符合人机工程学的设计特点,并且配备了传统的、深受客户喜欢的直接控制系统,同时也进行了多项创新。Boomer XL3D 采用先导控制液压系统,减少了控制平台附近的高压胶管数量,对操作者更安全,并且噪声更小。为了增加效率和准确度,Boomer XL3D 可选配推进梁角度测量系统(FAM 3),这个系统有助于操作者精确钻孔,减少超挖或是欠挖,增加一次进尺量。

(2)装渣及运输设备

出渣作业约占整个掘进作业循环时间的 40%,快速出渣是提高掘进速度的关键。国外正在采用隧道装渣箱系统,发展无轨运输,其效率明显提高。

为适应大断面和全断面开挖的需要,正在发展高效连续装渣和无轨运输设备,如立爪、蟹爪及立蟹爪装渣机、正装侧卸式装载机等。国内成都、柳州和厦门工程机械厂生产的斗容量1～5m^3轮胎式装载机已在我国土方工程中得到广泛应用，但在石方工程和隧道施工中仍用得不多。国外正装侧卸轮胎式装载机正处在新的发展阶段，铲斗采用侧卸，斗容量逐渐加大，加大掘起力，提高车速，整机多功能，一般都装用大功率低污染柴油机，驱动部分采用液力变矩器，爬坡能力好，转弯半径小，采用微机控制的钢丝编织轮胎，整机向多功能方向发展，如瑞典 Volvo 公司的4300和4600等，四年更新全部老产品，建立了0.8～3.8m^3五个型号的新装载机系列。威豪森公司在AR61B型装载机上成功地使用了电子控制的半自动装置。

图5-34 阿特拉斯·科普柯新型 Boomer XL3D 三臂凿岩台车

为了解决内燃机进洞废气污染增加排风压力的问题，挪威彼佛特公司制造出隧道电动装载机，1986年推出第二代产品X42和X52型，斗容量分别为3.4m^3和4.8m^3。

立爪装渣机是瑞典20世纪70年代初期研制的一种新型装渣机，工作原理新颖，具有装载平稳、能量利用率高、可连续装渣等优点，在小断面巷道施工中深受欢迎。我国南昌通用机械厂生产的立爪式装渣机正用于有关工地，江西矿山机械厂生产了集中蟹爪、立爪两种装载机优点的LBZ-15型立蟹爪装渣机，该机生产率达150m^3/h。

运输设备正由有轨向无轨发展。日本采用隧道装渣系统进行快速施工，缩短了出渣时间。国内外隧道施工所用的主要运输车辆有斗车、斗式列车、槽式列车、梭式矿车、梭式汽车、自卸汽车和胶带输送机等。牵引多用8t蓄电池车。

挖掘式装载机是目前较为新型的机械设备，它和一般其他装渣设备不同，是通过专门的刮板输送机将石料装入后续运输车辆，作业空间小，作业效率高。在考虑多工位钻孔台架的作业空间与之相匹配的条件下，就提供了装渣作业与钻孔、喷锚作业同时进行的可能性，因而缩短了循环时间，加快了开挖速度，提高了功效，并且安全、快速、节能、工作面环境好。

图 5-35 是我国目前正在研制的 WZ330 型隧道挖装机，其由底盘行走机构、挖掘和运渣机构、内燃及电力双动力系统、液压传动系统、电气控制系统组成，完成行走、扒渣（挖料）、装载、输送等功能，后配套设备是各种运渣车（如自卸式汽车、矿车等）。

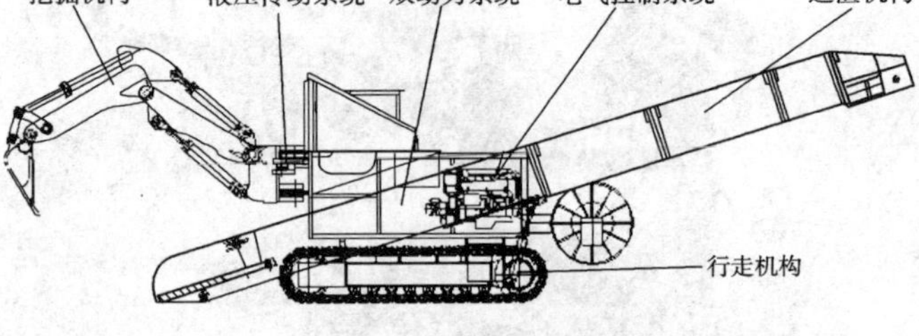

a)结构简图

b)样机

图 5-35　WZ330 隧道挖装机

(3) 支护机械

支护机械支护包括初期支护和二次衬砌，初期支护广泛采用锚喷支护形式，使用的主要机械有锚杆打眼安装机械、钢拱架安装机械及混凝土喷射机械。

锚杆是软岩隧道的主要支护手段之一，锚杆的打眼、安装、注浆等工序占用时间较多。因此,研究钻注一体化设备能够较大地提高锚杆施工速度。钻注一体化的工作原理是通过在止浆墙上安装孔口管,在软弱地层中,可采用金刚石钻头直接钻孔,钻到设计深度后,在孔口安装止浆塞,将孔口密封,然后停止供水,从供水管中直接注入浆液,浆液从钻杆流向钻头,从钻头中流出,进入地层,同时浆液在回流过程中使止浆塞膨胀,对钻杆外壁和孔口管内壁产生挤压力,挤紧钻杆内壁,对浆液起到密封作用。然后,边注浆边旋转钻杆,达到设计注浆压力或注浆量后,连续后退钻杆,当后退 1.5~2m(一根钻杆长度)时,拆下一根钻杆,直到退到孔口,拆下止浆塞和钻杆,完成整个孔的注浆。这样实现了钻孔注浆的快速连续作业,达到了钻注一体化,提高了钻注工效,改善了注浆效果,降低了工程成本。钻注一体化原理如图 5-36 所示。

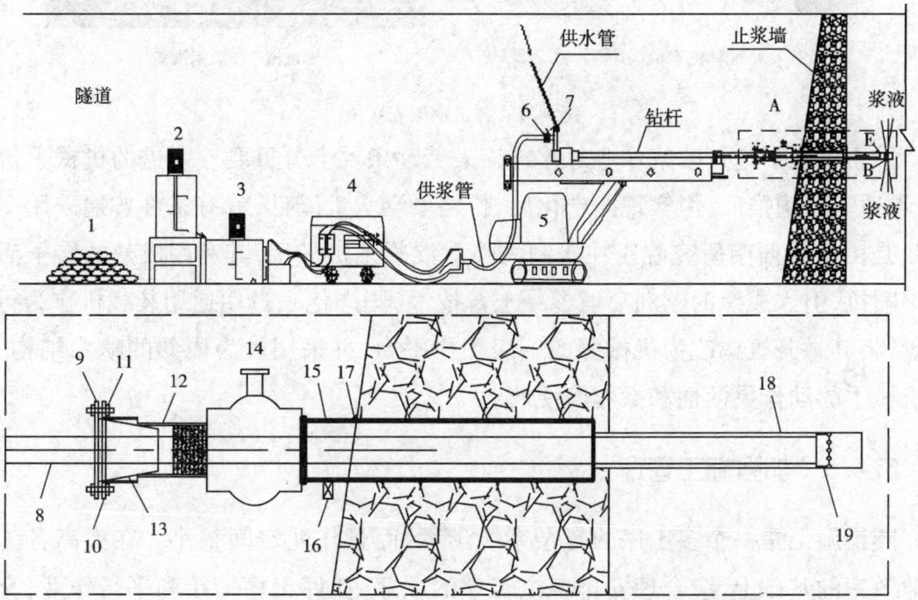

图 5-36 钻注一体化施工原理图

1-水泥;2-搅拌机;3-储浆桶;4-注浆泵;5-钻机;6-供浆单向阀;7-供水单向阀;8-钻杆;9-压盘;10-法兰盘;11-螺栓;12-止浆筒;13-止浆塞;14-防突水装置;15-孔口管;16-排水排渣阀;17-锚固剂;18-钻孔;19-钻头

钢拱架也是软岩隧道的主要支护形式之一,其安装过程一直采用人工操作,费力费时,安全隐患多,施工速度慢,效率低。软岩隧道施工支护过程中人工作业带来的诸多危害已越来越受到关注。因此研制拱架安装机对提高施工速度具有重要意义。图 5-37 是由中铁隧道集团有限公司研制的拱架安装机。

随着湿喷工艺和水泥裹砂法的出现和完善，出现了瑞士阿利瓦公司生产的干湿两用喷射机。国内水电十局采用水泥裹砂工艺及成套搅拌与喷射机具喷射混凝土，提高了混凝土质量，改善了劳动条件。喷射机械手正向全液压自动化和多功能方向发展。有的国家将骨料拌和、喷射和机械手联为一体，称为"三联机"。

a)样机　　b)机械手抓取钢拱架

图 5-37　隧道拱架安装机

采用机械手进行喷浆作业对改善工人劳动条件十分重要。引进的机械手价格高，不适于普遍推广，但实现国产化后，价格就会大大降低，就有条件普遍采用。图 5-38 是由中铁西南研究院正在研制的喷射混凝土机械手，其利用成熟的转子活塞式湿喷机、引入成熟的欧洲喷射混凝土臂技术（国产化），选用通用装载机作为行走底盘，将其举升机构改为机械臂的一级工作平台，并采用较为成熟的喷头结构，确保机械手的动作灵活性和操作简便性。

5.4.5　加强施工管理

隧道施工是一个多工序的复杂系统工程，而且作业空间狭小。在提高各工序作业效率的基础上，应合理安排各个工序的顺序，抓好工序衔接和平行作业，充分发挥各机械的效能，以达到总体施工的快速掘进，同时确保施工质量和施工安全。这是隧道快速施工的原则，而动态管理是其关键。

"动态管理"的概念，很早就已经出现了，过去我们在隧道施工中，也提"动态管理"。实际上，由于种种原因，如获取信息手段发展的迟缓、信息传输系统的不完善以及隧道施工环境和管理体制的限制等，并没有实现，也不可能实现真正意义上的"动态管理"。但最近一段时期，由于数字化技术、信息技术、通信技术以及各种获取信息手段和方法的迅速发展，给真正实现隧道的"动态管理"创造了良好的条件和基础。

谈到动态管理,就必须了解和认识"动态"的概念和意义。

所谓"动态",是指围岩和支护结构随着施工过程而变化的力学状态,施工过程不是静态的,而是动态的。动态管理就是要根据围岩和支护结构的动态变化过程,进行设计和施工过程的管理。因此,了解和认识隧道开挖后围岩和支护结构力学状态的变化,是实施动态管理的基础,不了解这一点,就很难谈到设计和施工的动态管理。

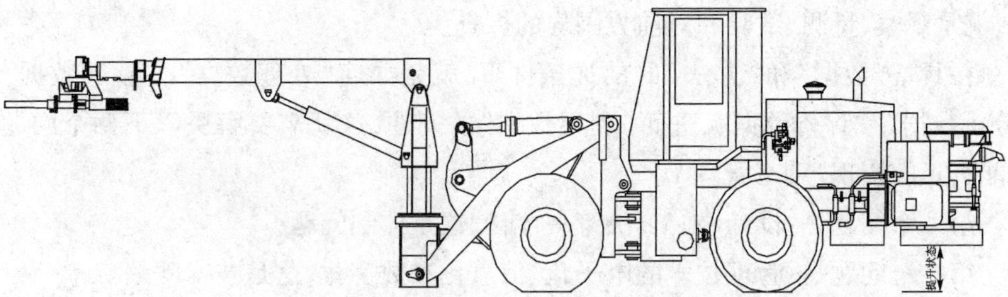

a)结构图

b)样机

图 5-38　喷射混凝土机械手

既然动态管理就是要根据围岩和支护结构的动态变化过程进行设计和施工过程的管理,那么,围岩和支护构件的动态是什么?其动态又是如何变化的?就是首先要解决的问题。大家知道,隧道开挖后围岩的应力状态发生了变化,其直接的表现就是位移状态的变化。

实现动态管理的前提条件是要有能够充分体现隧道开挖后围岩和支护动态的“动态数据”,其次是获得这些“数据”的可靠“方法”。这两个条件缺一不可。

这里所谓的数据包括:反映开挖对象——围岩特性的数据,特别是掌子面前方围岩及掌子面围岩的数据;反映开挖后围岩和支护的位移和应力、应变等的数据;反映支护结构变异的数据;反映洞内外环境变化的数据等。而获得这些数据的方法,就是观察、量测、试验和对前方围岩的探查。

在具备“数据”和“方法”的前提条件下,就是如何“处理数据”、“整理数据”、“分析数据”、“评价数据”,进而“利用数据”的问题,这就需要解决以下两个问题,才能真正的实现“动态管理”。

第一个问题是:设计、施工、决策一体化,这是体制问题;

第二个问题是:管理技术的电子化、信息化和数字化,这是技术问题。

从我们目前的管理体制看,实现真正意义上的动态管理,可能比较困难。近几年铁路系统在一些重点复杂隧道实行了“动态设计与信息化施工管理”的试点,虽然有了一定的进步,但与其他一些国家相比,差距还是很大的。

从技术方面看,迅速地组织力量,建立一个完整的信息化、数字化的设计、施工、管理系统,是非常必要的。这也是当前隧道技术发展的一个重要方面,不容忽视。

5.5 小　结

综合上述,适用于软弱围岩隧道的施工方法较多。根据国内技术现状,对于软弱围岩隧道仍多采用多分部的开挖方法,而且施工重点也大多集中在开挖后的变形控制上。在施工理念和施工综合控制能力上,与发达国家先进技术仍存在明显差距。纵观隧道施工技术发展历程,软弱围岩隧道采用少分部掘进技术;可靠的、便于实际操作的超前支护技术;能真实反映实际的隧道动态监测技术;切实可行的动态管理技术等是软弱围岩隧道安全施工前提和基础,也是我国短期内需要集中解决的问题。这需要调整当前隧道建设理念、加大基础研究力度、加大施工机械设备的研制投入。结合目前国内技术水平、设备现状,我国隧道修建技术还处于向先进技术过渡的阶段,而带辅助措施的台阶法在一定时期内仍将是软弱围岩隧道施工的主流工法。

第6章　软弱围岩隧道变形控制关键技术

6.1　软弱围岩隧道变形控制理念与技术体系

6.1.1　控制理念

软弱围岩隧道变形控制理念，主要可归纳为减轻作用在支护结构上的荷载并允许支护结构产生较大变形的方法和为了控制围岩松弛而尽可能早地控制支护变形的方法，即所谓的柔性控制和刚性控制，两者的设计理念是完全不同的。

(1)刚性控制理念

①大刚度支护和衬砌结构

为控制地面沉降变形或隧道变形，采用系统长锚杆、大型钢架和大厚度喷射混凝土支护等，加大模筑混凝土结构刚度，并实现尽早闭合。

②大范围围岩加固

在浅埋地层、地层自重或围岩压力小、地层松软条件下，为减少地面沉降变形或隧道变形，着力改善并加固地层，需采用深孔大范围超前注浆或刚性较大的水平旋喷或大管棚超前支护、掌子面超前长锚管加固等措施，提高围岩强度和刚度。

(2)柔性控制理念

该理念是允许围岩变形，但控制围岩产生有害的变形。其结构形式分为多重支护法、可缩式支护法和分阶段综合控制法。它们的基本理念相同，都是容许围岩变形，释放地应力，减低支护压力，同时又能约束围岩松弛和过分变形，保持隧道稳定。但在技术手段上又有各自差异，经济、工期上具有较大差距。

①多重支护方法

预留足够允许变形量，在超前锚管或锚杆支护下，开挖后先设置第一层支护，约束围岩的初期变形;而后在距掌子面后方适当位置设置第二层支护,促使隧道变形稳定,从而控制围岩大变形。本方法的概念是允许第一次支护发生屈服,设置二次支护后,地压和支护反力应得到平衡。

②可缩式支护方法

设置足够预留变形,在超前锚管或锚杆支护下,隧道开挖后及时架设可缩式钢架等支护体系,允许围岩产生较大变形,释放围岩压力,但要保持支护结构完整条件下的围岩压力与支护抗力平衡,防止围岩过度松弛,导致隧道围岩压力增大。可缩式支护结构工艺复杂,技术要求高,施工工期较长。

③分阶段综合控制法

设置足够预留变形和二次支护空间,在超前锚管或锚杆支护下,开挖后先设置中短系统锚杆、钢架、喷混凝土支护,约束围岩的初期变形;根据现场监测结果,在距掌子面后方适当位置设置系统长锚杆补强加固围岩,必要时采用网喷混凝土或钢架喷混凝土支护补强。该方法先期支护因刚性不足,仅能约束围岩的初期变形,难以控制后期变形,利用补强方式分阶段地提高支护刚性来控制位移,使隧道趋于稳定。该方法不允许先期支护发生破损,因此施工中监测反馈技术至关重要;在工作面后方施作补强锚杆有利于长锚杆施工,有利于锚杆数量与质量检查,也有利于施工平行作业。

在埋深、地应力水平不高时,刚性控制理念在技术上是可行的,经济上是合理的,但在埋深相对较大,尤其是地应力较高的条件下,选用柔性控制技术较为合适。

6.1.2 软弱围岩隧道变形控制技术体系

(1)现状及存在的问题

随着高速铁路建设的发展,我国铁路隧道正逐步向着长、大、深的方向发展,其面临的地质条件复杂性是前所未有的,软弱围岩大变形问题也随之突显。近年来大量的以科技攻关成果为技术依托的典型工程的建设成功,极大地推动了隧道施工技术的进步,深埋软弱围岩隧道变形控制技术水平得到了明显的提高。

铁路隧道技术水平一直走在全国各行业同类工程的前列,事实上在引领着隧道技术领域的发展;经过三十多年的快速发展,某些方面已达到国际先进水平,但仍面临理念性和技术性难题:由于传统习惯对初期支护的作用认识不足,很多工程的技术措施难以可靠地控制围岩稳定性，部分工序质量难以保证；施工装备水平急需提高，多数隧道施工工序以手工作业为主；隧道施工现场的管理水平不高等。而面对软弱围岩大变形问题，往往认识不足：常有增加支护厚度、增大支护钢架就可控制大变形的错误思想，缺乏综合治理、随机应变的观念；施工中缺乏科学性、安全性、高效性和经济性的协调与统一；施工技术参数优化意识不强，多台阶工作面平行作业，导致支护封闭距离过大；工期编排不合理，遇软弱围岩大变形问题仍然希望实现快速施工，施工安全与施工质量得不到有效保证。

为此，急需在摸清软弱围岩隧道变形发生、发展规律和各种影响因素相互作用关系基础上，提出变形系统控制技术措施，使我国软弱围岩隧道施工技术水平进一步提高。

(2)现代软弱围岩隧道变形控制技术体系的构成

隧道是由围岩和支护结构共同构成的体系，在软弱围岩地层中围岩仍然是外部荷载的承载体，也需保护围岩和发挥围岩的自身承载能力；软弱围岩隧道变形控制不能仅依赖大刚度的型钢支护，而施工工法优化、支护形式与措施、支护闭合时机、施工质量(开挖、支护、超前支护施工质量等)均十分重要，而且有时某一环节失效会起到影响全局的关键作用。因此，深埋软弱围岩隧道变形控制应包括下列技术体系：开挖技术、支护技术、掌子面稳定技术、拱脚稳定技术、支护补强技术、超前支护技术、空间变形监测及反馈技术等。

6.2　工法要素优化研究

正如前面内容所述，铁路隧道施工方法较多，但台阶法由于工法简单、地质适应性广泛而备受青睐。从技术进步和发展机械化作业角度来讲，台阶法也是未来国内交通类隧道施工的首选工法。但长期以来，对于不同地质条件下台阶法施工过程中，其开挖技术要素(包括台阶长度、台阶高度以及落底滞后距离等)的合理性及科学性等问题，还未见系统的研究成果。为此，以三维弹塑性数值方法为基础，对软弱围岩条件下的相关问题进行系统分析，以期为相关工程提供理论支持和技术借鉴。文中，为减少篇幅，主要规律以图示加以说明，具体计算数据汇总于文后各附表中。

6.2.1 台阶长度施工效应分析

(1)单线隧道

①计算工况

研究中以埋深300m、上台阶扁平率为0.55为例，在Ⅳ、V_a、V_b三种围岩级别条件下，不同上台阶长度的施工效应，具体工况见表6-1(表中D为隧道开挖宽度，下同)。

单线隧道计算工况　　表6-1

工　况	围岩级别	开挖方法	隧道埋深(m)	上台阶长度(D)	备　注
工况1	Ⅳ	台阶法	300	0.34	
工况2	Ⅳ	台阶法	300	0.68	
工况3	Ⅳ	台阶法	300	1.03	
工况4	Ⅳ	台阶法	300	1.37	
工况5	V_a	台阶法	300	0.33	
工况6	V_a	台阶法	300	0.67	上台阶扁平率为0.55，落底滞后下台阶掌子面15m
工况7	V_a	台阶法	300	1.00	
工况8	V_a	台阶法	300	1.33	
工况9	V_b	台阶法	300	0.33	
工况10	V_b	台阶法	300	0.66	
工况11	V_b	台阶法	300	0.99	
工况12	V_b	台阶法	300	1.32	

②计算结果

洞周变形和掌子面挤出变形随台阶长度的变化规律分别如图6-1和图6-2所示，支护结构最大应力随台阶长度的变化情况见图6-3。

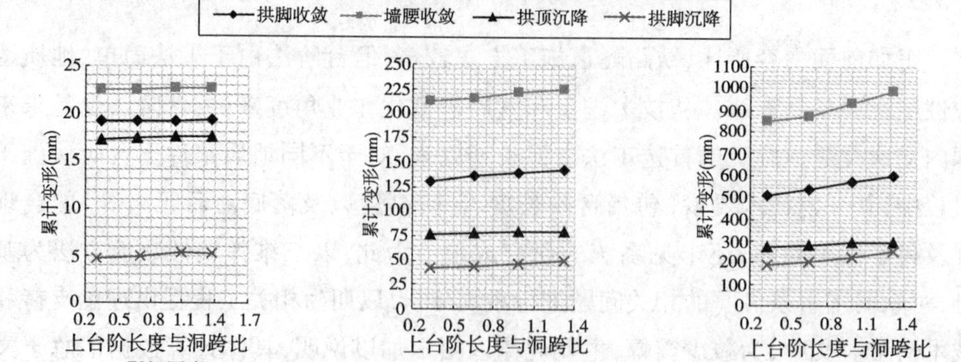

a)Ⅳ级围岩　b)V_a级围岩　c)V_b级围岩

图6-1　单线隧道洞周变形随上台阶长度的变化规律

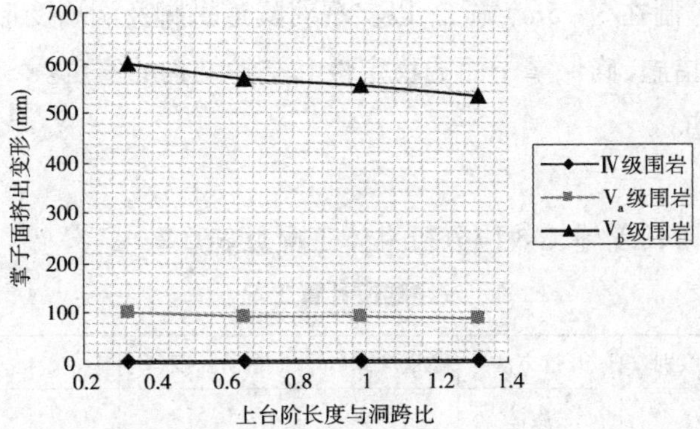

图 6-2　单线隧道上台阶掌子面挤出变形随上台阶长度的变化规律

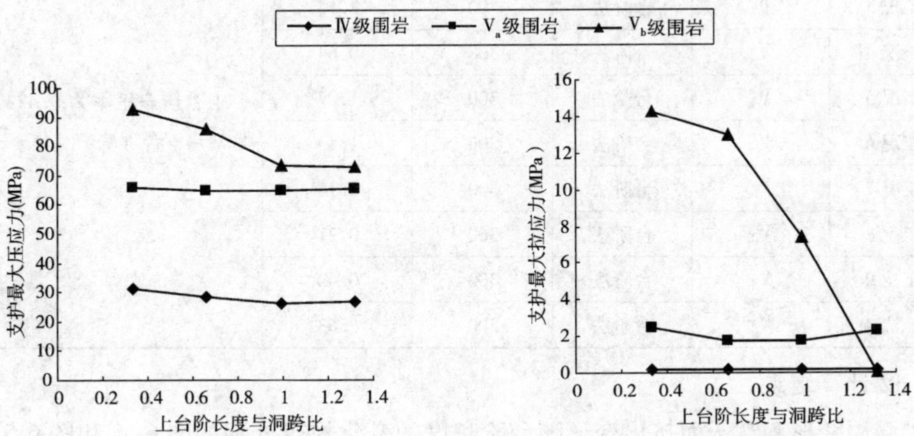

a)最大压应力　　b)最大拉应力

图 6-3　单线隧道支护应力随上台阶长度的变化规律

根据计算结果，洞周变形（包括拱顶下沉、拱脚沉降、拱脚收敛以及墙腰收敛）随台阶长度的增加均呈增长趋势，但对于不同围岩，其增长速率不同，一般围岩越弱洞周变形增长速率越大；掌子面挤出变形随台阶长度的增加呈逐渐减小的趋势发展，围岩越弱减小的趋势越明显；支护结构应力也随台阶长度的增加而逐渐减小，V_b 级围岩减小的趋势最为显著。从洞周变形情况来看，不同变形对台阶长度变化所表现出的敏感程度不尽相同，敏感度由大到小的次序依次为墙腰收敛、拱脚沉降、拱脚收敛和拱顶下沉。根据墙腰收敛和拱脚沉降的变形规律上看，单线隧道：Ⅳ级围岩可采用长台阶法施工，以便施工组织和机械化作业；而 V_a 级围岩宜采用短台阶法施工（上台阶长度控制在 7/10 洞跨左右）；V_b 级围岩则应采用微台阶法(上台阶长度控制在3~5m)施工,以实现对隧道拱脚及洞周变形的有效控制,但此时应适当采取措施,确保掌子面的稳定性和支护结构的安全。

(2)双线隧道

①计算工况

双线隧道台阶长度施工效应分析具体工况见表6-2。

双线隧道计算工况　　表6-2

工　况	围岩级别	开挖方法	隧道埋深(m)	上台阶长度(D)	备　注
工况1	Ⅳ	台阶法	300	0.57	上台阶扁平率为0.42,落底滞后下台阶掌子面15m
工况2	Ⅳ	台阶法	300	1.14	
工况3	Ⅳ	台阶法	300	2.14	
工况4	V_a	台阶法	300	0.64	
工况5	V_a	台阶法	300	1.07	
工况6	V_a	台阶法	300	1.43	
工况7	V_a	台阶法	300	2.14	
工况8	V_b	台阶法	300	0.21	
工况9	V_b	台阶法	300	0.42	
工况10	V_b	台阶法	300	0.63	

②计算结果

洞周变形和掌子面挤出变形随台阶长度的变化规律分别如图6-4和图6-5所示,支护结构最大应力随台阶长度的变化情况见图6-6。

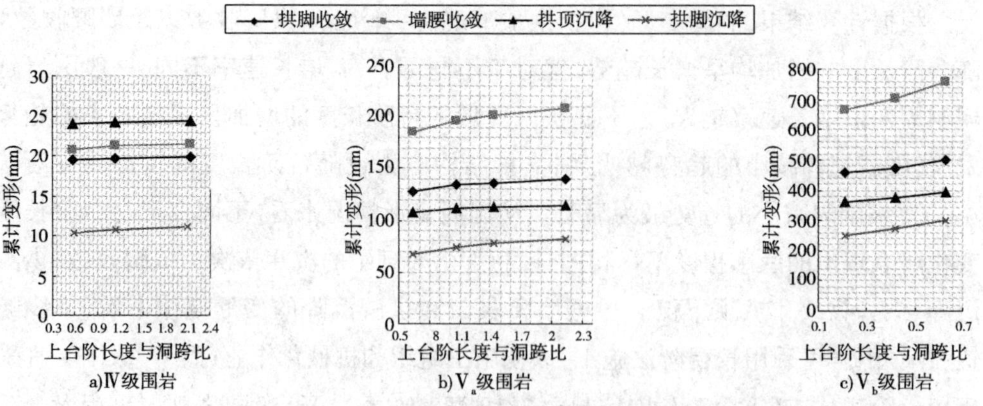

图6-4　双线隧道洞周变形随上台阶长度的变化规律

根据计算结果，双线隧道随上台阶长度变形变化规律基本与单线隧道相一致，但从洞周变形特点（见图6-4）上看，对于V_a、V_b级围岩，上台阶长度不宜过长，V_a级围岩上台阶长度宜控制在3/5洞跨以内，V_b级围岩应采用微台阶（如果采用预留核心土措施，台阶长度应满足核心土预留要求）较为合适。

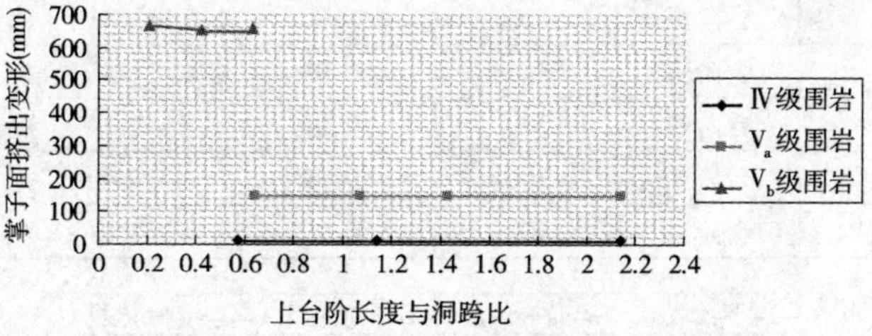

图6-5　双线隧道上台阶掌子面挤出变形随上台阶长度的变化规律

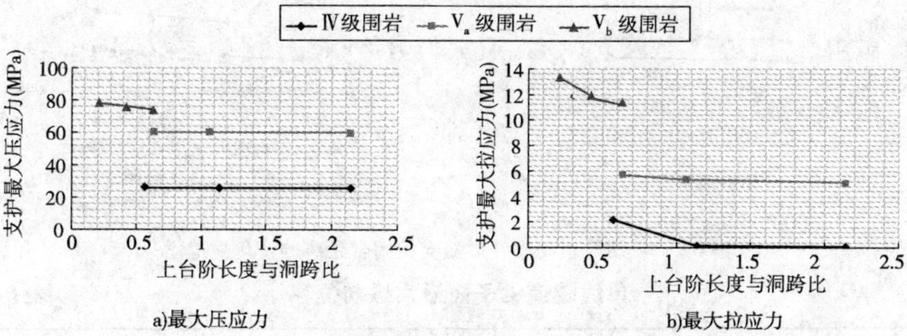

图6-6　双线隧道支护应力随上台阶长度的变化规律

6.2.2　支护闭合时机分析

（1）单线隧道

①计算工况

本数值模拟主要用于分析在台阶法施工中，支护结构全环封闭位置距掌子面不同距离时，隧道施工引起的围岩位移场变化规律和对支护结构受力的影响，计算工况见表6-3。

②计算结果

洞周变形随支护结构闭合距离的变化规律如图6-7所示，掌子面计算结果如表6-4所示，表6-5为V_b级围岩支护结构最大应力随闭合距离的变化情况。

计 算 工 况　　表6-3

工　况	围岩级别	开挖方法	隧道埋深（m）	上台阶长度（D）	支护闭合距离（D）	备　注
工况1	V_a	台阶法	300	1.00	1.82	上台阶扁平率0.55
工况2	V_a	台阶法	300	1.00	2.15	
工况3	V_a	台阶法	300	1.00	2.81	
工况4	V_b	台阶法	300	0.99	1.81	
工况5	V_b	台阶法	300	0.99	2.14	
工况6	V_b	台阶法	300	0.99	2.8	
工况7	V_b	台阶法	300	0.99	4.44	

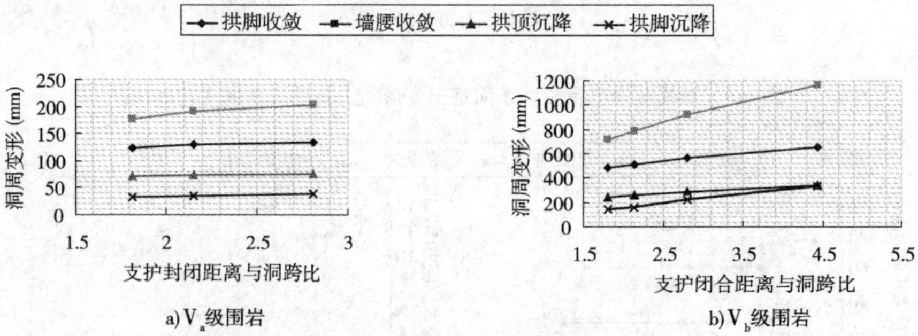

图6-7　单线隧道洞周变形随支护闭合距离的变化规律

单线隧道掌子面最大纵向位移　　表6-4

工　况	围 岩 级 别	上台阶（mm）	下台阶（mm）
工况1	V_a	90.04	114.49
工况2	V_a	90.39	116.35
工况3	V_a	90.38	116.68
工况4	V_b	531.69	814.39
工况5	V_b	539.14	828.82
工况6	V_b	547.15	849.04
工况7	V_b	547.15	859.41

单线隧道初期支护最大主应力　　表6-5

工　况	最大主压应力（MPa）	最大主拉应力（MPa）
工况4	73.50	13.97
工况5	74.91	12.29
工况6	74.22	7.05
工况7	65.48	1.74

从图 6-7 可以看出,洞周各部位变形随支护闭合距离基本呈线性增长,但拱腰收敛和拱脚沉降增长趋势相对明显,若参照拱腰收敛的发展趋势,V_a 级围岩支护闭合距离控制在 4.4D 以内是合适的,此时拱腰收敛的增量小于 1.82D 时的 1/3,但若支护闭合距离超过 5.0D,则根据计算结果可以预测,其增幅可达到 1.82D 时的一倍。而对于 V_b 级围岩,由于墙腰收敛随闭合距离的增加,其增长速率相对较大,因此,施工中应尽量提早闭合。

掌子面挤出变形随支护闭合距离的增加而增大,但总体增加幅度不大,V_b 级围岩较 V_a 级围岩的变化明显。从表 6-5 可以看出,支护结构的受力状态随支护闭合距离的增加趋于合理。

(2)双线隧道

①计算工况

以Ⅳ、V_a、V_b 级围岩段为研究背景,围岩计算参数同前,埋深取 300m,计算工况如表 6-6 所示。

计算工况 表 6-6

工况	围岩级别	隧道埋深(m)	开挖方法	上台阶长度(D)	支护闭合距离(D)	备注
工况 1	Ⅳ	300	台阶法	0.57	1.28	上台阶扁平率 0.42
工况 2	Ⅳ	300	台阶法	0.57	1.86	
工况 3	Ⅳ	300	台阶法	0.57	2.86	
工况 4	V_a	300	台阶法	0.43	1.14	
工况 5	V_a	300	台阶法	0.43	1.57	
工况 6	V_a	300	台阶法	0.43	2.64	
工况 7	V_b	300	台阶法	0.43	1.14	
工况 8	V_b	300	台阶法	0.43	1.57	
工况 9	V_b	300	台阶法	0.43	2.64	

②计算结果

计算结果分别如图 6-8 ~ 图 6-10 以及表 6-7 所示。

双线隧道掌子面最大挤出变形 表 6-7

工 况	围岩级别	上台阶(mm)	下台阶(mm)
工况 1	Ⅳ	11.0	6.0
工况 2	Ⅳ	11.0	5.9
工况 3	Ⅳ	11.0	5.9
工况 4	$\mathrm{V_a}$	142.0	181.0
工况 5	$\mathrm{V_a}$	143.0	182.0
工况 6	$\mathrm{V_a}$	143.0	181.0
工况 7	$\mathrm{V_b}$	643.0	916.0
工况 8	$\mathrm{V_b}$	655.0	935.0
工况 9	$\mathrm{V_b}$	656.0	941.0

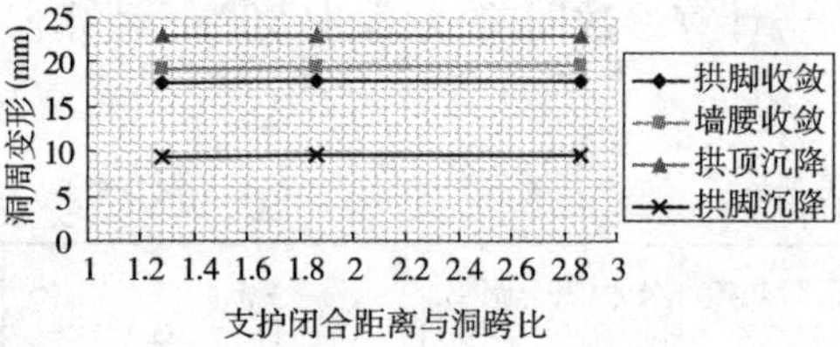

图 6-8 Ⅳ级围岩洞周变形与支护闭合距离关系

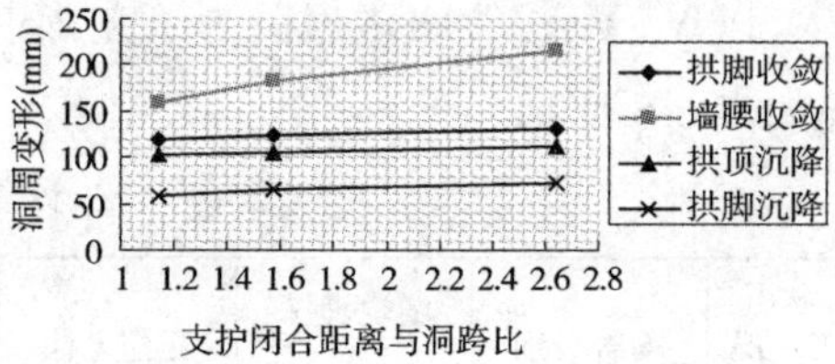

图 6-9 $\mathrm{V_a}$ 级围岩洞周变形与支护闭合距离关系

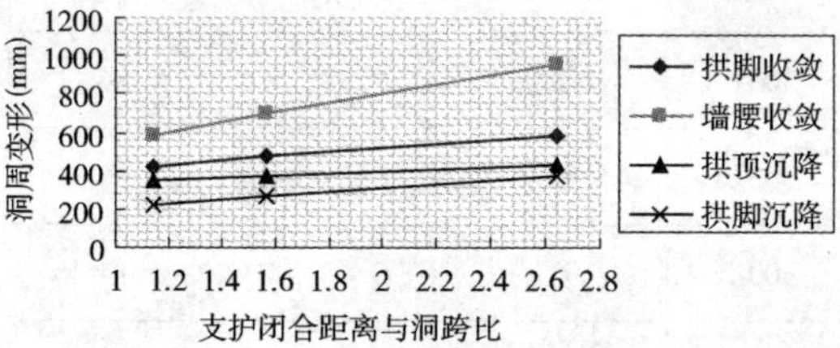

图 6-10 $\mathrm{V_b}$ 级围岩洞周变形与支护闭合距离关系

双线隧道的计算结果从规律上讲与单线隧道基本一致。对比单、双线 $\mathrm{V_a}$ 级围岩的计算结果可以看出,随支护闭合距离的增加,双线隧道洞周变形增加幅度比单线隧道显著。仍以墙腰收敛为例,支护闭合距离从 1.14D 变化到 2.64D 时,收敛变形增幅即达到了 1.14D 时变形量的 1/3。为有效控制隧道变形,建议双线隧道 $\mathrm{V_a}$ 级围岩区段,支护闭合距离控制在 2.5D 以内较为合理;而Ⅳ级围岩由于洞周变形随支护闭合距离的变化不明显,施工时可适当放宽对闭合距离的要求;$\mathrm{V_b}$ 级围岩区段同单线隧道一样建议尽早实现支护闭合。

6.2.3 上台阶断面扁平率施工效应分析

(1)单线隧道

①计算工况

研究中,仍以埋深300m为背景,具体工况如表6-8所示。

单线隧道计算工况 表6-8

工 况	围岩级别	隧道埋深(m)	开挖方法	上断面扁平率	备 注
工况1	Ⅳ	300	台阶法	0.3	上台阶长度9m,下台阶长15m
工况2	Ⅳ	300	台阶法	0.45	
工况3	Ⅳ	300	台阶法	0.6	
工况4	V_a	300	台阶法	0.3	
工况5	V_a	300	台阶法	0.45	
工况6	V_a	300	台阶法	0.6	
工况7	V_b	300	台阶法	0.3	
工况8	V_b	300	台阶法	0.45	
工况9	V_b	300	台阶法	0.6	

注:上表中,上断面扁平率是指上台阶高度与隧道跨度之比,下同。

②计算结果

对于不同围岩级别的单线隧道,其变形随上断面扁平率变化关系如图6-11~图6-14所示。

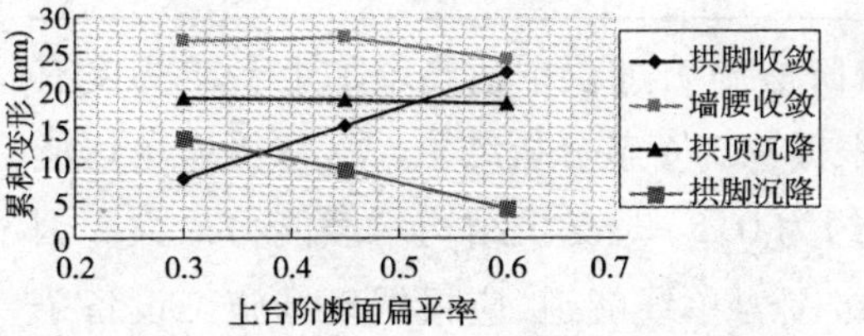

图6-11 Ⅳ级围岩变形与上台阶断面扁平率关系

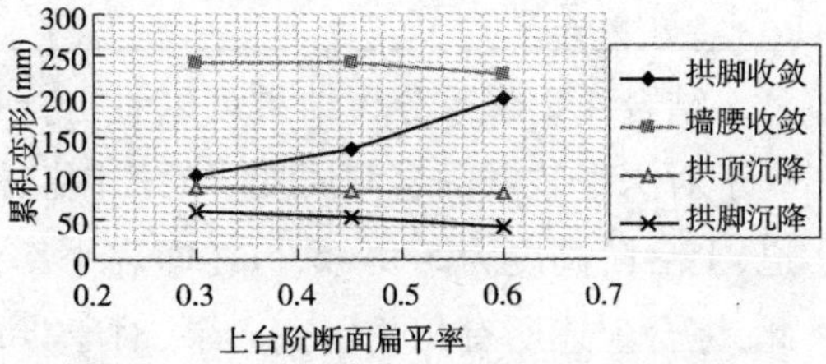

图6-12 V_a级围岩变形与上台阶断面扁平率关系

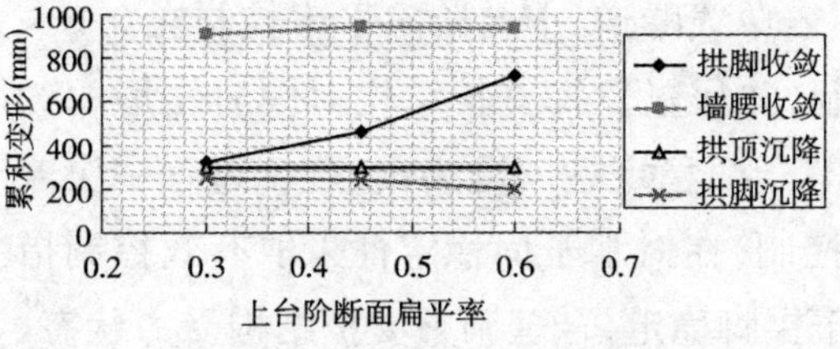

图6-13 V_b级围岩变形与上台阶断面扁平率关系

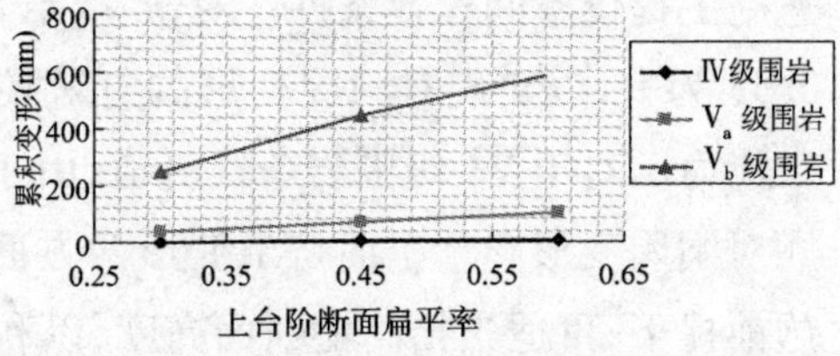

图6-14 掌子面挤出变形与上台阶断面扁平率关系

根据计算结果,台阶法施工过程中,Ⅳ、V_a 级围岩条件下隧道拱顶下沉、拱脚下沉、拱腰收敛均随上台阶断面高度的增大不断减小;V_b 级围岩隧道随上台阶断面高度的增大拱顶沉降和墙腰收敛均有所增加,但增加幅度不明显;各级围岩,因为上台阶高度越大,拱脚位置越接近墙腰,所以,拱脚收敛随上断面高度的不断增加呈逐渐增长趋势,并越来越接近墙腰收敛值;上台阶掌子面纵向挤出变形一般随上台阶断面高度的增加而逐渐增大。

表 6-9 为不同围岩条件下单线隧道支护结构的最大应力统计结果。从表中数据可以看出,在计算范围内各工况隧道支护结构受力状态随上台阶高度的增加均得到一定改善。

初期支护最大主应力 表 6-9

工　况	最大主压应力(MPa)	最大主拉应力(MPa)
工况 1	32.39	0.22
工况 2	29.66	0.22
工况 3	26.96	0.21
工况 4	63.94	3.47
工况 5	63.51	2.29
工况 6	61.43	1.50
工况 7	67.03	4.88
工况 8	66.82	4.84
工况 9	67.77	2.91

结合 4.2.3 节分析结果可以看出,台阶法施工过程中适当增加上台阶高度有利于对深埋软弱围岩洞周变形的控制。根据 4.3.6 节分析结果,V_a 级围岩单线隧道,上台阶高度为 5.0~5.5m(即扁平率约为 0.5)时支护结构承载能力最大。因此,综合上述所有相关研究成果,对于Ⅳ级围岩单线隧道,应根据现场施工设备条件,选择上台阶断面相对较高的长台阶法施工,以便尽量发挥机械设备能力,为快速施工提供空间作业条件。对于 V_a 级围岩单线隧道,上台阶扁平率控制在 0.5~0.55 为宜,以实现对洞周变形的有效控制,并尽量发挥支护结构对围岩变形的约束能力。对于 V_b 级围岩单线隧道,由于掌子面稳定性问题突出,施工过程中应兼顾对洞周变形和掌子面挤出变形两方面控制,在对掌子面稳定性采取有效控制措施前提下,可适当抬高上断面高度,以利于拱脚稳定,合理调整支护结构受力状态,并为施工作业(如施作锚杆等)提供空间;当没有掌子面稳定措施时,应合理减小

上台阶高度以实现对掌子面和洞周变形的有效控制。

(2)双线隧道

①计算工况

具体工况如表6-10所示。

双线隧道计算工况　　　　表6-10

工　况	围岩级别	隧道埋深(m)	开挖方法	上台阶断面扁平率	备　　注
工况1	Ⅳ	300	台阶法	0.3	
工况2	Ⅳ	300	台阶法	0.35	上台阶长度8m,下台阶长16m
工况3	Ⅳ	300	台阶法	0.42	
工况4	V_a	300	台阶法	0.3	
工况5	V_a	300	台阶法	0.35	上台阶长度6m,下台阶长15m
工况6	V_a	300	台阶法	0.42	
工况7	V_b	300	台阶法	0.3	
工况8	V_b	300	台阶法	0.35	上台阶长度6m,下台阶长15m
工况9	V_b	300	台阶法	0.42	

②计算结果

双线隧道不同围岩条件下,隧道变形随上台阶断面扁平率的变化关系如图6-15~图6-18所示。

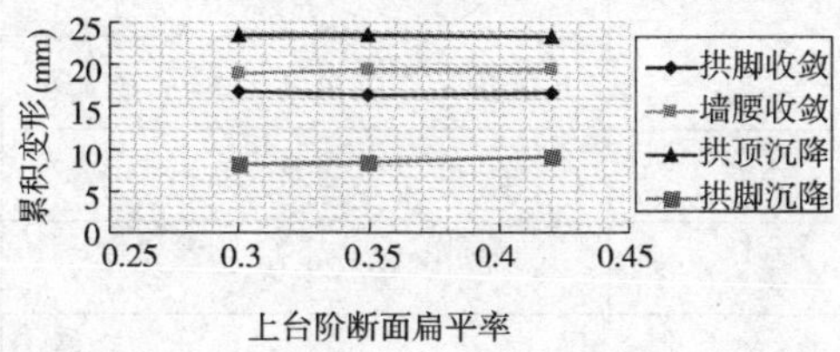

图6-15　Ⅳ级围岩变形与上台阶断面扁平率关系

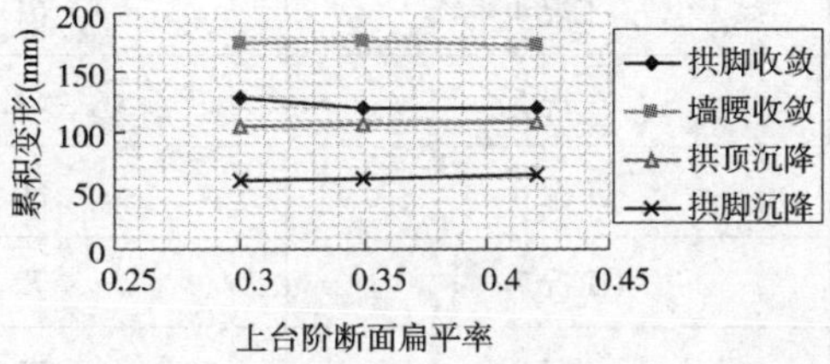

图6-16　V_a级围岩变形与上台阶断面扁平率关系

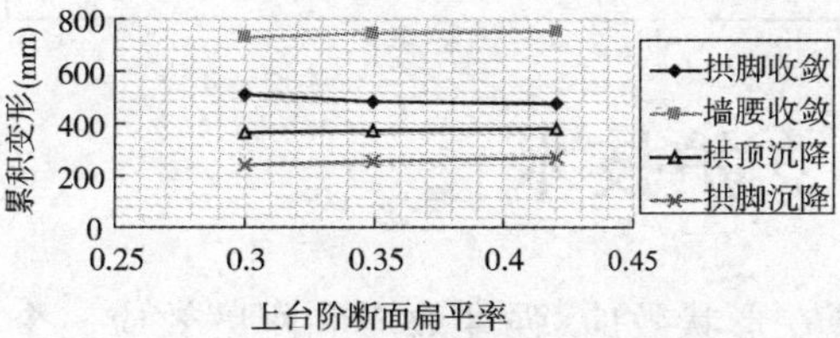

图6-17　V_b级围岩变形与上台阶断面扁平率关系

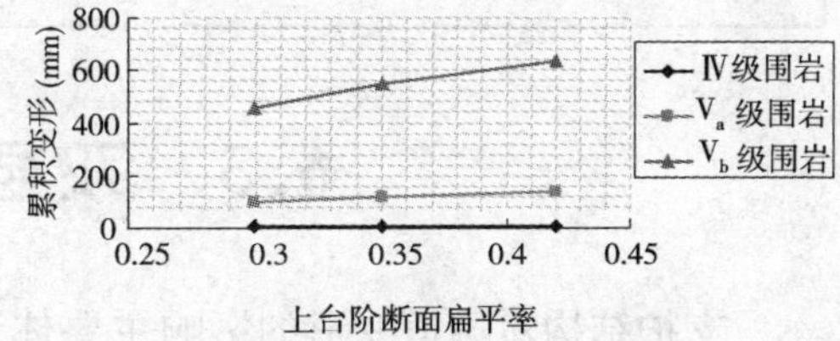

图6-18　掌子面挤出变形与上台阶断面扁平率关系

根据计算结果,随上台阶断面扁平率的增加,Ⅳ级围岩洞周及掌子面变形变化不大；V_a 级围岩隧道拱脚变形和掌子面挤出变形受上台阶断面高度影响较其他洞周变形明显，根据图 6-16 和图 6-17，V_a 级围岩双线隧道上台阶断面扁平率以 0.35 为宜；V_b 级围岩隧道，除拱脚收敛外其他方位变形均随上台阶断面扁平率的增加而呈现出不同程度的增长趋势，其中以掌子面挤出变形的增长趋势最为明显，为有效控制隧道施工变形，建议 V_b 级围岩双线隧道上台阶断面扁平率不宜过大，以0.3 左右为宜。

表 6-11 为不同围岩条件下双线隧道支护结构的最大应力统计结果。从表中数据可以看出，在计算范围内各工况隧道支护结构受力状态随上台阶高度的增加均得到一定改善。相对单线隧道而言，不同围岩条件下双线隧道支护结构的拉应力均相对较大，因此，双线隧道施工过程中支护结构的受力状态监测应得到足够的重视。

初期支护最大主应力 表 6-11

工 况	最大主压应力(MPa)	最大主拉应力(MPa)
工况 1	23.1	5.0
工况 2	21.2	4.7
工况 3	22.7	4.2
工况 4	61.1	5.2
工况 5	61.0	4.4
工况 6	60.9	3.3
工况 7	72.8	29.0
工况 8	77.3	23.4
工况 9	76.9	16.9

6.3 双层支护技术

支护结构对隧道变形的影响主要体现在形状效应、强度效应和刚度效应三个方面。其中形状效应是指隧道断面形状对施工变形的适应性。一般情况下，矢高比较大的曲墙式支护结构对水平地应力显著的地层具有相对较好的变形控制效果。相反，水平地应力系数较小的隧道宜采用直墙式或矢高比较小的曲墙式支护结构形状，这一点在乌鞘岭隧道 F7 断层带曾做过大量工作。强度效应是指支护结构的强度指标对隧道变形的适应性，一般主要通过提高混凝土喷层材料的强度指标来达到这一目的，目前国内相关单位已经开展大量早高强喷混凝土的研究工作，以应对软弱围岩隧道大变形问题。刚度效应是指支护结构刚度对隧道变形的影响效果，在实际工程中，以改善支护结构刚度来适应不同的隧道变形是现阶段软弱围岩隧道工法的主流。支护结构刚度的调整可以通过改变支护厚度、钢架类型和支护形式来实现。

6.3.1　单层支护厚度效应分析

为了研究支护断面形式及初支厚度对隧道稳定性的影响，本研究结合关角隧道 9 号斜井工区正洞实际工程情况（工程概况见 4.3.4 节），对两种支护结构厚度的施工效应进行了三维模拟分析。工况 1 为喷层厚度 280mm，工况 2 为喷层厚度 480mm，这两种工况喷混凝土强度等级均为 C25，且按一次喷射到位考虑。隧道施工方法为台阶法，上台阶长度取 9m，仰拱滞后上台阶掌子面 18m。计算中支护时机按滞后一个开挖循环考虑，即每一循环开挖时同时施作上一循环的支护。计算结果如表 6-12 所示。

两工况施工效应对比　　表 6-12

支护厚度（mm）	上台阶水平收敛（mm）	下台阶水平收敛（mm）	拱顶下沉（mm）	掌子面最大挤出位移（mm）	支护最大应力（MPa）		塑性区深度（m）
					压应力	拉应力	
280	86	150	40	31	32.4	28.2	3.0
480	73	130	38	31	32.5	27.2	2.8

从表中可以看出，增加支护厚度可以减小隧道洞周变形，但支护结构受力状态并未得到明显改善。因此，对于深埋软弱围岩而言，单纯的增加喷层厚度不是最佳方案。

6.3.2　两水隧道现场对比试验

为分析隧道施工过程中支护形式及支护参数对洞周变形的影响，结合两水隧道施工实际情况，在两水隧道斜井正洞工区开展了不同支护形式与参数的现场试验，试验内容如表6-13所示。

两水隧道支护效应现场试验　　表6-13

工　区	试验段名称	支护说明	开挖方法
两水隧道斜井工区Ⅴ级围岩	H175型钢试验段	喷层厚度：300mm，型钢钢架：H175@800	三台阶+落底
	双层支护试验段	喷层厚度：280mm+200mm，型钢钢架：I20b+I16@500	三台阶+落底
	改进的H175型钢试验段	喷层厚度：300mm，型钢钢架：H175@600（径向注浆、加长锚杆、型钢纵向连接等）	三台阶+落底

H175型钢试验段（DK359+407～DK359+427），支护参数为：C25厚300mm喷射混凝土；拱部采用$\phi22$中空注浆锚杆，$L=6.0$m，间距1000mm×800mm；边墙采用$\phi22$普通砂浆锚杆，$L=6.0$m，间距1000mm×800mm；$\phi42\times3.5$超前注浆小导管，向外倾角$\alpha=5°\sim10°$，$L=4$m，搭接长度不小于1.0 m，环向间距400mm；H175型钢拱架，纵向间距800 mm；C35厚600mm钢筋混凝土衬砌；预留变形量为350mm。该段施工过程中变形严重，出现了变形侵限直至拆换现象。其中最大拱顶下沉达761.9mm，最大水平收敛达480.77mm，该试验段平均拱顶下沉达720.35mm，平均水平收敛432.26mm，拱顶下沉大于水平收敛。

双层支护试验段（DK359+427～DK359+447），支护参数为：C25厚280mm+200mm喷射混凝土；拱部采用$\phi22$中空注浆锚杆，$L=6.0$m，间距1000mm×800mm；边墙采用$\phi22$普通砂浆锚杆，$L=6.0$m，间距1000mm×800mm；$\phi42\times3.5$超前注浆小导管，向外倾角$\alpha=5°\sim10°$，$L=4$m，搭接长度不小于1.0m，环向间距400mm；I 20b+I 16钢拱架，纵向间距500mm；C35厚600mm钢筋混凝土衬砌；预留变形量为500mm；二次衬砌时机为初期支护变形达200mm左右时施作。该段施工中最大拱顶下沉348.1mm，最大水平收敛194.90mm，平均拱顶下沉247.15mm，平均水平收敛150.07mm，拱顶下沉大于水平收敛。

改进的H175型钢试验段，设计预留量500mm，H175型钢钢架，间距0.6m，喷层厚300mm，改进措施包括：将上台阶高度由4m调整为4.5m；锁脚锚管在核心土后施作，以保证质量；将原设计边墙8m长系统锚杆左右两侧各6根调整为初期支护完成后施作。施工过程中最大拱顶下沉392.00mm，最大水平收敛376.00mm，该试验段平均拱顶下沉304.53mm，平均水平收敛309.57mm。

两水隧道斜井工区试验段实测变形纵向分布如图6-19所示。

从变形测试结果可以得出以下结论:①支护刚度的增加有利于实现对隧道变形的控制;②施工工艺质量对施工变形的影响也不可忽视;③双层支护对深埋软弱围岩隧道的变形控制效果相对显著。

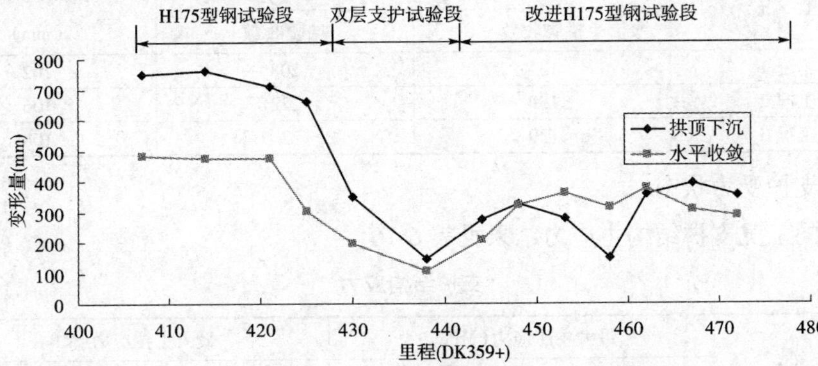

图6-19　两水隧道斜井工区试验段变形量测纵向分布曲线

根据现场试验结果,双层支护技术除对控制隧道变形效果显著外,相比于单层支护结构,其受力状态也有明显改善。在双层支护试验段喷混凝土和钢架应力均以压应力为主,结构受拉不显著,第一层喷射混凝土最大应力7.21MPa,第二层喷射混凝土最大应力7.98MPa,最大钢架应力77.34MPa;单层支护试验段喷混凝土最大压应力为17.86 MPa,最大拉应力为-3.58MPa,最大钢架应力197.57MPa。

综合试验结果,在深埋软弱围岩隧道施工中,双层支护技术对结构安全和变形的控制效果均具明显优势,且其施工工艺简单,具有一定的推广性。

6.3.3　双层支护中二次支护时机分析

(1)单线隧道

①计算工况

为了研究双层支护施工效应的一般规律,以V_a级围岩区段(埋深200m)为例,采用FLAC^{3D}程序进行了数值模拟,计算工况见表6-14,物理力学参数同表2-3。

计算工况　　表6-14

工况	初期支护结构形式	开挖方法	二次支护时机	备注
工况1	双层支护,28+20cm	台阶法	与边墙喷混凝土同时施作	上台阶长度9m,距掌子面24m开始施作仰拱
工况2	双层支护,28+20cm	台阶法	二次衬砌与仰拱同时施作	
工况3	双层支护,28+20cm	台阶法	滞后仰拱3m施作	

②洞周变形计算结果

计算结果见表6-15。

周边位移计算结果　　表6-15

工况	水平收敛（mm）		拱顶下沉（mm）
	拱脚收敛	墙腰收敛	
工况1	131	208	102
工况2	139	222	106
工况3	139	223	106

③支护受力状态

不同工况支护结构主应力结果见表6-16。

支护结构应力　　表6-16

工况	最大主压应力（MPa）		最大主拉应力（MPa）	
	第一层	第二层	第一层	第二层
工况1	25.00	21.37	9.34	3.78
工况2	32.64	17.33	8.91	3.62
工况3	32.77	17.24	8.92	3.41

根据计算结果，二次衬砌的施作时机早晚对周边围岩变形有直接影响，二次衬砌施作越晚，隧道洞周变形越大。总体上，二次衬砌时机对水平收敛变形的影响要大于对拱顶下沉的影响；工况2与工况1相比，墙腰收敛明显增加，但当仰拱闭合后再施作二次衬砌对控制周边围岩变形的作用不明显；在仰拱封闭前适当推迟二次衬砌的施作时机，可改善支护结构的受力状况，但三种工况支护受力状态变化不显著。

因此，从变形控制效果角度出发，在双层支护情况下，二次衬砌与边墙喷混凝土同时施作较为合适。在具体施工过程中，应根据现场监测结果及时调整二次衬砌施作时机，在周边围岩变形不超过施工管理控制基准的提前下，可适当推迟二次衬砌的施作时间，以改善二次衬砌的受力状况。

（2）双线隧道

①计算工况

为进一步分析二次衬砌的合理施作时机，文中以V_a、V_b级围岩双线隧道（隧道埋深300m）为例，采用FLAC^{3D}程序进行了数值模拟，模型及所用材料的物理力学参数同前。采用台阶法开挖，上台阶长度6m，下台阶长15m，双层支护厚度为

30cm + 20cm,二次衬砌时机分为开挖下台阶时施作、与下台阶喷混凝土同时施作、与仰拱同时施作二次衬砌,共 6 种计算工况。

②洞周变形计算结果

计算结果如表 6-17 所示。

不同工况洞周位移计算结果　　表 6-17

围岩级别	二次衬砌施作时机	水平收敛(mm)		拱顶下沉(mm)	拱脚沉降(mm)
		拱脚	墙腰		
V_a	开挖下台阶时施作	107	155	99	59.4
	与下台阶喷混凝土同时施作	109	156	100	59.4
	与仰拱同时施作	120	170	105	85
V_b	开挖下台阶时施作	408	588	343	235
	与下台阶喷混凝土同时施作	416	594	345	236
	与仰拱同时施作	464	672	367	262

③支护受力状态

不同工况支护结构主应力结果见表 6-18。

支护结构主应力　　表 6-18

围岩级别	二次衬砌施作时机	最大主压应力(MPa)		最大主拉应力(MPa)	
		第一层	第二层	第一层	第二层
V_a	开挖下台阶时施作	36.9	36.8	2.98	2.62
	与下台阶喷混凝土同时施作	39.2	35.8	2.35	2.18
	与仰拱同时施作	48.8	30.9	1.67	1.67
V_b	开挖下台阶时施作	55.1	60.8	13.5	9.7
	与下台阶喷混凝土同时施作	54.4	56.8	11.8	10.0
	与仰拱同时施作	61.8	58.6	10.1	9.7

根据计算结果,双线隧道中所得结论与单线隧道基本一致,即二次衬砌与下台阶喷混凝土同时施作较为合适。

6.4 长锚杆(索)控制变形技术

软弱围岩隧道中锚杆有助于围岩形成有效挤压加固带,并协助形成平衡拱效应。合理的锚杆设计参数对围岩变形有较好的控制效果。这一点从日本的惠那山隧道、台湾的木栅隧道以及南昆铁路的家竹箐隧道都能得到充分的证明。

目前,从理论上分析锚杆的参数,仍有一定困难,需配合现场试验和经验综合确定。根据第2章及第3章的分析结果,软弱围岩隧道施工过程中,隧道周边塑性区范围异常显著,说明相对硬岩地层,软弱围岩对施工扰动的敏感度更高,而相关工程实践也证明,这一类隧道施工扰动所产生的松弛区范围一般都较大。从理论上讲,锚杆的长度应比洞周围岩松弛区范围大。因此对于软弱围岩隧道,锚杆长度不宜过短,结合相关工程经验,一般不小于4~6m。

根据数值分析结果,隧道围岩塑性区范围呈拱部小、边墙侧部大的特点,虽然塑性区的产生,并不代表围岩松弛及不稳定,但在一定程度上也能反映出围岩的受扰动程度,因此,在系统锚杆布置上宜采用拱部略短于边墙的形式(如图6-20)。

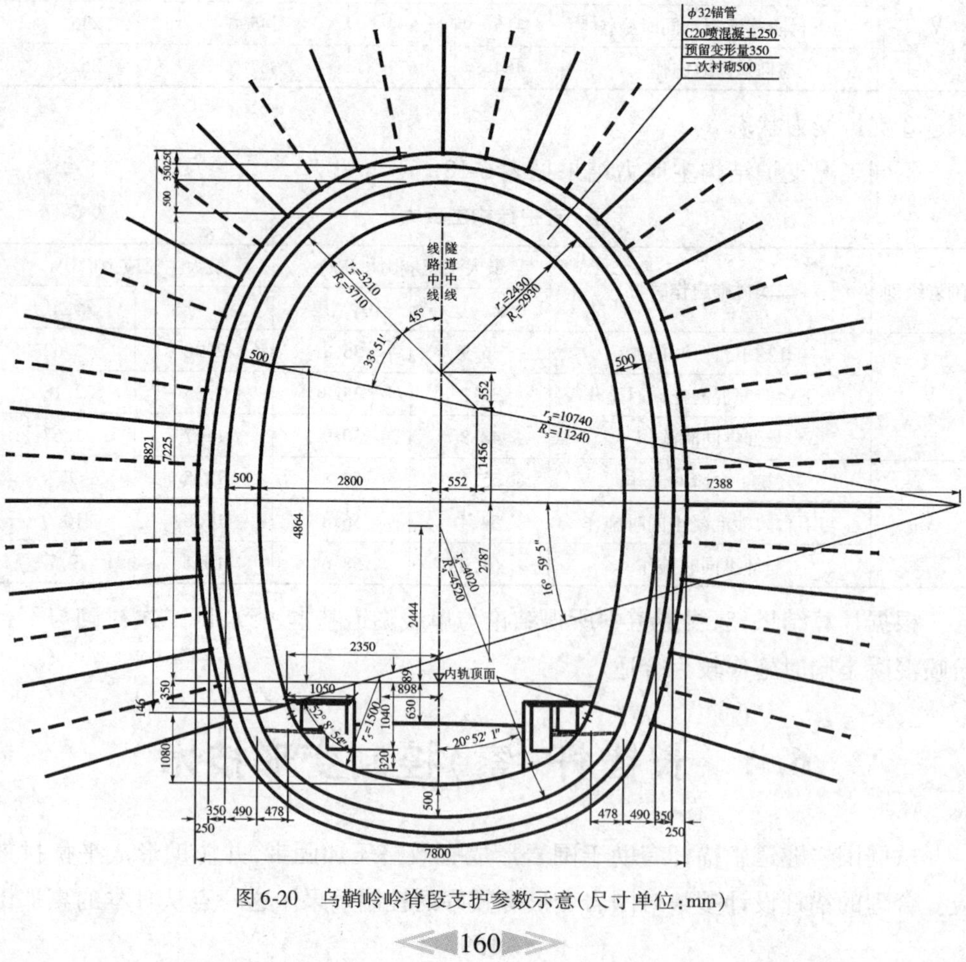

图6-20 乌鞘岭岭脊段支护参数示意(尺寸单位:mm)

从施工难易程度和质量控制效果出发，拱部宜采用自进式中空锚杆，边墙可采用普通砂浆锚杆。

目前，国内软弱围岩隧道多采用预留核心土台阶法施工技术，受核心土和安装空间影响，长锚杆不易施作，为此，在实际工程中，可采用长、短锚杆相结合的方式加以改善，即在施作喷混凝土支护同时，施设2.5～3.0m的短锚杆（间距可适当放大），待核心土开挖后再补做系统长锚杆和锁脚锚杆。

当地应力较高，围岩变形增长迅速，系统长锚杆结合喷混凝土＋钢架复合支护措施仍无法有效控制围岩变形增长时，也可采用长锚索（柔性锚杆）代替长锚杆的方法，以实现稳定隧道变形的目的。如乌鞘岭隧道岭脊千枚岩段针对挤压大变形特点，在边墙施作长锚索＋腰梁的技术措施，使隧道收敛得到有效控制。长锚索施作工艺复杂、功效较低，因此在实际工程中不为多见。

6.5　拱脚变形控制技术

根据数值分析和典型工程现场监测结果，软弱围岩隧道施工过程中，拱脚沉降相对较为明显，并且拱脚下沉对围岩稳定性影响较为突出，为有效控制台阶法施工中洞室变形确保围岩稳定，有必要对拱脚部位的控制技术开展分析和研究。

6.5.1　台阶法施工中拱脚沉降机制

（1）掌子面挤出效应引发上半断面整体下沉

从第2章的数值分析结果（见表2-7）可以看出，对于V_a、V_b级围岩隧道，台阶法施工中上、下台阶掌子面的挤出变形均十分显著。若不计围岩体变的影响，在如此显著的纵向挤出变形影响下，势必将造成开挖面前方核心土上部的整体下沉；而对于软弱围岩隧道而言，往往上台阶长度均相对较短，因此掌子面的挤出变形对上半断面整体沉降的影响不容忽视。

而从现场的实测结果（见图2-24、图2-25）也可以看出：近上台阶底面位置的核心土内部，地层的沉降还是比较明显的，这一点与全断面开挖底板隆起现象有所不同，这主要是由于掌子面尤其是下台阶掌子面的纵向挤出变形造成的。

（2）上台阶断面支护基底承载刚度不足造成支护拱脚沉降

铁路隧道一般遵循“随挖随支”的施工原则，尤其对软弱围岩隧道而言更是如此。上半断面支护后，在围岩压力的作用下，支护结构将产生向下的位移分量，而且随着开挖的继续进行，支护结构所受围岩压力逐渐增大。由于支护对拱脚围岩作用面积较小，当上台阶拱脚处地基承载力不足或支撑刚度较小时，势必会产生显著的拱脚下沉现象。

(3)后续施工效应促使拱脚进一步沉降

在下台阶开挖时，上台阶支护结构拱脚会出现暂时的悬空时段，这时，拱脚随拱部呈整体下沉趋势发展，直至下台阶支护施作完成为止。根据现场测试结果，这种由于下台阶开挖所引起的拱脚下沉相对显著，施工中不容忽视。

随着施工的继续进行，支护结构所受荷载还会持续增加，此时支护结构拱脚沉降还会进一步发展。对于软弱围岩隧道，受围岩流变特性的影响，即使支护闭合成环后，这种下沉现象也会持续一段时间。

(4)施工技术的影响

现场施工工艺和施工质量对实际拱脚下沉的影响也不容忽视。对拱脚下沉产生影响的主要施工环节有：掌子面挤出变形控制效果、上台阶支护结构的脚部支撑条件（虚渣清除情况、垫板设置情况等）、锁脚锚杆的施工质量、拱脚部的积水排除情况、下台阶开挖方法和开挖质量、上下台阶支护的节点质量以及支护结构的闭合时机等诸方面。

6.5.2 拱脚变形控制措施效应分析

对于软弱围岩隧道，有时某方位变形量的大部分是由于施工工艺或施工质量控制不到位所引起的，这一点已被工程实践所证实。因此，如何提升施工工艺水平、完善施工组织、管理体系，已成为当前复杂条件隧道（包括软弱围岩隧道）修建过程中亟待解决的问题之一。根据目前国内隧道施工技术水平和设备条件，可供选择的拱脚稳定性控制措施主要有设置锁脚锚杆（或锁脚锚管）、拱脚围岩补强注浆、大拱脚支护技术以及增设临时仰拱等方法。国外对拱脚稳定性问题也非常重视，如日本利用弯曲钻机设置拱脚弯曲钢管桩或采用高承载力的拱脚支撑钢管来控制钢架的下沉，如图 6-21 所示，另外，也有采用喷射混凝土来加固拱脚的控制措施，如图 6-22 所示[120]。

目前，锁脚锚杆（或锁脚锚管）和拱脚围岩补强注浆的作用得到普遍认同，工程经验比较丰富，而对于扩大拱脚支护技术和增设上台阶临时仰拱控制技术等的效果还有待进一步分析印证。为此,文中主要针对这两项技术进行分析和探讨,以期为相关工程提供相应的技术支持。

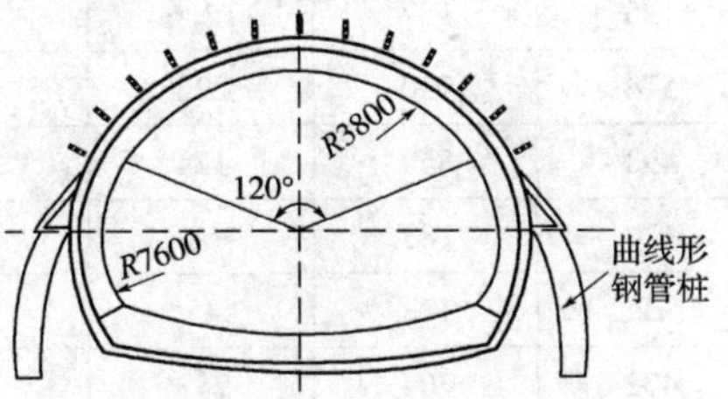

图 6-21 弯曲钢管桩工法示意

(尺寸单位:mm)

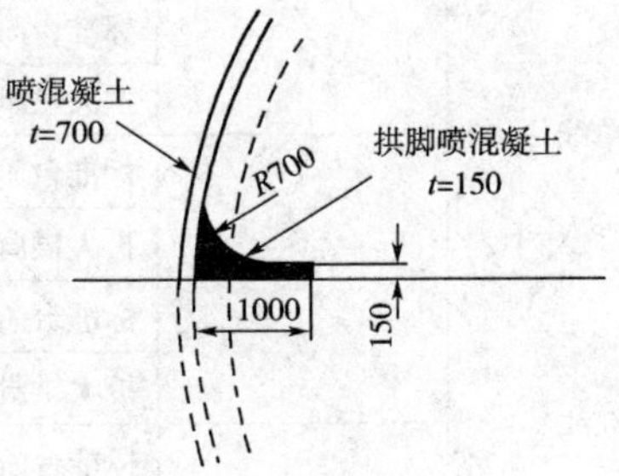

图 6-22 拱脚喷混凝土工法示意

(尺寸单位:mm)

(1)扩大拱脚支护效应分析

①数值分析

a. 分析工况

分析中,围岩考虑 V_a、V_b 两种情况,埋深取 300m,单线隧道上台阶长度为 6m,下台阶长度为 9m,双线隧道上台阶长度为 6m,下台阶长度为 15m,分别模拟常规台阶工法和扩大拱脚(拱脚处支护厚度为 1.0m)工法共 8 种工况。计算中采用三维弹塑性本构模型,屈服准则选用 M-C 准则,围岩计算参数同前。

b. 计算结果

不同工况隧道周边变形计算结果见表 6-19。根据计算结果,扩大拱脚台阶法对控制洞周位移具有明显效果,尤其是对控制拱脚变形效果最为显著。以单线隧道为例,扩大拱脚工法与常规台阶法相比,V_a 级围岩时拱脚收敛减小 10.4%,拱脚沉降减小 73.1%,V_b 级围岩时拱脚收敛减小14.0%,拱脚沉降减小 44.6%。对于双线隧道,扩大拱脚工法与常规台阶法相比,V_a 级围岩时拱脚收敛减小41.9%,拱脚沉降减小 29.7%,V_b 级围岩时拱脚收敛减小 50.8%,拱脚沉降较小 38.0%。同时,扩大拱脚技术对隧道拱顶下沉和墙腰收敛也有明显的控制效果,但从单、双线隧道结果对比中可以看出,扩大拱脚技术对单线隧道的墙腰收敛控制效果较拱顶下沉明显,而对双线隧道拱顶下沉的控制效果较墙腰收敛明显。

表 6-20 为不同工况支护结构的最大主应力计算结果。从计算结果可以看出,扩大拱脚技术对支护结构的受力状态略有改善,但改善程度各工况不尽一致。

不同工况下隧道施工变形计算结果(单位:mm)　　表6-19

断面形式	围岩级别	工法	拱脚收敛	墙腰收敛	拱脚沉降	拱顶沉降
单线	V_a	标准台阶法	139	221	46.9	79
		扩大拱脚法	125	187	12.6	76
	V_b	标准台阶法	574	930	225	289
		扩大拱脚法	493	859	124	269
双线	V_a	标准台阶法	124	183	64	106
		扩大拱脚法	72	173	45	85
	V_b	标准台阶法	472	704	273	376
		扩大拱脚法	232	704	169	345

初期支护最大主应力　　表6-20

断面形式	围岩级别	计算工况	最大主压应力(MPa)	最大主拉应力(MPa)
单线	V_a	标准台阶法	65.0	1.7
		扩大拱脚法	71.6	1.7
	V_b	标准台阶法	73.1	7.4
		扩大拱脚法	81.3	2.9
双线	V_a	标准台阶法	61.2	3.1
		扩大拱脚法	61.7	2.8
	V_b	标准台阶法	75.5	14.9
		扩大拱脚法	75.4	12.2

②现场试验

为印证数值分析结果的合理性,结合兰渝铁路两水隧道Ⅴ级软岩区段的施工情况,在DK361＋779.6～DK361＋770区段开展上台阶大拱脚试验。试验段落底施工距掌子面确保在30m以内,图6-23为现场施作大拱脚的照片。各试验断面洞周量测结果如表6-21所示。

图6-23　扩大拱脚施工现场

由表6-21可以看出,施作大拱脚对变形起到了很好的抑制作用。施作大拱脚后拱顶下沉减小了约53%,水平收敛减小了约19%。现场测试试验所反映出的规律基本与计算结果相一致。

试验断面变形量测结果　　表6-21

试验断面	工　法	拱顶下沉(mm)	水平收敛(mm)
DK361 +805	三台阶	78.0	101.3
DK361 +795	三台阶	79.1	117.2
DK361 +778	三台阶、大拱脚	38.2	91.0
DK361 +772.8	三台阶、大拱脚	35.7	87.0

(2)上台阶临时仰拱支护效应分析

①分析工况

以在建兰渝铁路两水隧道(双线隧道)工程环境为背景,即埋深346m、V级围岩,三台阶预留核心土法施工技术,研究中,针对上台阶有无临时仰拱两种工况开展计算分析,围岩计算参数同前。

②计算结果

图6-24和图6-25分别为两种工况下上台阶拱脚水平收敛和拱顶沉降随开挖步的变化规律。洞周累计变形计算结果见表6-22。

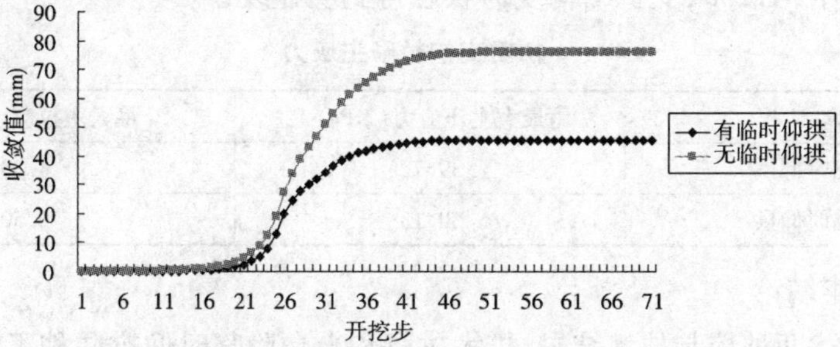

图6-24　拱脚水平收敛与开挖步关系

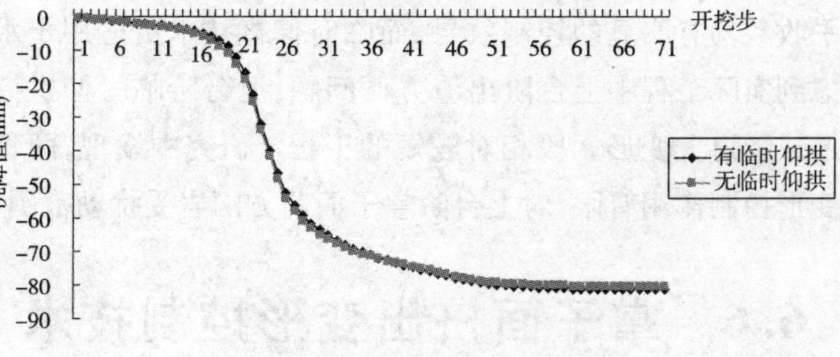

图6-25　拱顶沉降与开挖步关系

根据计算结果，两种工况曲线变形规律相似，有临时仰拱工况相对于无临时仰拱工况，拱脚收敛减小40.3%，墙腰收敛减小25.0%，拱顶沉降相差不大。从计算数据上看，临时仰拱施工技术对水平收敛变形的控制效果十分显著，但对控制拱部下沉的效果不明显。

周边位移 表6-22

监测项目		计算工况	
		有临时仰拱(mm)	无临时仰拱(mm)
水平收敛(mm)	拱脚收敛	45.5	76.2
	墙腰收敛	74.1	98.7
拱顶沉降(mm)		80.3	80.4
底部隆起(mm)		81.8	84.0

两种工况下支护结构主应力状态如表6-23所示。根据计算结果，两种工况支护结构受力特点相似，最大压应力都发生在拱肩位置，而最大拉应力都发生在拱顶位置。有临时仰拱工况与无临时仰拱工况相比，最大主压应力减小26.2%，最大主拉应力减小51.2%，支护结构受力状态得到明显改善。

初期支护衬砌主应力 表6-23

计算工况	最大主压应力(MPa)	最大主拉应力(MPa)
有临时仰拱	39.72	4.30
无临时仰拱	50.13	6.50

(3)基本结论

综合上述两种控制技术结果，扩大拱脚和上台阶临时仰拱两种工法，对控制拱脚及洞周变形均有明显的效果。扩大拱脚技术对拱部沉降(尤其拱脚沉降)和上台阶断面水平收敛均有明显的控制效果，而临时仰拱技术更适用于水平收敛显著的区段。考虑到实际工程中上台阶出渣方便问题，上台阶临时仰拱控制技术比较适用于短隧道或隧道大变形区段相对较短的工程。研究中发现，两种控制技术对掌子面挤出变形控制作用有限，对上台阶掌子面前方围岩受扰动范围基本无影响。

6.6 掌子面挤出变形控制技术

根据前面研究成果，深埋软弱围岩隧道施工过程中掌子面挤出变形显著，而掌子面的变形情况在一定程度上决定着开挖面前方变形乃至隧道最终的变形结果。因此,在相关工程的实际施工中掌子面的变形控制问题应予以足够的重视。目前,软弱围岩隧道掌子面的稳定及变形控制手段不多,主要以预留核心土、掌子面超前预注浆以及水平旋喷加固等技术为主。其中,掌子面水平旋喷加固技术由于施工设备要求高、工艺复杂且施工成本相对较高,在实际工程中应用相对较少;关于掌子面超前注浆技术,在国外(如意大利的玻璃纤维管掌子面超前注浆技术等)应用相对成熟,但在国内适用范围还不广泛,主要用于高压富水破碎地层,应该说这是未来几年国内发展的一个方向;根据目前国内的施工技术现状,预留核心土是我国软弱围岩隧道应用最为广泛的掌子面变形控制技术。

6.6.1 不同技术控制效应对比分析

(1)单线隧道

以时速200km客货共线铁路单线隧道V_a级和V_b级围岩为研究背景,模拟不同掌子面变形控制技术对隧道施工变形的影响。计算中隧道埋深取300m,计算模型及围岩参数同前(预加固区弹模提高25%,强度指标提高50%),计算工况见表6-24。

计算工况　　表6-24

工况	围岩级别	开挖方法	备注
工况1	V_a	常规台阶法	上台阶长度9m
工况2	V_a	环形开挖预留核心土	上台阶长度9m,核心土长3m
工况3	V_a	超前深孔帷幕注浆预加固	上台阶长度9m,预加固长度7.5m
工况4	V_b	常规台阶法	上台阶长度9m
工况5	V_b	环形开挖预留核心土	上台阶长度9m,核心土长3m
工况6	V_b	超前深孔帷幕注浆预加固	上台阶长度9m,预加固长度15m

①洞周变形结果

计算结果如表6-25所示。根据计算结果,采用掌子面预加固措施,对控制洞周水平收敛、拱顶下沉效果最为显著,对控制拱脚沉降亦较预留核心土措施的效果明显。预留核心土措施对控制水平收敛和拱顶下沉效果不明显,由于核心土的影响,会使拱脚沉降有一定增加。

周边变形结果(单位:mm)　　表 6-25

工　况	拱脚收敛	墙腰收敛	拱顶下沉	拱脚沉降
工况 1	139.2	221.3	78.7	46.9
工况 2	136.4	218.0	78.7	47.9
工况 3	123.1	176.3	73.2	35.2
工况 4	573.8	930.1	289.1	224.8
工况 5	535.2	916.4	281.6	239.9
工况 6	445.3	730.6	253.9	191.9

②掌子面变形计算结果

对各计算工况掌子面纵向变形数据进行提取,各计算工况掌子面最大纵向变形、位置及前方围岩受影响范围见表 6-26。

掌子面最大纵向变形　　表 6-26

工　况	上　台　阶		下　台　阶	
	最大纵向变形(mm)	最大纵向变形位置距上台阶底部高度与上台阶高度比值	最大纵向变形(mm)	最大纵向变形位置距下台阶底部高度与下台阶高度比值
工况 1	91.0	0.38	117.5	1
工况 2	60.3	0.61	137.3	1
工况 3	50.8	0.42	90.3	1
工况 4	552.6	0.38	857.8	1
工况 5	379.0	0.61	984.8	1
工况 6	262.8	0.33	492.5	1

由表 6-26 可知,各工况中下台阶断面的最大纵向挤出变形大于上台阶的最大纵向挤出变形;常规台阶法上台阶断面最大纵向挤出变形位于上台阶隧道中线上约 2/5 上台阶高度位置,采用预留核心土措施后,掌子面最大变形位置上移,位于核心土顶部与掌子面交界位置;下台阶断面最大纵向挤出变形位于下台阶顶部。采用掌子面预加固措施对控制掌子面挤出变形效果最为显著,预留核心土对控制上台阶掌子面挤出变形效果亦很明显,但由于核心土自重的影响,会使下台阶掌子面最大纵向变形增大。

(2)双线隧道

以V_a、V_b级围岩双线隧道为研究背景,研究中,隧道埋深取300m,上台阶长度为6m,下台阶长度为15m,模拟标准断面台阶工法、预留核心土工法两种工况。围岩计算参数同前。

①洞周变形

洞周变形计算结果如表6-27所示。

周边变形计算结果 表6-27

围岩级别	计算工况	拱脚收敛(mm)	墙腰收敛(mm)	拱顶下沉(mm)	拱脚沉降(mm)
V_a	标准断面台阶工法	124	183	106	64
	预留核心土工法	118	171	105	67
V_b	标准断面台阶工法	472	704	376	273
	预留核心土工法	446	660	365	284

根据计算结果,对于双线隧道采取预留核心土措施,对隧道周边变形有一定的控制效果,但效果不明显,而且受核心土的影响,拱脚沉降略有增加。

②掌子面变形

掌子面最大纵向变形计算结果如表6-28所示。

掌子面纵向变形计算结果 表6-28

围岩级别	计算工况	上台阶		下台阶	
		掌子面最大纵向变形位置距上下台阶分界线的距离(m)	最大纵向变形值(mm)	掌子面最大纵向变形位置距上下台阶分界线的距离(m)	最大纵向变形值(mm)
V_a	标准断面台阶工法	2.7	143	0	182
	预留核心土工法	核心土周围	96	0	211
V_b	标准断面台阶工法	2.50	655	0	935
	预留核心土工法	核心土周围	448	0	1010

由表6-28可知,双线隧道预留核心土对上台阶掌子面挤出变形控制效果非常显著,与常规台阶法相比可减少约1/3,同单线隧道一样,受核心土挤压作用,下台阶掌子面变形略有增加。

6.6.2 预留核心土尺寸效应分析

受当前施工设备及工艺水平限制,目前软弱围岩大断面隧道常采用预留核心土控制隧道开挖过程中掌子面的稳定。但在实际工程中,核心土的预留形式及尺寸存在较大的随意性,因此有必要对预留核心土的尺寸效应进行深入研究。

(1)单线隧道预留核心土长度效应

①计算工况

从理论上讲,预留核心土的尺寸越大,对掌子面的挤出变形的约束作用应该越强,考虑到单线隧道上台阶断面尺寸相对较小,因此对于单线隧道,重点研究上台阶预留核心土的纵向尺寸效应,即预留核心土的长度效应。研究中,以 V_a 级围岩为例,计算工况如表 6-29 所示。

计 算 工 况 表 6-29

工 况	隧道埋深(m)	开挖方法	备 注
工况 1	300	台阶法	上台阶长度 6m,下台阶长 6m,无核心土
工况 2	300	环形开挖预留核心土	上台阶长度 9m,下台阶长 6m,核心土长 3m
工况 3	300	环形开挖预留核心土	上台阶长度 9m,下台阶长 6m,核心土长 4.5m
工况 4	300	环形开挖预留核心土	上台阶长度 9m,下台阶长 6m,核心土长 6m

②计算结果

掌子面挤出变形计算结果如表 6-30 所示。

掌子面最大纵向变形 表 6-30

工 况	上 台 阶 (mm)		下 台 阶 (mm)	
	计算值	与无核心土对比(%)	计算值	与无核心土对比(%)
工况 1	94.2	—	137.1	—
工况 2	60.2	-33.85	137.4	16.94
工况 3	56.2	-38.24	153.0	30.21
工况 4	55.5	-39.01	154.7	31.66

计算结果显示,预留核心土长度为 4.5m 时较 3m 的情况上台阶掌子面挤出变形控制效果相对明显,而 4.5m 和 6m 两种情况相差不大。同时,核心土加长时,下台阶掌子面纵向变形有增大趋势,因此对于 V_a 级围岩单线隧道核心土纵向长度取 4.5m 左右较为合适。

(2)双线隧道预留核心土长度效应

双线隧道断面尺寸相对较大,预留核心土尺寸对掌子面挤出变形的影响相对于单线隧道明显,因此有必要对预留核心土尺寸效应进行深入研究。

①计算条件

隧道采用上、下两台阶加落底施工,其中上、下台阶高度分别为 6m、4. 26m,落底高度为 2. 112m;上台阶长度为 9m,落底距掌子面 24m。分析中,以 V_a 级围岩、300m 埋深为例,施工分部如图 6-26 所示。围岩计算参数同表 2-1。

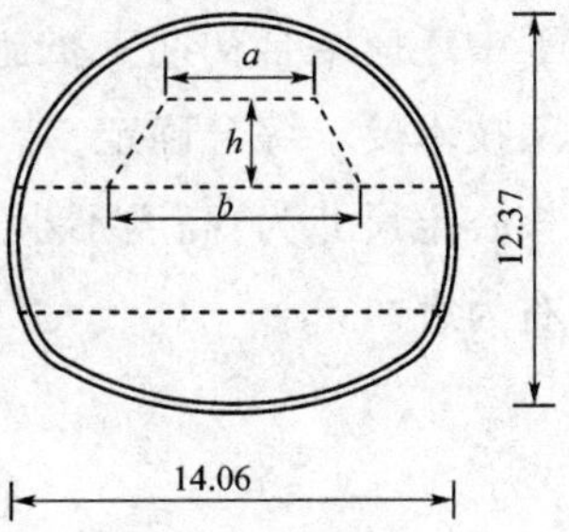

图 6-26 施工分部示意(尺寸单位:m)

②预留核心土形状效应

为分析双线隧道预留核心土形状效应,分析中以核心土高度 $h=3$m、纵向长度 $b=9$m、底面横向边长 1/2 上台阶跨度为例,研究核心土横截面不同形状,具体工况为 a/b 分别为 1/3、1/2 和 2/3三种情况。三种工况下上台阶掌子面最大挤出变形分别为 80mm、80mm 和 65mm。根据计算结果,核心土上下底宽度比为 2/3 较为合适。

③预留核心土高度效应

计算中在 a/b 取 2/3,纵向长度取 9m 条件下,分析了核心土高度 h 分别为 1/3、1/2 和 2/3 上台阶高度时掌子面的挤出变形。计算结果表明,三种工况下上台阶掌子面最大挤出变形分别为 80mm、75mm 和 70mm。由计算结果可以看出,随着核心土高度的增加,掌子面挤出变形呈明显减小趋势。

④核心土预留长度效应

在 a/b 取 2/3,高度为 2/3 上台阶高度下分析了掌子面挤出变形随核心土纵向长度的变化规律,计算中预留核心土纵向长度分别考虑了 0. 22D、0. 43D 和0. 64D(D 为隧道开挖宽度)三种工况。三种工况上台阶掌子面最大挤出变形分别为 85mm、75mm 和 70mm。根据上述计算结果,适当增加核心土的有效长度对控制掌子面挤出变形有显著作用。因此单从这方面讲,采用预留核心土的台阶法施工中上台阶长度不宜过短。

6.6.3 基本结论

①掌子面预注浆和预留核心土技术对软弱围岩隧道掌子面挤出变形均有明显

控制作用。

②对于单线隧道，预留核心土的长度以4.5m为宜；而对于双线隧道，受空间尺度效应影响，预留核心土的面积及长度越大对掌子面挤出变形的作用越明显，但施工中还应结合初期支护施作空间以及支护结构闭合时间（与台阶长度有关）等施工技术要求综合确定，结合前面上台阶长度施工效应分析结果，建议双线隧道预留核心土尺寸为：高度不小于上台阶高度一半，纵向长度不小于$0.43D$，a/b为2/3左右为宜。

6.7 超前支护技术

根据前面数值计算结果和相关工程经验，软弱围岩隧道施工过程中，掌子面前一倍洞径范围内岩体的稳定性对整个隧道的洞室稳定及变形控制至关重要，尤其掌子面自身的稳定程度及变形控制效果直接决定了隧道整体的施工控制质量。因此，在软弱围岩隧道（尤其是大断面隧道）施工中，一般需要进行超前预支护和超前预加固，用以确保开挖断面前后一定范围的围岩稳定，并实现对隧道变形的有效控制。

所谓的超前预支护，就是在隧道开挖之前，在掌子面前方的自然地层里，沿隧道周边设置一个像拱壳的连续体，既保护掌子面前方的自然地层，使其不受坑道开挖引起的应力变化影响，导致岩性恶化以保持自然地层的特性，又起到支承上方稳定围岩的作用，从而保证掌子面及地层的稳定，减少洞室变形量。而超前预加固是指开挖前在掌子面前方的核心土中，植入一定的人工材料，使前方地层的强度等力学参数得以改善，从而保证掌子面及附近地层的稳定，减小洞室变形量。

常用的预支护形式有超前锚杆、超前小导管、水平旋喷注浆、机械预切槽法、超前管棚法等。而常用的预加固形式包括掌子面深孔注浆、掌子面超前锚杆、掌子面超前玻璃纤维管以及掌子面水平旋喷桩等。因目前我国铁路隧道工程的建设规模空前、工期短、资金紧张、施工装备水平低等现状。目前现场的超前处理措施多采用超前锚杆和超前小导管形式。

铁路软弱围岩大断面隧道条件下，目前现场多采用的超前小导管形式存在下列问题：

①因断面大，稳定掌子面的超前预支护长度应大于一倍洞径以上，目前的超前

小导管长度不足。

②多数软弱围岩因钻孔困难，导致设计的长锚管难以实现，同时锚杆注浆质量差，难以形成一定厚度的围岩加固圈。

建议，在成孔困难的软弱围岩地层中，为提高超前支护长度，采用专业化钻机进行超前支护施工；在不能实现较长超前支护施工时，应增加掌子面施喷混凝土封闭措施，必要时适当施作掌子面锚杆加固；对于深埋双线大断面软弱围岩区段可选择超前长管棚等大刚度预支护手段，以实现对大变形的有效控制。

本书第5章介绍的各种超前支护技术应结合我国的工程实际逐步试验，积累经验，逐步推广，以进一步提高我国在软弱围岩隧道方面的施工技术水平。

6.8　支护补强控制变形技术

现代隧道施工方法是以喷、锚作为主要支护手段，通过监控量测指导施工，以便充分发挥围岩的自承能力。该方法强调设计、施工和信息反馈的统一和协调，其基本原则为“少扰动、早喷锚、勤量测、紧封闭”。少扰动是指在隧道开挖过程中，尽量减少对围岩的扰动次数、扰动强度、扰动范围和扰动持续时间；早支护是指开挖后及时施作初期支护，尽早使围岩的变形进入受控制状态，避免围岩由于过度松弛而发生过大变形或坍塌；勤量测是指以直观、可靠的量测方法和量测数据来准确评价围岩和支护的稳定状态，或判断其动态发展趋势，以便及时调整施工方案，确保施工安全和顺利进行；紧封闭指支护结构应适时实现闭合。其中监测反馈是隧道施工的关键所在，监测反馈一方面是掌握围岩的性态、规律和支护结构的工作状态，另一方面是及时调整设计参数与施工方法。及时调整不仅指前方也包括已支护结构的补强。

6.8.1　天平山隧道支护补强试验

天平山隧道在DK371+600～K372+600、DK376+100～DK377+100等段洞身基岩为以页岩、炭质页岩为主的软质岩，埋深大，易产生较大的、持续时间较长的塑性变形。

炭质页岩属软弱围岩，尤其是厚层炭质页岩、构造发育、岩体破碎、富含地下水时，因围岩强度低、开挖后风化快、透水性弱、亲水性强，浸水后容易产生较大的塑性变形甚至流变,在施工中可能引起较大的挤压性变形。当隧道开挖前处在高围压状态时尚具有较高的强度和稳定性,当围压降低、围岩应力差增大时,结构面张开或滑移,围岩整体强度和模量降低,表现出显著施工大变形特点。

图 6-27 现场 6 肢格栅钢架图片

试验段里程 DK372 + 760 ~ DK372 + 785,共 25m。试验段内掌子面上台阶主要为黑色页岩,有少部分砂岩,中台阶和下台阶以砂岩夹页岩为主。试验段采用天平山隧道软质岩试验段 S[4]型复合式衬砌。支护采用主筋为 $\phi25$,构造筋为 $\phi14$、$\phi12$ 和 $\phi10$ 的 6 肢格栅钢架(图 6-27),纵向间距 600 mm;喷层采用强度 C25,厚 280mm 素喷混凝土;拱部、边墙均采用 $\phi32$ 迈式锚杆、L = 4.5m,间距 1000mm × 1000mm;$\phi42 \times 3.5$ 超前注浆小导管,L = 3.5m,环向间距 400mm;设计预留变形量为 300mm,预留补强空间 250mm。施工采用三台阶法施工,循环进尺为 600mm,上台阶长度为 5m 左右。

试验段内每 5m 设一个位移量测断面,分别量测隧道拱顶下沉、水平收敛,量测结果见表 6-31。

试验段现阶段变形量测结果(单位:mm) 表 6-31

试验断面	拱顶下沉	上台阶收敛	中台阶收敛	下台阶收敛	开挖日期	施工阶段
DK372 + 780	149.6	159.1	124.7	97.2	2010.9.29	仰拱封闭
DK372 + 775	173.3	165.5	134.4	125	2010.9.23	仰拱封闭
DK372 + 771	155.9	129.4	136.1	124.3	2010.9.20	仰拱封闭
DK372 + 765	188.3	149.4	163.2	123.6	2010.9.15	仰拱封闭
DK372 + 760	379.6	344.1	256	240.2	2010.9.11	已套拱

试验段内 DK372 + 760 ~ DK372 + 765 段中台阶开挖造成拱部附近混凝土开裂,拱顶下沉达到 150mm,立即采用 6m 长自进式锚杆加固拱墙,补强后变形趋缓,在 170mm 时趋于稳定。

DK372 + 760 ~ DK372 + 765 区段下台阶开后,9 月 26 日晚该范围内拱顶附近至右侧 45°附近初期支护混凝土局部开裂,拱顶下沉达到 150mm,随之用 I 18 钢架及 22cm 网喷混凝土补强,补强后变形趋缓,在变形达 188mm 时趋于稳定。

6.8.2　青藏铁路二期关角隧道

9号斜井工区在施工到井底区段和主、副联正洞工区位置时，隧道曾出现了不同程度的大变形、钢架扭曲和初期支护混凝土开裂、剥落等现象，为了控制隧道开挖引起的变形、维护洞室的稳定性，对隧道支护参数进行了调整、优化，使得变形最终得以控制。

2009年4月9号斜井施工至0+45~0+20时，斜井右侧（面向掌子面）边墙出现不同程度的变形，钢架扭曲，混凝土剥落，收敛值最大达到了170mm，施工中对变形较大的段落初期支护进行了拆换。

由于主、副联交叉口隧道结构本身受力复杂，并且支洞刚施工到底，井底不能做到衬砌紧跟，为了防止正洞进入板岩地层后，正洞的支护结构发生变形，对9号斜井Ⅱ线正洞主、副联（主联与正洞的交点里程为DYK304+510，副联交点为DYK304+577.19）区段（DYK304+487~DYK304+585）的正洞初期支护进行了加强，并按双层支护的条件预留了补强空间。补强支护参数如表6-32所示。

试验区段支护参数　　表6-32

支护参数	喷层厚	预留变形量	锚杆			超前小导管				钢筋网			拱架间距	二次衬砌厚
	(mm)	(mm)	部位	长度(m)	间距(m)	部位	直径(mm)	长度(m)	环向间距(mm)	部位	直径(mm)	网格尺寸(mm)	(m)	(mm)
初期支护	250	150	拱墙	3.0	1.0×1.2	拱部	42	3.5	400	拱墙	纵8 环8	200×200	0.5(I16)	400
补强支护	200	100	墙脚	3.0	锁脚锚杆	—	—	—	—	拱墙	纵8 环8	200×200	0.5(I16)	400

该段采用补强方案之后，最大收敛值为100.4mm，最大拱顶下沉为69.0mm，洞室变形得到较好控制。

6.9　空间变形监测技术

6.9.1　变形监测的意义

变形监测是隧道稳定性判别和变形预测的基础，是隧道动态施工过程中至关重要的环节。目前国内位移监测主要采用收敛和水准“有尺”量测技术,由于受施工干扰往往存在测试数据不全或埋点不及时等问题而造成部分测试数据丢失现象,给后续分析带来极大困难。全站仪、隧道断面仪等三维变形“无尺”监测技术已逐步在隧道施工中推广应用。

6.9.2 软弱围岩隧道变形监测的要求

(1)掌握隧道空间位移特征

软弱围岩隧道施工过程不仅有开挖、支护后的隧道洞周收敛位移,也明显存在掌子面挤压变形和掌子面前方的先行变形,即称为隧道空间变形。软弱围岩隧道掌子面稳定性对整个隧道稳定性有很大影响,因此除应掌握开挖、支护后的隧道洞周收敛位移外,还应掌握掌子面挤出变形和掌子面前方先行变形的规律与大小。

(2)掌握施工过程位移不同时段特征

软弱围岩隧道施工变形一般均包括三个部分,即开挖前变形、开挖施工加速变形和开挖后期稳定变形。在台阶法施工过程中,上台阶掌子面开挖对变形影响比下台阶显著,因此施工中上台阶开挖施工控制尤其显得重要。当支护结构闭合后,通常情况下水平变形均会较快得到控制而趋于收敛,但拱顶下沉的收敛会有一定的滞后距离。

(3)掌握拱脚沉降变形特征

软弱围岩隧道台阶法施工过程中,拱脚沉降相对显著,围岩越差拱脚下沉占拱顶下沉的比例越大,根据前面相关研究成果,上台阶开挖过程中,拱脚及其底部围岩稳定性问题突出,拱脚变形大,围岩自身拱脚稳定性差。因此,施工过程中应将拱脚沉降列入监测内容,并密切关注拱脚沉降的变化情况,以实时掌握上台阶基底围岩的稳定状态,及时调整施工方法和控制技术,确保隧道施工安全。

6.9.3 软弱围岩隧道监控量测内容

根据上述分析结果可以看出,软弱围岩隧道监测需增加拱脚沉降变形和掌子面挤出变形项目。根据本文相关研究成果并结合相关规范及以往工程经验,提出了软弱围岩隧道施工过程监控项目及量测方法,如表6-33所示。

隧道现场监控量测项目及量测方法 表 6-33

类型	序号	项目名称	方法及工具	布置	量测间隔时间			
					1~15d	16d~1个月	1~3个月	3个月以上
必测项目浅埋	1	地质和支护状态观察	岩性、结构面产状及支护裂缝观察和描述，地质罗盘等	开挖后及初期支护后进行	每次爆破后进行			
	2	周边位移	各种类型收敛计	每5~10m一个断面，每断面2~3对测点	1~2次/d	1次/2d	1~2次/周	1~3次/月
	3	拱顶下沉	水准仪、水准尺、钢尺或测杆	每5~10m一个断面	1~2次/d	1次/2d	1~2次/周	1~3次/月
	4	拱脚下沉	水准仪、水准尺、钢尺或测杆	每5~10m一个断面	1~2次/d	1次/2d	1~2次/周	1~3次/月
	5	掌子面挤出位移	滑动位移计或测微计	全断面1~2孔	每次爆破后进行			
	6	地表下沉（浅埋区段地表变形要求较高区段）	水准仪、水准尺	每5~10m一个断面，每断面至少11个测点，每隧道至少2个断面	开挖面距量测断面前后<2*D*时，1~2次/d 开挖面距量测断面前后<5*D*时，1次/2d 开挖面距量测断面前后>5*D*时，1次/周			
	7	围岩内部位移（地表设点）	地面钻孔中安设各类位移计	每代表性地段一个断面，每断面3~5个钻孔	同上			
	8	围岩内部位移（洞内设点）	洞内钻孔中安设单点、多点杆式或钢丝式位移计	每5~100m一个断面，每断面2~11个测点	1~2次/d	1次/2d	1~2次/周	1~3次/月
	9	围岩压力及两层支护间压力	各种类型压力盒	每代表性地段一个断面，每断面宜为15~20个钻孔	1次/d	1次/2d	1~2次/周	1~3次/月
	10	钢架内力及外力	支柱压力计或其他测力计	每10榀钢拱支撑一对测力计	1次/d	1次/2d	1~2次/周	1~3次/月
	11	混凝土内应力、表面应力及裂缝测量	各类混凝土内应变计、应力计、测缝计及表面应力解除法	每5~100m一个断面，每断面宜为11个测点	1次/d	1次/2d	1~2次/周	1~3次/月
	12	锚杆或锚索内力及抗拔力	各类电测锚杆、锚杆测力计及拉拔计	必要时进行	—	—	—	—
	13	围岩弹性波测试	各种声波仪及配套探头	在代表性地段设置	—	—	—	—

6.10 小　　结

①软弱围岩变形控制理念，主要可归纳为柔性控制和刚性控制两方面。刚性控制理念在埋深和地应力不大的软弱围岩条件下，技术上可行、经济上合理。而对于埋深较大或地应力相对较高情况则柔性控制理念优势明显。深埋软弱围岩隧道变形控制应由下列技术综合构成：开挖技术、支护技术、掌子面稳定技术、拱脚稳定技术、支护补强技术、超前支护技术以及空间变形监测及反馈技术等。

②台阶法开挖施工参数的选择在实际施工中往往不被重视，但根据数值分析结果，开挖参数对隧道施工效应影响显著，尤其对于软弱围岩更是如此。分析结果显示：Ⅳ级围岩可采用长台阶法施工，以便施工组织和机械化作业，而V_a级围岩宜采用短台阶法施工，V_b级围岩则应采用微台阶法施工，以实现对隧道拱脚及洞周变形的有效控制；在支护闭合距离方面，无论是单线隧道还是双线隧道，从变形控制角度出发，都应该尽早实现支护结构的闭合，以V_a级围岩为例，单线隧道支护闭合距离不宜超过$4.4D$，而双线隧道不宜超过$2.5D$；在上台阶扁平率方面，软弱围岩隧道在满足掌子面稳定的前提下，上台阶扁平率不宜过小，以V_a级围岩为例，单线隧道以0.5～0.55为宜，而双线隧道以0.35为宜。

③增加支护刚度可以减小隧道洞周变形，但支护结构受力状态并未得到明显改善，对于深埋软弱围岩而言，单纯的增加喷层厚度并不是最佳方案，而双层支护技术对隧道变形的控制效果和改善支护受力状况均具明显优势，且其施工工艺简单，具有一定的推广性；在双层支护情况下，无论单、双线隧道，二次衬砌与边墙喷混凝土同时施作较为合适。

④软弱围岩隧道施工过程中，拱脚变形相对显著，减小拱脚下沉对控制洞周位移具有明显效果，单线隧道中扩大拱脚台阶法对控制拱脚沉降效果最为显著，而双线隧道扩大拱脚法对上台阶水平收敛控制效果明显；上台阶临时仰拱对水平收敛控制效果较好，但对拱顶沉降和底部隆起影响效应不是很明显。

⑤对于单线隧道，预留核心土的长度以4.5m为宜；而对于双线隧道，受空间尺度效应影响，预留核心土的面积及长度越大对掌子面挤出变形的作用越明显，但施工中还应结合初期支护施作空间以及支护结构闭合时间（与台阶长度有关）等施工技术要求综合确定。综合分析结果，建议双线隧道预留核心土尺寸为：高度不小

于上台阶高度一半，纵向长度不小于0.43D，上下宽比a/b以2/3左右为宜。

⑥软弱围岩隧道施工过程中，掌子面前后一倍洞径范围内岩体的稳定性对整个隧道的洞室稳定及变形控制至关重要，尤其掌子面自身的稳定程度及变形控制效果直接决定了隧道整体的施工控制质量。因此，在软弱围岩隧道施工中，一般需要进行超前预支护和超前预加固，用以确保开挖断面前后一定范围的围岩稳定，并实现对隧道变形的有效控制；建议在成孔困难的软弱围岩地层中，尽量提高超前支护长度，采用专业化钻机进行超前支护施工；在不能实现较长超前支护施工时，应增加掌子面围岩及时喷混凝土封闭，必要时适当施作掌子面锚杆加固；对于深埋双线大断面软弱围岩区段可选择超前长管棚等大刚度预支护手段，以实现对大变形的有效控制。

⑦在现代隧道施工基本原则中，监测反馈一方面是掌握围岩的性态、规律和支护结构的工作状态，另一方面是及时调整设计参数与施工方法，而及时调整设计参数与施工方法不仅指前方也包括已支护结构的补强。对于易产生大变形区段，预留足够变形量，施工过程中，根据监测数据分阶段实时补强先期支护结构，现场试验证明，可起到较好的变形控制效果。

⑧隧道施工具有明显的时空效应。因此，对于软弱围岩隧道的监控量测技术，首先应掌握隧道施工过程的空间变形特征，同时还应结合具体工法掌握施工过程中在不同开挖阶段的力学特征，并建议将拱脚沉降变形和掌子面挤出变形的监测纳入到日常的监控量测内容，以实时掌握围岩的稳定状态，及时调整施工方法和控制技术，确保隧道施工安全。

第7章 软弱围岩隧道施工变形控制基准研究

7.1 软弱围岩隧道施工变形控制基准制订的基本思路

软弱围岩隧道失稳和大变形是两大突出问题,处理不好就会引起坍塌或支护侵限,给施工带来很多困难。要预防这些事故的发生,必须加强施工变形监控量测和管理。建立软弱围岩隧道施工变形控制基准,使监测结果的反馈处理有科学依据,有利于隧道施工中的变形管理,减少隧道失稳和支护侵限拆换现象发生,避免工程事故,降低工程造价,保证施工安全。

软弱围岩隧道施工变形控制的目的,就是防止隧道失稳和产生危及隧道安全和正常使用的大变形。控制标准则依此而建。

隧道施工变形控制基准又是一项复杂艰巨的系统工程。多年来,此项工作一直备受业内人士重视,但受条件限制,目前多以经验类比为主,控制基准常难满足工程需要。考虑到软弱围岩隧道地质条件和工程环境复杂,施工过程中变形大、变形速率高、围岩扰动范围大、来压快、支护结构破坏性多等特点,在制订施工变形控制基准时应综合数值模拟结果、典型现场实测结果、施工现场调查、极限状态控制指标分析结果等并结合相关工程的修建经验。所制订的基准还应随着施工条件的发展变化不断加以更新和修正。

7.2 常规预留变形量统计

铁路隧道设计规范、公路隧道设计规范、新奥法指南及衬砌标准设计等根据多年经验及统计,对各类围岩及各种支护结构都制订有不同的预留变形量(见表3-1)以容纳正常变形。对于一般条件下的围岩，隧道施工变形原则上应控制在规定的预留变形量以内，对有大变形发生可能的隧道，其变形允许值应根据具体情况研究确定。

7.3　典型实测变形样本统计分析

根据近年来铁路隧道的建设情况，结合所在课题组现场试验成果，共统计分析了4座典型工程的现场实测资料，其中关角隧道、乌鞘岭隧道为单线隧道，两水隧道和天平山隧道为双线隧道。典型单线隧道现场量测变形技术统计如表7-1所示，典型双线隧道现场量测变形技术统计如表7-2所示（详细数据见附录7）。

典型单线隧道现场量测变形技术指标统计表　　表7-1

隧道名称	围岩级别	区　段	累计变形（mm）		最大变形速率（mm/d）		最大变形发生位置
			最大值	平均值	最大值	平均值	
关角隧道	V_b	DyK304 + 420 ~ DyK304 + 400	197.21	161.31	26.00	17.70	DyK304 + 420 拱脚
		DzK304 + 460 ~ DzK304 + 450	215.51	166.46	43.39	26.43	DzK304 + 460 拱脚
		DzK304 + 346 ~ DzK304 + 326	505.71	467.84	14.87	11.62	DzK304 + 335 拱脚
乌鞘岭隧道	V_b	F4 断层主带	324.31	125.12	73.46	25.62	YDK170 + 495 墙腰
		F4 断层影响带	343.10	91.87	58.58	19.55	YDK170 + 410 墙腰
		岭脊板岩地层	473.91	211.25	122.05	38.72	YDK174 + 555 拱腰
		F7 右线隧道	310.51	124.87	79.65	30.76	YDK177 + 370 墙脚
		F7 左线隧道	367.03	195.60	81.61	35.90	DK177 + 290 拱顶
平均值			—	193	—	25.8	—

典型双线隧道现场量测变形技术指标统计表　　表7-2

围岩级别	统计指标	拱顶下沉（mm）	左拱脚下沉（mm）	右拱脚下沉（mm）	拱脚水平收敛（mm）	墙腰水平收敛（mm）	掌子面最大挤出位移（mm）
Ⅳ	最小值	75.26	—	—	83.23	—	—
	最大值	88.92	—	—	94.69	—	—
	平均值	82.17	—	—	88.6	—	—

续上表

围岩级别	统计指标	拱顶下沉（mm）	左拱脚下沉（mm）	右拱脚下沉（mm）	拱脚水平收敛（mm）	墙腰水平收敛（mm）	掌子面最大挤出位移（mm）
V_b	最小值	24.8	23	34	9.9	3.7	—
	最大值	412	594	700	383.6	256	两水隧道 127.0 天平山隧道 47.0
	平均值	150.8	264.4	363.4	151.1	96.1	—

在上述典型隧道支护，除乌鞘岭隧道岭脊段（埋深 800 ~ 1050m）外，其他工程埋深均在 250 ~ 400m，与计算工况大致统一。

7.4 隧道施工变形与极限变形的关系

隧道的稳定状态可以由隧道的极限位移状态来体现。隧道稳定性位移判别的关键和难点是围岩及支护结构的稳定性极限状态控制指标的确定。稳定性极限状态控制指标是隧道所处围岩性质、支护结构性状和施工等条件不能满足稳定功能的临界状态的具体体现，可通过理论分析、现场调查和室内试验等手段确定。不同工况下位移极限控制指标的计算结果见第 4 章相关部分内容。由于影响隧道施工变形的因素较多，为此在实际工程中，隧道稳定极限控制指标除参考计算结果外，还应结合现场实际情况，根据现场实测数据、施工调查结果以及围岩失稳和支护开裂、侵限情况的统计结果综合确定。根据第 4 章研究成果，隧道极限位移汇总如表 7-3 所示。

隧道极限位移 表 7-3

计算工况		单线隧道（mm）			双线隧道（mm）		
		拱顶下沉	拱脚收敛	墙腰收敛	拱顶下沉	拱脚收敛	墙腰收敛
V_a 级	300m	65	65	96	93	70	99
	400m	89	90	134	124	95	136
	500m	112	114	172	155	120	172
V_b 级	100m	57	67	99	93	81	121
	300m	188	216	358	273	252	387
	500m	314	359	621	497	525	751

现场量测各部位变形与对应计算极限位移的关系如表 7-4 所示。根据统计分

析结果,现场各种工况下实测位移的均值约占极限位移的39%~55.2%。

各部位实测变形与最大位移的比例关系 表7-4

隧道断面	围岩级别	计算极限位移		实测位移均值		实测位移均值占极限位移的比例(%)	
		拱顶下沉	水平收敛	拱顶下沉	水平收敛	拱顶下沉	水平收敛
单线	V_b	188	358	—	193	—	53.9
双线	V_b	273	387	150.8	151.1	55.2	39.0

7.5 隧道变形控制基准的相关经验成果

日本隧道技术规范(2006年版)规定的日本铁路隧道净空位移管理值如表7-5所示。

日本铁路隧道的净空位移的管理基准 表7-5

围岩级别	单 线	双线、新干线
特S	100mm以上	150mm以上
I_S	75~100mm	100~150mm
I_{N-1}	25~75mm	50~100mm
I_{N-2}~V_N	25mm	50mm

由表7-5可知,即使在特S级围岩(松散软弱围岩,相当于我国规范的Ⅵ级围岩)、I_S级围岩(相当于我国规范的Ⅴ~Ⅵ级围岩),其位移管理值也在150mm左右(如以相对位移计,约为1.5%)。就是在大变形的隧道中,也力求把位移控制在200~300mm以内(如以相对位移计为2%~3%)。在一般围岩条件下,其位移管理值均不超过50mm(如以相对位移计约为0.5%)。

赵勇在其博士论文中曾进行了大量统计分析和数值理论计算,推荐我国铁路隧道变形控制的管理基准如表7-6~表7-11所示。

隧道的净空位移的管理基准 表7-6

围岩级别	净空位移值	
	小跨度~较大跨度	大跨度~特大跨度
Ⅵ	150mm	200mm
Ⅴ	100~150mm	150~200mm
Ⅳ	50~100mm	100~150mm
Ⅰ~Ⅲ	50mm以下	100mm以下

隧道的拱顶下沉量的管理基准　　表 7-7

围岩级别	拱顶下沉	
	小跨度～较大跨度	大跨度～特大跨度
Ⅵ	200mm	350mm
Ⅴ	100～200mm	200～300mm
Ⅳ	50～100mm	100～200mm
Ⅰ～Ⅲ	50mm 以下	100mm 以下

隧道掌子面前方先行位移的管理基准　　表 7-8

围岩级别	掌子面前方先行位移值
Ⅴ～Ⅵ	总位移值的 20%～30%

隧道掌子面挤出位移的管理基准　　表 7-9

围岩级别	掌子面挤出位移	
	小跨度～较大跨度	大跨度～特大跨度
Ⅴ～Ⅵ	50～70mm	70～100mm
Ⅳ	小于 50mm	小于 70mm

隧道脚部下沉的管理基准　　表 7-10

围岩级别	脚部下沉量
Ⅴ～Ⅵ	小于拱顶下沉值

隧道掌子面后方初期位移速度的管理基准　　表 7-11

围岩级别	掌子面后方初期净空位移速度	
	小跨度～较大跨度	大跨度～特大跨度
Ⅴ～Ⅵ	10mm/d	20mm/d

在上述经验或成果中，表 7-5 主要是针对日本隧道施工技术现状，在相关工程经验总结和实测结果统计的基础上总结提出的。由于隧道施工变形量级不仅与围岩属性和原始地应力条件等客观因素有关，还主要取决于施工技术水平、装备条件以及工程设计理念等主观因素，而恰恰这些方面我国和日本还存在较大不同，因此对于日本的相关管理基准在我国还不能照搬照套，应该结合国内实际情况有选择的借鉴。而对于表 7-6～表 7-11 等研究成果，考虑到目前国内掌子面前方先行变形和掌子面挤出变形的量测技术还不完善，且无相应的测试技术标准，因而相应部分的管理基准还不能推广应用。同时，由于缺少大量现场数据的支持，其数据的合理性还有待进一步考证。

7.6 管理控制限值的制订

根据对软弱围岩隧道变形的统计结果,实测变形一般占极限位移的50%以下。隧道施工是一个复杂过程,施工效果的影响因素较多,在对实测结果进行统计分析时发现,典型隧道如乌鞘岭隧道、两水隧道以及关角隧道等,在施工过程中均有支护开裂现象,局部甚至开裂、破坏严重(如后续内容表7-14和表7-16中对乌鞘岭隧道的统计情况);根据典型隧道成功建设经验,当采取一定的工程措施或工法优化后,一般变形都能得到较好的控制。

根据数值分析、现场试验并结合典型工程施工经验,初步制订了软弱围岩隧道施工控制限值标准,如表7-12所示。

隧道施工变形及变形速率控制基准　　表7-12

判别指标	隧道类型	围岩级别	分项指标	埋深(m)		
				<100	100~300	≥300
变形量(mm)	单线隧道	V_a	墙腰水平收敛	100	120	170
			拱顶下沉	70	80	110
		V_b	墙腰水平收敛	150	300	450
			拱顶下沉	100	200	300
	双线隧道	V_a	墙腰水平收敛	100	120	170
			拱顶下沉	90	100	160
		V_b	墙腰水平收敛	150	350	450
			拱顶下沉	120	270	400
变形速率(mm/d)	单线隧道	V_a	墙腰水平收敛	10	15	20
			拱顶下沉	10	15	20
		V_b	墙腰水平收敛	15	20	25
			拱顶下沉	15	20	25
	双线隧道	V_a	墙腰水平收敛	15	20	25
			拱顶下沉	15	20	25
		V_b	墙腰水平收敛	20	25	30
			拱顶下沉	20	25	30
变形速率变化率(mm/d^2)	<0					
拱脚下沉	单双线	<对应拱顶下沉的90%				

7.7 软弱围岩隧道施工变形应对措施

软弱围岩隧道易发生大变形现象，为有效控制隧道施工变形，施工中应采取积极措施，以确保施工安全。研究中综合前述研究成果，并借鉴国内外相关工程经验，针对不同工况提出了如表 7-13 所示的施工变形应对措施方案。

软弱围岩隧道施工变形应对措施一览表　　表 7-13

隧道类型	围岩级别	技术措施											
		台阶长度	上台阶扁平率	支护闭合距离	双层支护	大拱脚支护	临时仰拱	预留核心土	掌子面超前加固	长锚杆补强	加强钢架	超前支护	早高强喷混凝土
单线隧道	Ⅳ	—	—	—	—	—	—	—	—	—	—	—	—
	V_a	$0.7D$	0.5	$4D$	△	△	—	△	—	△	△	*	△
	V_b	$0.5D$	0.4	$(2\sim2.5)D$	*	△	△	*	△	*	*	*	△
双线隧道	Ⅳ	—	—	—	—	—	—	—	—	—	—	—	—
	V_a	$0.6D$	0.35	$2.5D$	△	△	—	*	△	△	△	*	△
	V_b	$0.4D$	0.3	$(1.5\sim2)D$	*	△	△	*	△	*	*	*	△

注：表中"—"为不需采取措施，"△"为可选措施，"*"为应选措施。

7.8 典型工程应用实例

7.8.1 乌鞘岭隧道变形分级及管理基准

(1) 隧道极限位移的确定

乌鞘岭隧道分区段极限位移如表 7-14 所示。

(2) 实测位移统计分析

各区段实测位移及极限位移统计见表 7-15，各区段支护开裂断面变形情况见表 7-16。

乌鞘岭隧道分区段极限位移取值(单位:mm)　　表 7-14

方法		项目	区段		
			志留系地层	F7 断层右线	F7 断层左线
理论计算		拱顶下沉	286	397	397
		墙腰水平收敛	862	770	770
现场量测	塌方或变形侵限段	拱顶下沉	最大 269	最大 355	最大 1053
			平均 153	平均 219	平均 715
		拱脚水平收敛	最大 932	最大 716	最大 1209
			平均 519	平均 485	平均 964
		墙腰水平收敛	最大 668	最大 504	最大 1034
			平均 313	平均 278	平均 751
现场量测	初期支护开裂断面	拱顶下沉	—	—	—
		水平收敛	最大 932	最大 716	最大 1209
			平均 646	平均 587	平均 748
	二次衬砌开裂断面	拱顶下沉	最大 52	最大 242	—
			平均 37	平均 222	—
		墙腰水平收敛	最大 412	最大 660	—
			平均 271	平均 508	—
建议采用值		拱顶下沉	260	380	380
		墙腰水平收敛	850	760	760

各区段位移统计　　表 7-15

区段	项目	极限位移(mm)	实测位移(mm)
岭脊千枚岩	拱顶下沉	260	53.9
	拱脚水平收敛	680	380.36
F7 右线	拱顶下沉	380	139.5
	拱脚水平收敛	608	136.11
	墙腰水平收敛	760	233.01
F7 左线	拱顶下沉	380	156.66
	拱脚水平收敛	608	191.97
	墙腰水平收敛	760	187.32

支护开裂断面变形统计 表 7-16

区段	里程	实测墙腰收敛变形(mm)	区段	里程	实测墙腰收敛变形(mm)
岭脊千枚岩	YDK175 +580	317.3	F7 断层右线	DK177 +575	831.2
	YDK175 +595	486.6		DK177 +525	1157.4
	YDK175 +650	932.5		YDK177 +410	503.5
	YDK175 +688	790.3		YDK177 +485	511.0
	YDK175 +755	478.5		YDK177 +505	716.0
	YDK175 +810	868.3		YDK177 +555	617.0

现场变形速率量测技术指标统计结果和支护开裂断面变形速率统计分别见表 7-17 和表 7-18。

隧道岭脊段分区段变形速率量测技术指标统计 表 7-17

区段	左右线	位置	最大变形速率(mm/d)	
			最大值	平均值
岭脊千枚岩	右线隧道	千枚岩为主	165.33	80.65
		板岩为主	122.05	38.72
F7 断层	右线隧道	进入断层初期	153.21	70.24
		设计施工改进后	79.65	30.76
	左线隧道	进入断层初期	167.53	87.54
		设计施工改进后	81.61	35.90

支护开裂断面变形速率统计 表 7-18

区段	里程	最大变形速率 数值(mm/d)	区段	里程	最大变形速率 数值(mm/d)
志留系千枚岩地层区段右线	YDK175 +580	54.2	F7 断层左线	DK177 +535	65.3
	YDK175 +595	62.3		DK177 +566	167.5
	YDK175 +650	165.3		DK177 +575	66.6
	YDK175 +688	139.3		DK177 +525	60.4
	YDK175 +755	60.3	F7 断层右线	YDK177 +410	86.7
	YDK175 +810	157		YDK177 +485	43
F7 断层左线	DK177 +215	43.6		YDK177 +505	49
	DK177 +260	65.4		YDK177 +555	49
	DK177 +495	66.3			

(3)变形分级及管理基准

根据现场量测数据统计分析结果和开裂数据统计指标,提出了初期支护三级变形及变形速率管理等级。各区段变形管理基准如表7-19所示。三级以下时可正常施工;当变形达到二级时应及时施作二次衬砌或加强支护;当变形达到一级时,施工单位应停止开挖作业,并采取防坍措施。

乌鞘岭隧道岭脊段变形及变形速率管理基准　　表7-19

项　目		变形管理等级		
		Ⅰ	Ⅱ	Ⅲ
相对变形		<3%	3%~8%	>8%
变形速率比例		<5%	5%~10%	>10%
二次衬砌时机	$u_{测}/u_{极}$	51%~55%	47%~51%	43%~47%
	$v_{终}/u_{测}$	<1.0%	1.0%~1.5%	1.5%~2.0%
施工状态		可正常施工	应加强支护或二次衬砌	停工,并及时采取加固措施

7.8.2　两水隧道变形分级及管理基准

(1)隧道极限位移

两水隧道Ⅴ级围岩段极限位移计算结果如表7-20所示。

隧道极限位移(单位:mm)　　表7-20

围岩级别	拱顶下沉	水平收敛
V_b	351	495

(2)隧道施工位移统计

各断面变形测试结果汇总如表7-21所示。根据两水隧道现场实测变形情况,一般情况下,拱顶下沉均大于水平收敛,所以在变形控制时,以拱顶下沉为主要控制对象。

两水隧道典型断面实测位移结果统计(单位:mm)　　表 7-21

断面里程	拱顶测点			拱脚测线							墙腰测线						
				左拱脚			右拱脚			收敛	左墙腰			右墙腰			收敛
	V	H	L	V	H	L	V	H	L		V	H	L	V	H	L	
DK359 +453.239	279	—	—	310	99.4	21.1	446	-204.3	62.8	293.3	—	—	—	—	—	—	—
	—	—	—	364	119.2	24.1	488	-151.6	38.0	338.2	88	60.8	15.2	89	-29.3	11.1	89.9
DK359 +458.116	151	—	—	115	19.0	11.0	245	-80.0	16.1	92.3	—	—	—	—	—	—	—
	—	—	—	280	100.3	32.2	549	-190.4	34.1	275.0	104	53.3	29.5	105	-58.8	15.2	112.0
DK359 +462.685	358	—	—	346	181.5	63.5	606	-198.9	58.4	371.3	145	89.5	19.1	143	-97.6	11.3	187.2
DK359 +467.616	392	—	—	320	160.6	52.4	700	-160.6	77.3	298.5	—	—	—	—	—	—	—
DK359 +472.550	412	—	—	332	112.9	56.6	557	-180.8	29.0	286.0	—	—	—	—	—	—	—
DK359 +476.365	385	9.4	16.0	479	171.6	32.4	537	-212.6	-4.3	383.6	—	—	—	—	—	—	—
DK359 +481.342	362	11.3	97.6	465	131.4	42.4	339	-125.6	29.6	255.3	149	74.8	45.7	128	-59.1	48.3	134.0
DK359 +486.387	126	10.6	-5.0	364	76.4	60.0	369	-58.2	68.5	124.5	—	—	—	—	—	—	—
	—	—	—	428	101.7	48.4	437	-87.1	36.5	189.0	148	-1.0	139.6	273	-6.8	137.0	3.7
DK359 +492.188	197	53.2	80.7	379	161.3	175.0	613	-164.2	153.3	317.5	62	46.1	60.9	112	-50.1	48.2	91.0
DK359 +497.988	257	59.9	83.4	594	144.2	175.3	483	-189.6	155.8	341.2	—	—	—	—	—	—	—
DK359 +502.132	188	47.1	71.1	78	57.1	72.1	280	-61.1	68.2	114.4	—	—	—	—	—	—	—
DK359 +507.648	140	33.1	40.5	44	49.5	-22.2	47	-53.0	36.9	101.2	—	—	—	—	—	—	—
DK361 +766.8	24.8	-8.4	4.2	27	10.0	-5.6	45	-61.1	6.9	71.1							
DK361 +769.0	29.9	-11.1	6.2	42	16.8	-5.0	60	-59.0	5.6	75.8							
DK361 +772.8	35.7	-7.3	6.1	29	13.8	-2.8	39	-73.1	10.6	86.9							
DK361 +778.0	38.2	-6.9	4.6	23	17.8	-4.8	34	-73.1	5.4	91.0							
DK357 +370	116.8									95.7							
DK357 +375	117.0									73.6							
DK357 +380	97.2									77.7							
DK357 +385	30.1									9.9							

注:V 为垂直方向,向下为正;H 为水平方向,向右为正;L 为隧道纵向,背离掌子面为正。

(3)隧道变形分级及管理基准

两水隧道参考以往类似工程实践,结合现场量测结果,制订如表 7-22 的适用于软弱围岩的大变形分级标准和如表 7-23 所示的变形管理基准。

软弱围岩双线隧道施工阶段变形分级标准　　表 7-22

判别指标	分级指标	常规变形	大变形的等级		
			Ⅰ	Ⅱ	Ⅲ
变形量(mm)	拱顶下沉	<150	150~250	250~350	>350
变形速率(mm/d)	墙腰水平收敛	<27	<36	<54	>63
	拱顶下沉	<14	<18	<27	>32
围岩及支护特征		开挖后洞壁围岩位移较小,可稳定;一般支护无开裂或局部开裂	开挖后洞壁围岩位移较大,持续时间较长;一般支护开裂或破损较严重	开挖后围岩位移大,持续时间长;一般支护开裂或破损严重	开挖后围岩位移很大,持续时间很长;一般支护开裂或破损很严重

变形等级管理基准　　表 7-23

项　目	变形管理等级		
	Ⅰ	Ⅱ	Ⅲ
施工状态	可正常施工	长锚杆补强	暂停开挖,长锚杆、网喷混凝土补强,或二次衬砌

可能会产生大变形的情况分析:

常规变形:地应力水平低,薄层炭质千枚岩或千枚岩夹板岩互层。

Ⅰ级大变形:地应力水平高,厚层炭质千枚岩,地质构造强烈。

Ⅱ级大变形:地应力水平极高,厚层炭质千枚岩,地质构造强烈。

Ⅲ级大变形:地应力水平高或极高,厚层炭质千枚岩,地质构造强烈,伴有地下水渗流。

(4)不同变形条件下的支护参数

根据上述大变形分级标准,两水隧道相应的支护参数如 7-24 所示。

软弱围岩双线隧道不同变形等级的支护参数(参考值) 表 7-24

变形等级	预留变形量（cm）	初期支护										掌子面加固	二次衬砌	
		喷混凝土		锚杆			钢筋网		钢架					
		部位	厚度（cm）	部位	长度（m）	环×纵向间距（m）	部位	网格间距（cm）	部位	钢架类型	纵向间距（m）		拱墙（cm）	仰拱（cm）
常规	35	全断面	30	拱墙	3～5	1×0.8	拱墙 ϕ8	20×20	全断面	工 20b	0.5	—	60＊	70＊
Ⅰ	35	全断面	30	拱墙	6～8	1×0.8	拱墙 ϕ8	20×20	全断面	H175	0.5	—	60＊	70＊
Ⅱ	Ⅰ级大变形基础上加辅助措施													
Ⅲ	40	全断面	28+20	拱墙	6～8	1×0.8	拱墙 ϕ8	20×20	全断面	H175+工 16	0.5	加固	60＊	70＊

注：1. Ⅱ级大变形辅助措施：双层钢筋网、双层纵向连接筋、局部型钢纵向连接、ϕ42 小导管径向注浆、拱墙自进式长锚杆加强。

2. Ⅲ级大变形辅助措施：预留 20cm 二次衬砌补强空间，双层钢筋网、双层纵向连接筋、局部型钢纵向连接、ϕ42 小导管径向注浆、拱墙自进式长锚杆加强，必要时采取帷幕注浆进行掌子面加固，必要时采用临时仰拱台阶法施工。

3. 各级大变形，均根据变形量测数据及时反馈，及时采取补强措施，以避免支护拆换。

4. ＊为钢筋混凝土。

7.9 小 结

①隧道变形控制基准是软弱围岩隧道动态施工的依据，是隧道安全施工的前提和保证，隧道变形管理基准的建立是一项复杂和系统工作，应结合理论分析、现场试验、室内物理试验、相关经验，并根据隧道自身的地质条件、水文条件、地应力分布特征以及工程环境要求等综合确定。

②乌鞘岭隧道、两水隧道是典型的软弱围岩大变形隧道，文中将研究思路应用于上述两个典型工程，并给出相应的变形分级及变形管理基准，以期为相关工程提供借鉴，上述成果已付诸实施，经现场检验效果良好。

第8章 结 语

软弱围岩隧道施工过程中围岩稳定及变形控制是近年来工程界普遍关注的热点问题之一。本文针对软弱围岩隧道施工中变形特征、稳定性判别、变形控制技术以及施工变形管理技术等关键问题进行了研究和探讨。

根据本书研究结果，深埋软弱围岩隧道台阶法施工过程中，掌子面挤出变形、掌子面前方先行变形、拱脚变形异常显著，这就要求施工中必须采取有针对性的技术措施以有效控制隧道变形的发展，确保施工安全。同时也进一步说明将上述变形的监测内容纳入软弱围岩隧道施工动态监测体系的必要性和重要性。

围岩从开挖到失稳是一个复杂的力学演化过程，受目前技术水平限制，想严格确定围岩坍塌失稳的理想状态难度较大。在隧道施工过程中，有害变形的发生及发展应该是禁止的，这一点应该是明确的。本书正是基于这点考虑，提出了基于围岩塑性流动变形发生判别原理和隧道有害变形发生过程中的不协调性原理的软弱围岩稳定性判别方法，并给出了不同工况下的极限位移，可为相关工程提供借鉴和参考。但施工过程中围岩稳定状态影响因素繁多，研究中不可能面面俱到，只能选取主要因素，这也表明，对这项工作还应继续开展深入研究。

支护结构组成构件较多，且往往依次施作，尤其在国内普遍采用的台阶法施工过程中，台阶长度、落底开挖距离、支护闭合时机、支护施作质量等各方面均有较大随机性和不确定性，施工过程中支护变形是复杂多样的，因此若想单纯通过极限位移来表征支护自身结构的稳定性极限状态比较复杂。但作为结构而言，只要针对当前的结构修建状态建立合理的模型，其承受荷载的能力应该不难确定。研究中充分考虑了软弱围岩隧道允许支护带裂缝工作的特点，借鉴了拱形结构的压溃理论，以结构整体压溃作为支护稳定性的判别依据，提出了基于复合结构体系的非线性屈曲的支护体系稳定性判别方法。该方法的特点是考虑了锚杆和钢架的贡献和作用,缺点是锚杆的计算参数需进行现场试验确定,同时喷混凝土的强度指标未考虑到龄期增长特性。实际上,对于隧道工程而言,支护结构的荷载问题到目前为止还未完全研究清楚,书中采用均布荷载形式也只能是一种假定,其目的主要是能够提出一种全新的分析方法。其分析结果得出的几种支护结构失稳模态和支护失稳时所表现出的变形不协调性对实际工程具有重要的指导意义。同时可将支护结构屈曲失稳时所对应的位移作为支护结构极限位移,这也为隧道体系极限位移的确定提供了新的方法。由于本书中相关屈曲计算的数量有限,还远未形成体系,因此,对应支护屈曲失稳的极限位移并未明确给出,这是下一步准备继续开展的工作。

软弱围岩隧道施工变形控制技术应该是一个系统工作,应该综合工法选择及开挖参数优化、超前措施(超前支护或超前加固)、掌子面稳定性控制措施、拱脚稳定性控制技术以及洞周收敛及稳定性控制技术、变形动态监测及管理技术等统筹考虑,单一的技术措施往往起不到理想的控制效果。结合目前国内施工情况,主要问题集中在:综合处置理念不强、超前措施不到位(普遍采用单一的小导管超前技术其刚度、长度明显不足)、缺乏工法优化意识、重点部位加强措施不力(掌子面、拱脚)、支护技术措施单一、不够灵活、动态管理技术水平不高等。书中根据研究结果,有针对性地提出了一系列解决和改进措施,以期为相关工程提供借鉴。

本书在撰写过程中,着眼于软弱围岩隧道工程的重点问题和国内施工技术现状,力求系统性和实际可操作性,但受目前技术手段和能力水平的限制,部分成果还存在一定的缺陷和不足,希望能起到抛砖引玉的作用,供大家参考、讨论,共同研究,最终能实现我国相关问题的成套、系统研究成果,提升国内隧道修建技术水平。

附　　录

附录 1

Ⅳ级围岩单线隧道变形成果汇总

隧道类型	主要计算控制参数						洞周变形																掌子面变形				前方变形		
							拱顶沉降(mm)			拱脚沉降(mm)			水平收敛(mm)						影响范围(D)				上台阶		下台阶		影响范围(D)		
													拱脚收敛			墙腰收敛													
	上台阶长度(D)	下台阶长度(D)	支护闭合距离(D)	备注	开挖进尺(D)	围岩级别	开挖面到达	终值	变形占比(%)	开挖面到达	施工完成	变形占比(%)	开挖面到达	终值	变形占比(%)	开挖面到达	终值	变形占比(%)	拱顶沉降	拱脚沉降	拱脚收敛	墙腰收敛	最大纵向位移(mm)	距上台阶底部高度与上台阶高度比值	最大纵向位移(mm)	距下台阶底部高度与下台阶高度比值	拱顶沉降	上台阶纵向位移	下台阶纵向位移
单线	0.34	0.68	1.19	—	0.17	Ⅳ	3.50	17.26	20.3	0.56	4.83	11.6	0.11	19.16	0.6	0.49	22.53	2.2	2.05	2.57	1.54	1.88	6.04	0.41	6.31	1	1.03	0.17	0.68
	0.68	0.68	1.53	—	0.17	Ⅳ	3.25	17.41	18.7	0.50	5.04	9.9	0.18	19.19	0.9	0.19	22.58	0.8	2.23	2.74	1.88	2.22	5.54	0.41	2.66	1	1.03	0.34	0.51
	1.03	0.68	1.88	—	0.17	Ⅳ	3.15	17.49	18.0	0.45	5.22	8.6	0.13	19.25	0.7	0.11	22.66	0.5	2.40	2.74	2.05	2.57	5.42	0.49	2.30	1	1.03	1.37	1.37
	1.37	0.68	2.22	—	0.17	Ⅳ	3.07	17.52	17.5	0.08	5.34	1.5	0.25	19.32	1.3	0.27	22.73	1.2	2.57	3.25	2.40	2.74	5.41	0.49	2.29	1	1.03	0.34	1.20
	1.03	0.68	1.88	$\lambda_1=0.75,\lambda_2=0.75$	0.17	Ⅳ	2.53	15.40	16.4	0.15	4.93	3.0	1.19	26.88	4.4	1.23	31.65	3.9	2.40	2.91	2.23	2.40	6.34	0.41	5.31	0.44	1.03	0.86	2.05
	1.03	0.68	1.88	$\lambda_1=1.0,\lambda_2=1.0$	0.17	Ⅳ	2.27	14.48	15.7	0.14	4.68	3.0	2.41	34.84	6.9	2.25	39.99	5.6	2.40	2.91	2.23	2.40	7.63	0.41	9.71	1	1.20	1.20	2.05
	1.03	0.68	1.88	$\lambda_1=1.35,\lambda_2=1.35$	0.17	Ⅳ	2.04	14.05	14.5	0.12	4.30	2.8	4.58	48.33	9.5	4.09	52.94	7.7	2.23	2.91	2.23	2.40	10.95	0.41	17.30	1	1.37	1.54	2.05
	1.03	0.68	1.88	$\lambda_1=1.0,\lambda_2=0.75$	0.17	Ⅳ	2.23	14.57	15.3	0.20	4.75	4.2	2.09	34.90	6.0	1.97	39.80	5.0	2.40	2.91	2.23	2.40	5.99	0.41	6.78	0.47	1.03	0.51	1.71
	1.03	0.68	1.88	$\lambda_1=1.35,\lambda_2=0.75$	0.17	Ⅳ	1.73	14.29	12.1	0.22	4.43	5.0	4.29	48.15	8.9	3.62	52.18	6.9	2.05	2.91	2.23	2.40	6.68	0.41	11.15	1	0.86	0.34	1.37
	1.03	0.68	1.88	$\lambda_1=0.75,\lambda_2=1.0$	0.17	Ⅳ	2.54	15.41	16.5	0.10	4.85	2.1	1.58	26.87	5.9	1.55	31.85	4.9	2.40	2.91	2.23	2.57	8.16	0.41	8.59	1	1.20	1.37	2.23
	1.03	0.68	1.88	上半断面扁平率 0.30	0.17	Ⅳ	1.24	18.74	6.6	0.62	13.45	4.6	−0.58	7.88	7.4	0.38	26.53	1.4	2.74	2.74	2.23	2.57	0.91	0.47	4.90	0.57	0.86	0.17	1.20
	1.03	0.68	1.88	上半断面扁平率 0.45	0.17	Ⅳ	2.29	18.56	12.3	0.47	9.25	5.1	−0.48	15.16	3.2	0.35	27.14	1.3	2.57	2.74	2.05	2.57	3.65	0.44	3.24	0.49	0.86	0.17	1.37
	1.03	0.68	1.88	上半断面扁平率 0.60	0.17	Ⅳ	3.25	18.20	17.9	0.39	3.98	9.8	−0.22	22.24	1.0	0.19	24.01	0.8	2.40	3.08	2.23	2.57	5.95	0.40	2.42	1	0.86	0.34	1.20
				最小值	–	Ⅳ	1.24	14.05	6.6	0.08	3.98	1.5	0.11	7.88	0.6	0.11	22.53	0.5	2.05	2.57	1.54	1.88	0.91	0.40	2.29	0.44	0.86	0.17	0.51
				最大值	–	Ⅳ	3.50	18.74	20.3	0.62	13.45	11.6	4.58	48.33	9.5	4.09	52.94	7.7	2.74	3.25	2.40	2.74	10.95	0.49	17.30	1	1.37	1.54	2.23
				平均值	–	Ⅳ	2.55	16.41	15.5	0.31	5.77	5.5	1.39	26.32	4.4	1.28	32.05	3.3	2.37	2.87	2.14	2.44	6.05	0.43	6.38	0.84	1.03	0.67	1.46

注：1. 表中未注明隧道埋深的工况隧道埋深均为 300m。

2. 表中 λ_1、λ_2 分别为沿隧道横断面方向和隧道纵向的侧压力系数。

附录 2

V_a 级围岩单线隧道变形成果汇总

隧道类型	主要计算控制参数：上台阶长度(D)	下台阶长度(D)	支护闭合距离(D)	备注	开挖进尺(D)	围岩级别	洞周变形：拱顶沉降(mm)：开挖面到达	终值	变形占比(%)	拱脚沉降(mm)：开挖面到达	施工完成	变形占比(%)	水平收敛(mm)：拱脚收敛：开挖面到达	终值	变形占比(%)	墙腰收敛：开挖面到达	终值	变形占比(%)	影响范围(D)：拱顶沉降	拱脚沉降	拱脚收敛	墙腰收敛	掌子面变形：上台阶：最大纵向位移(mm)	距上台阶底部高度与上台阶高度比值	下台阶：最大纵向位移(mm)	距下台阶底部高度与下台阶高度比值	前方变形影响范围(D)：拱顶沉降	上台阶纵向位移	下台阶纵向位移
单线	0.33	0.67	1.16	—	0.17	V_a	30.34	76.98	39.4	5.34	41.25	12.9	19.42	130.37	14.9	21.18	212.14	10.0	2.31	2.48	1.49	1.65	101.37	0.38	158.24	1	0.99	0.66	0.99
	0.67	0.67	1.49	—	0.17	V_a	27.57	77.77	35.5	2.72	43.17	6.3	13.47	135.89	9.9	12.72	215.67	5.9	2.31	2.64	1.65	1.98	94.22	0.38	137.14	1	0.99	0.50	1.16
	1.00	0.67	1.82	—	0.17	V_a	26.42	78.69	33.6	2.27	46.90	4.8	11.57	139.16	8.3	10.25	221.26	4.6	2.48	2.64	1.98	2.31	90.97	0.38	117.51	1	0.83	0.50	1.49
	1.33	0.67	2.15	—	0.17	V_a	25.50	79.40	32.1	1.94	49.98	3.9	10.71	141.51	7.6	9.16	225.26	4.1	2.64	2.81	2.31	2.48	88.81	0.38	105.38	1	0.83	0.50	1.82
	1.00	0.67	1.82	$\lambda_1=0.75,\lambda_2=0.75$	0.17	V_a	25.28	78.84	32.1	2.18	46.71	4.7	15.44	147.67	10.5	13.81	228.34	6.0	2.48	2.64	1.98	2.31	95.39	0.38	128.10	1	0.83	0.66	1.65
	1.00	0.67	1.82	$\lambda_1=1.0,\lambda_2=1.0$	0.17	V_a	22.98	83.87	27.4	2.22	49.83	4.5	30.69	178.24	17.2	28.35	257.07	11.0	2.31	2.64	1.98	2.31	118.88	0.38	183.98	1	0.83	0.83	1.65
	1.00	0.67	1.82	$\lambda_1=1.35,\lambda_2=1.35$	0.17	V_a	22.97	99.42	23.1	2.74	64.56	4.2	58.51	238.90	24.5	55.69	321.76	17.3	2.31	2.48	1.98	2.15	174.56	0.38	307.94	1	0.66	1.16	1.82
	1.00	0.67	1.82	$\lambda_1=1.0,\lambda_2=0.75$	0.17	V_a	24.52	83.36	29.4	2.44	52.01	4.7	32.54	178.26	18.3	28.93	258.91	11.2	2.48	2.64	1.98	2.31	119.83	0.38	173.52	1	0.66	0.50	1.49
	1.00	0.67	1.82	$\lambda_1=1.35,\lambda_2=0.75$	0.17	V_a	25.78	98.83	26.1	2.99	69.08	4.3	65.11	237.93	27.4	60.43	321.98	18.8	2.31	2.48	1.98	2.15	174.33	0.38	290.89	1	0.50	0.50	1.49
	1.00	0.67	1.82	$\lambda_1=0.75,\lambda_2=1.0$	0.17	V_a	24.27	79.47	30.5	1.99	45.40	4.4	14.92	148.53	10.0	14.65	227.36	6.4	2.48	2.64	1.98	2.31	98.58	0.50	140.03	1	0.99	1.16	1.82
	1.00	0.67	1.82	上半断面扁平率 0.30	0.17	V_a	11.89	88.04	13.5	4.72	58.86	8.0	2.49	103.56	2.4	6.01	240.57	2.5	2.64	2.81	1.65	2.31	36.24	0.44	117.82	1	0.66	0.33	1.32
	1.00	0.67	1.82	上半断面扁平率 0.45	0.17	V_a	21.15	83.98	25.2	2.97	51.18	5.8	7.49	134.16	5.6	8.64	241.25	3.6	2.48	2.81	1.82	2.31	72.14	0.29	127.32	1	0.83	0.50	1.49
	1.00	0.67	1.82	上半断面扁平率 0.60	0.17	V_a	28.57	82.04	34.8	2.15	38.40	5.6	12.22	196.13	6.2	11.54	226.51	5.1	2.48	2.81	2.15	2.31	99.12	0.40	112.68	1	0.99	0.50	1.49
	1.00	0.67	1.82	核心土 3.0m	0.17	V_a	20.38	78.74	25.8	2.30	47.94	4.8	8.55	136.44	6.3	8.64	218.03	4.0	2.48	2.64	1.98	2.31	60.25	0.61	137.28	1	0.83	0.50	1.49
	1.00	0.67	1.82	核心土 4.5m	0.17	V_a	19.72	78.95	25.0	2.32	48.40	4.8	8.30	134.87	6.2	8.48	217.95	3.9	2.48	2.64	1.98	2.31	56.27	0.61	153.46	1	0.83	0.50	1.49
	1.00	0.67	1.82	核心土 6.0m	0.17	V_a	19.49	78.86	24.7	2.34	48.19	4.9	8.22	134.70	6.1	8.43	216.99	3.9	2.48	2.64	1.98	2.31	55.53	0.61	154.69	1	0.83	0.50	1.49
	1.00	0.67	1.82	扩大拱脚 1m	0.17	V_a	26.33	75.50	34.9	2.21	12.60	17.5	11.39	124.71	9.1	9.87	186.62	5.3	2.48	3.50	1.98	2.31	90.04	0.38	104.49	1	0.83	0.50	1.49
	1.00	0.67	1.82	掌子面加固	0.17	V_a	25.21	73.21	34.4	2.22	35.19	6.3	11.39	123.11	9.3	9.73	176.29	5.5	2.31	2.81	1.98	2.31	50.76	0.42	90.25	1	0.99	0.66	1.49
	1.00	1.00	2.15	—	0.17	V_a	25.97	72.18	36.0	2.21	34.82	6.3	11.50	129.84	8.9	10.19	190.93	5.3	2.31	2.64	1.65	1.98	90.39	0.38	116.35	1	0.83	0.50	1.49
	1.00	1.65	2.81	—	0.17	V_a	25.97	74.46	34.9	2.21	39.13	5.6	11.50	133.26	8.6	10.20	203.49	5.0	2.31	2.81	1.98	2.31	90.38	0.38	116.68	1	0.83	0.50	1.49
				最小值	—	V_a	11.89	72.18	13.5	1.94	12.6	3.9	2.49	103.56	2.4	6.01	176.29	2.5	2.31	2.48	1.49	1.65	36.24	0.29	90.25	1	0.5	0.33	0.99
				最大值	—	V_a	30.34	99.42	39.4	5.34	69.08	17.5	65.11	238.9	27.4	60.43	321.98	18.8	2.64	3.50	2.31	2.48	174.56	0.61	307.94	1	0.99	1.16	1.82
				平均值	—	V_a	24.02	81.13	29.92	2.62	46.18	6.22	18.27	151.36	10.87	17.35	230.42	6.97	2.43	2.71	1.92	2.24	92.90	0.42	148.69	1	0.83	0.60	1.51

注：1. 表中未注明隧道埋深的工况隧道埋深均为 300m。

2. 表中 λ_1、λ_2 分别为沿隧道横断面方向和隧道纵向的侧压力系数。

V_b 级围岩单线隧道变形成果汇总

隧道类型	主要计算控制参数：上台阶长度(D)	主要计算控制参数：下台阶长度(D)	主要计算控制参数：支护闭合距离(D)	主要计算控制参数：备注	主要计算控制参数：开挖进尺(D)	主要计算控制参数：围岩级别	洞周变形：拱顶沉降(mm)：开挖面到达	洞周变形：拱顶沉降(mm)：终值	洞周变形：拱顶沉降(mm)：变形占比(%)	洞周变形：拱脚沉降(mm)：开挖面到达	洞周变形：拱脚沉降(mm)：施工完成	洞周变形：拱脚沉降(mm)：变形占比(%)	洞周变形：水平收敛(mm)：拱脚收敛：开挖面到达	洞周变形：水平收敛(mm)：拱脚收敛：终值	洞周变形：水平收敛(mm)：拱脚收敛：变形占比(%)	洞周变形：水平收敛(mm)：墙腰收敛：开挖面到达	洞周变形：水平收敛(mm)：墙腰收敛：终值	洞周变形：水平收敛(mm)：墙腰收敛：变形占比(%)	洞周变形：影响范围(D)：拱顶沉降	洞周变形：影响范围(D)：拱脚沉降	洞周变形：影响范围(D)：拱脚收敛	洞周变形：影响范围(D)：墙腰收敛	掌子面变形：上台阶：最大纵向位移(mm)	掌子面变形：上台阶：距上台阶底部高度与上台阶高度比值	掌子面变形：下台阶：最大纵向位移(mm)	掌子面变形：下台阶：距下台阶底部高度与下台阶高度比值	前方变形：影响范围(D)：拱顶沉降	前方变形：影响范围(D)：上台阶纵向位移	前方变形：影响范围(D)：下台阶纵向位移
单线	0.33	0.66	1.15	—	0.16	V_b	144.71	273.38	52.9	31.81	185.15	17.2	174.64	508.05	34.4	204.45	847.32	24.1	2.14	2.30	1.32	1.48	597.28	0.25	956.93	1	1.15	0.82	0.99
	0.66	0.66	1.48	—	0.16	V_b	136.04	281.55	48.3	13.09	198.79	6.6	139.84	537.86	26.0	130.52	871.62	15.0	2.30	2.47	1.48	1.81	568.32	0.38	929.88	1	0.99	0.66	2.41
	0.99	0.66	1.81	—	0.16	V_b	130.34	289.12	45.1	11.33	224.76	5.0	125.11	573.75	21.8	100.04	930.10	10.8	2.30	2.47	1.81	2.14	552.61	0.38	857.80	1	0.99	0.66	1.64
	1.32	0.66	2.14	—	0.16	V_b	126.40	295.51	42.8	9.81	253.11	3.9	117.64	600.97	19.6	87.03	985.56	8.8	2.47	2.63	2.14	2.30	533.84	0.38	799.13	1	0.99	0.66	1.97
	0.99	0.66	1.81	$\lambda_1=0.75,\lambda_2=0.75$	0.16	V_b	130.40	288.79	45.2	11.34	225.19	5.0	123.79	572.83	21.6	98.91	928.33	10.7	2.30	2.47	1.81	2.14	550.81	0.38	854.67	1	0.99	0.66	1.64
	0.99	0.66	1.81	$\lambda_1=1.0,\lambda_2=1.0$	0.16	V_b	142.86	332.09	43.0	12.39	243.48	5.1	200.09	683.55	29.3	174.64	1038.80	16.8	2.30	2.47	1.81	1.97	702.16	0.38	1102.20	1	0.82	0.82	1.64
	0.99	0.66	1.81	$\lambda_1=1.35,\lambda_2=1.35$	0.16	V_b	181.73	444.36	40.9	16.84	301.26	5.6	327.31	903.69	36.2	313.31	1297.40	24.1	2.14	2.47	1.81	1.97	1029.80	0.38	1671.50	1	0.66	0.99	1.81
	0.99	0.66	1.81	$\lambda_1=1.0,\lambda_2=0.75$	0.16	V_b	143.26	328.06	43.7	13.17	253.77	5.2	203.56	675.36	30.1	182.46	1047.90	17.4	2.30	2.47	1.81	1.97	708.65	0.38	1113.50	1	0.82	0.66	1.48
	0.99	0.66	1.81	$\lambda_1=1.35,\lambda_2=0.75$	0.16	V_b	183.86	448.61	41.0	17.99	329.04	5.5	349.88	902.57	38.8	334.41	1310.50	25.5	2.14	2.30	1.81	1.97	1033.60	0.38	1688.70	1	0.66	0.66	1.64
	0.99	0.66	1.81	$\lambda_1=0.75,\lambda_2=1.0$	0.16	V_b	130.45	295.48	44.1	11.22	217.39	5.2	120.88	581.62	20.8	93.30	925.23	10.1	2.30	2.47	1.81	2.14	549.57	0.38	849.96	1	1.15	0.99	1.81
	0.99	0.66	1.81	上半断面扁平率0.30	0.16	V_b	62.64	294.62	21.3	32.67	249.22	13.1	31.06	321.64	9.7	40.48	906.06	4.5	2.63	2.63	1.48	2.14	250.61	0.44	862.17	1	0.82	0.49	1.32
	0.99	0.66	1.81	上半断面扁平率0.45	0.16	V_b	107.07	295.41	36.2	20.77	236.54	8.8	80.88	466.87	17.3	68.95	942.81	7.3	2.47	2.47	1.81	2.14	447.22	0.30	904.26	1	0.82	0.66	1.48
	0.99	0.66	1.81	上半断面扁平率0.60	0.16	V_b	138.79	300.04	46.3	10.32	200.20	5.2	130.08	722.52	18.0	109.95	936.46	11.7	2.30	2.47	1.97	2.14	587.39	0.40	841.50	1	0.99	0.66	1.64
	0.99	0.66	1.81	核心土3.0m	0.16	V_b	103.82	281.63	36.9	12.54	239.68	5.2	89.56	535.19	16.7	84.29	916.36	9.2	2.47	2.47	1.81	2.14	378.95	0.61	984.78	1	0.99	0.66	1.48
	0.99	0.66	1.81	核心土4.5m	0.16	V_b	101.22	281.04	36.0	12.76	242.55	5.3	85.45	531.48	16.1	82.61	913.57	9.0	2.47	2.47	1.81	2.14	356.89	0.61	1058.40	1	0.99	0.66	1.48
	0.99	0.66	1.81	核心土6.0m	0.16	V_b	100.20	280.70	35.7	12.76	241.26	5.3	83.67	530.19	15.8	81.47	908.90	9.0	2.47	2.47	1.81	2.14	350.37	0.61	1065.60	1	0.99	1.32	1.48
	0.99	0.66	1.81	扩大拱脚1m	0.16	V_b	126.49	269.29	47.0	10.73	124.41	8.6	117.38	493.32	23.8	96.30	858.65	11.2	2.47	2.63	1.81	2.14	534.74	0.38	796.32	1	0.99	0.66	1.64
	0.99	0.66	1.81	掌子面加固	0.16	V_b	79.45	253.87	31.3	17.99	191.85	9.4	57.40	445.27	12.9	61.15	730.63	8.4	2.63	2.63	1.97	2.63	262.78	0.33	492.51	1	1.15	0.82	1.48
	0.99	0.66	1.81	—	0.16	V_b	124.0	244.8	50.7	11.1	142.4	7.8	120.3	485.6	24.8	95.5	717.6	13.3	1.97	2.30	1.32	1.48	531.69	0.38	814.39	1	0.99	0.66	1.64
	0.99	0.99	2.14	—	0.16	V_b	126.8	257.6	49.2	11.1	165.0	6.7	122.3	513.0	23.8	97.6	787.8	12.4	2.14	2.30	1.48	1.64	539.14	0.38	828.82	1	0.99	0.66	1.64
	0.99	1.64	2.79	—	0.16	V_b	128.2	284.8	45.0	11.1	220.6	5.0	123.4	566.7	21.7	98.7	925.0	10.7	2.30	2.47	1.81	2.14	547.15	0.38	849.04	1	0.99	0.66	1.64
	0.99	3.29	4.44	—	0.16	V_b	128.2	337.7	38.0	11.1	328.1	3.4	123.4	653.6	18.9	98.7	1163.4	8.5	2.63	2.96	2.47	2.63	547.15	0.38	859.41	1	0.99	0.66	1.64
	最小值				—	V_b	62.64	244.8	21.3	9.81	124.41	3.4	31.06	321.64	9.7	40.48	717.6	4.5	1.97	2.3	1.32	1.48	250.61	0.25	492.51	1	0.66	0.49	0.99
	最大值				—	V_b	183.86	448.61	52.9	32.67	329.04	17.2	349.88	903.69	38.8	334.41	1310.5	25.5	2.63	2.96	2.47	2.63	1033.6	0.61	1688.7	1	1.15	1.32	2.41
	平均值				—	V_b	126.22	302.66	41.9	14.72	227.90	6.7	138.53	582.07	22.6	124.31	949.55	12.7	2.35	2.49	1.78	2.06	552.76	0.40	962.79	1	0.95	0.73	1.62

注:1. 表中未注明隧道埋深的工况隧道埋深均为300m。

2. 表中 λ_1、λ_2 分别为沿隧道横断面方向和隧道纵向的侧压力系数。

附录 4

Ⅳ级围岩双线隧道变形成果汇总

序号	隧道类型	围岩级别	主要计算控制参数(隧道埋深300m) 上台阶长度(D)	下台阶长度(D)	备注	地应力水平 侧压力系数 λ_1	侧压力系数 λ_2	开挖进尺(D)	分析工况	洞周变形 拱顶沉降(mm) 开挖面到达	拱顶沉降 终值	拱顶沉降 变形占比(%)	拱脚沉降(mm) 开挖面到达	拱脚沉降 终值	拱脚沉降 变形占比(%)	水平收敛(mm) 拱脚 开挖面到达	拱脚 终值	拱脚 变形占比(%)	墙腰 开挖面到达	墙腰 终值	墙腰 变形占比(%)	影响范围(D) 拱顶沉降	拱脚沉降	拱脚收敛	墙腰收敛	掌子面变形 上台阶 最大纵向位移(mm)	上台阶 距上台阶底部高度与上台阶高度比值	下台阶 最大纵向位移(mm)	下台阶 距下台阶底部高度与下台阶高度比值	前方变形 影响范围(D) 拱顶沉降	上台阶纵向位移	下台阶纵向位移
1	双线	Ⅳ	0.57	1.14	—	自重应力		0.14	不同上台阶长度	9.2	24.0	38.3	1.7	10.3	16.5	2	19.4	10.3	2.4	20.8	11.5	2.14	2.50	1.43	1.71	12.2	0.42	7.23	1	1.86		
			1.14	1.14	—					9.1	24.2	37.6	1.6	10.8	14.8	1.6	19.6	8.2	2.1	21.2	9.9	2.29	2.50	1.64	1.86	11.8	0.42	5.62	1	1.86		
			2.14	1.14	—					8.9	24.3	36.6	1.5	11.1	13.5	1.5	19.8	7.6	2	21.5	9.3	2.50	2.57	1.71	2.00	11.7	0.42	5.56	1	1.86		
2	双线	Ⅳ	0.57	0.57	—	自重应力		0.14	不同下台阶长度	6.06	23	26.3	0.84	9.47	8.9	0.88	17.7	5.0	1.83	19.1	9.6	1.50	1.57	1.07	1.21	10.57	0.42	5.90	1	1.07		
			0.57	1.14	—					6.07	23	26.4	0.85	9.54	8.9	0.85	17.8	4.8	1.79	19.5	9.2	1.50	1.57	1.21	1.36	10.54	0.42	5.86	1	1.07		
			0.57	2.14	—					6.07	23	26.4	0.85	9.56	8.9	0.85	17.8	4.8	1.79	19.7	9.1	1.50	1.57	1.43	1.64	10.54	0.42	5.85	1	1.07		
3	双线	Ⅳ	0.57	1.14	扁平率 0.30	自重应力		0.14	上台阶扁平率	4.34	23.46	18.5	0.38	8.15	4.7	0.85	16.8	5.1	1.61	19	8.5	1.64	1.64	1.50	1.64	6.8	0.50	8.1	1	1.07		
			0.57	1.14	扁平率 0.35					5.32	23.45	22.7	0.43	8.41	5.1	0.63	16.4	3.8	1.55	19.4	8.0	1.50	1.79	1.50	1.64	8.6	0.50	7.7	1	1.07		
			0.57	1.14	扁平率 0.42					6.00	23.29	25.8	0.59	8.95	6.6	0.55	16.5	3.3	1.44	19.3	7.5	1.50	1.79	1.50	1.79	9.9	0.50	6.0	1	1.07		
最小值										4.34	23	18.5	0.38	8.15	4.7	0.55	16.4	3.3	1.44	19	7.5	1.5	1.57	1.07	1.21	6.8	0.42	5.62	1	1.07		
最大值										9.2	24	38.3	1.7	10.3	16.5	2	19.4	10.3	2.4	20.8	11.5	2.14	2.5	1.43	1.71	12.2	0.5	8.1	1	1.86		
平均值										6.78	23.52	28.73	0.97	9.59	9.77	1.08	17.98	5.88	1.83	19.94	9.18	1.79	1.94	1.44	1.65	10.29	0.45	6.42	1.00	1.33		
4	双线	Ⅳ	6m	6m	—	0.75	0.75	0.14	不同地应力水平	6.2	18.5	33.5	1.3	8.2	15.9	3.5	21.3	16.4	4.6	23.4	19.7	1.21	1.29	0.50	0.57	27.7	0.50	25.7	1	0.86		
			6m	6m	—	1.0	1.0			5.8	17	34.1	2.2	10.3	21.4	6.2	32.6	19.0	7.5	35.2	21.3	1.21	1.36	0.57	0.64	39.8	0.50	36.9	1	1.07		
			6m	6m	—	1.35	1.35			6.8	17.3	39.3	2.3	13.5	17.0	10.6	51.5	20.6	12.4	55.3	22.4	1.29	1.36	0.57	0.79	60.8	0.50	56.4	1	1.21		
			6m	6m	—	1.0	0.75			6.1	17.3	35.3	1.6	8.5	18.8	6.6	33.6	19.6	7.9	36.4	21.7	1.29	1.29	0.57	0.71	28.1	0.50	26.4	1	0.86		
			6m	6m	—	1.35	0.75			7.1	17.2	41.3	2.2	12.8	17.2	13.1	53.1	24.7	14.2	56.9	25.0	1.29	1.36	0.57	0.71	30.2	0.50	28.4	1	1.21		

V_a 级围岩双线隧道变形成果汇总

序号	隧道类型	围岩级别	主要计算控制参数(隧道埋深300m) 上台阶长度(D)	下台阶长度(D)	备注	地应力水平 侧压力系数 λ_1	侧压力系数 λ_2	开挖进尺(D)	分析工况	洞周变形 拱顶沉降(mm) 开挖面到达	终值	变形占比(%)	拱脚沉降(mm) 开挖面到达	终值	变形占比(%)	水平收敛(mm) 拱脚 开挖面到达	终值	变形占比(%)	墙腰 开挖面到达	终值	变形占比(%)	影响范围(D) 拱顶沉降	拱脚沉降	拱脚收敛	墙腰收敛	掌子面变形 上台阶 最大纵向位移(mm)	距上台阶底部高度与上台阶高度比值	下台阶 最大纵向位移(mm)	距下台阶底部高度与下台阶高度比值	前方变形 影响范围(D) 拱顶沉降	上台阶纵向位移	下台阶纵向位移
1	双线	V_a	0.64	1.07	—	自重应力		0.07	不同上台阶长度	64.6	108	59.8	13.1	67.7	19.4	36.1	128	28.2	26	186	14.0	2.21	2.43	1.14	1.43	147	0.45	160	1	1.86		
			1.07	1.07	—					64.1	111	57.7	11.9	74.2	16.0	32.8	134	24.5	21.8	196	11.1	2.29	2.43	1.50	1.86	148	0.45	137	1	1.79		
			1.43	1.07	—					63.5	113	56.2	11.4	77.7	14.7	31.4	136	23.1	20.2	201	10.0	2.43	2.50	1.86	2.14	148	0.45	128	1	1.79		
			2.14	1.07	—					62.1	114	54.5	10.5	81.7	12.9	30.6	140	21.9	18.8	208	9.0	2.64	2.79	2.57	2.79	147	0.45	113	1	1.79		
2	双线	V_a	0.43	0.64	—	自重应力		0.07	不同下台阶长度	39.4	118	33.4	30.8	160	19.3	63.6	103	61.7	14.4	59.5	24.2	1.43	1.50	0.79	0.93	142	0.42	181	1	1.29		
			0.43	1.07	—					39.4	124	31.8	30.7	183	16.8	63.7	106	60.1	14.4	64.4	22.4	1.50	1.57	1.07	1.29	143	0.42	182	1	1.29		
			0.43	2.14	—					39.4	132	29.8	30.4	215	14.1	63.9	111	57.6	14.5	73.5	19.7	1.64	1.79	1.50	1.71	143	0.42	181	1	1.29		
3	双线	V_a	0.43	1.07	台阶	自重应力		0.07	不同工法	63.7	106	60.1	14.4	64.4	22.4	39.4	124	31.8	30.7	183	16.8	1.50	1.57	1.07	1.29	143	0.42	182	1	1.29		
			0.43	1.07	核心土					60.2	105	57.3	15.1	67.5	22.4	34.2	118	29.0	26.2	171	15.3	1.57	1.64	1.00	1.21	96	核心土周围	211	1	1.21		
			0.43	1.07	扩大拱脚					64.3	106	60.7	6.7	44.7	15.0	37.8	72	52.5	29.2	184	15.9	1.50	1.71	1.21	1.29	141	0.42	179	1	1.21		
4	双线	V_a	0.43	1.07	开挖下台阶时施作	自重应力		0.07	不同支护时机	62.4	99	63.0	13.9	59.4	23.4	35.2	107	32.9	26.2	155	16.9	1.50	1.64	0.93	1.21	139	0.42	171	1	1.21		
			0.43	1.07	与下台阶喷混凝土同时施作					62.7	100	62.7	13.9	59.4	23.4	35.8	109	32.8	26.4	156	16.9	1.50	1.64	0.93	1.29	139	0.42	171	1	1.21		
			0.43	1.07	与仰拱同时施作					64.4	105	61.3	13.7	85	16.1	37	120	30.8	27.4	170	16.1	1.50	1.21	0.86	1.14	141	0.42	174	1	1.21		
5	双线	V_a	0.43	1.07	扁平率0.30	自重应力		0.07	上台阶扁平率	57.5	105	54.8	11.1	57.5	19.3	22.6	129	17.5	22.2	174	12.8	1.57	1.71	1.07	1.29	101	0.50	209	1	1.14		
			0.43	1.07	扁平率0.35					60.9	106	57.5	11.3	59.9	18.9	24.8	120	20.7	26.4	176	15.0	1.57	1.64	1.07	1.21	120	0.50	202	1	1.21		
			0.43	1.07	扁平率0.42					63.5	107	59.3	11.8	64.1	18.4	30.2	120	25.2	28.6	173	16.5	1.50	1.57	1.00	1.21	136	0.50	189	1	1.21		
最小值										39.4	99	29.8	6.7	44.7	12.9	22.6	72	17.5	14.4	59.5	9	1.43	1.21	0.79	0.93	96	0.42	113	1	1.14		
最大值										64.6	132	63	30.8	215	23.4	63.9	140	61.7	30.7	208	24.2	2.64	2.79	2.57	2.79	148	0.5	211	1	1.86		
平均值										58.26	109.94	53.74	15.67	88.83	18.28	38.69	117.31	34.39	23.34	158.15	15.79	1.74	1.83	1.22	1.46	135.88	0.44	173.13	1.00	1.38		
6	双线	V_a	6m	6m	—	0.75	0.75	0.07	不同地应力水平	39	76	51.3	6	32	18.8	46	128	35.9	55	200	27.5	1.43	1.50	0.71	0.86	158	0.50	193	1	1.00		
			6m	6m	—	1.0	1.0			48	80	60.0	11	41	26.8	69	173	39.9	89	248	35.9	1.43	1.50	0.79	0.86	227	0.50	277	1	1.21		
			6m	6m	—	1.35	1.35			64	97	66.0	12	54	22.2	118	265	44.5	147	351	41.9	1.50	1.57	0.79	1.00	347	0.50	423	1	1.36		
			6m	6m	—	1.0	0.75			45	73	61.6	7	34	20.6	75	176	42.6	90	250	36.0	1.50	1.50	0.79	0.93	160	0.50	198	1	0.93		
			6m	6m	—	1.35	0.75			58	83	69.9	11	51	21.6	128	274	46.7	161	358	45.0	1.50	1.57	0.79	1.00	172	0.50	213	1	1.36		

附录 6

V_b 级围岩双线隧道变形成果汇总

序号	隧道类型	围岩级别	主要计算控制参数(隧道埋深300m) 上台阶长度(D)	下台阶长度(D)	备注	地应力水平 侧压力系数 λ_1	侧压力系数 λ_2	开挖进尺(D)	分析工况	洞周变形 拱顶沉降(mm) 开挖面到达	终值	变形占比(%)	拱脚沉降(mm) 开挖面到达	终值	变形占比(%)	水平收敛(mm) 拱脚 开挖面到达	终值	变形占比(%)	墙腰 开挖面到达	终值	变形占比(%)	影响范围(D) 拱顶沉降	拱脚沉降	拱脚收敛	墙腰收敛	掌子面变形 上台阶 最大纵向位移(mm)	距上台阶底部高度与上台阶高度比值	下台阶 最大纵向位移(mm)	距下台阶底部高度与下台阶高度比值	前方变形 影响范围(D) 拱顶沉降	上台阶纵向位移	下台阶纵向位移
1	双线	V_b	0.21	1.07	—	自重应力		0.07	不同上台阶长度	249	362	68.8	87	252	34.5	256	460	55.65	264	664	39.8	1.5	1.5	0.71	0.86	665	0.28	941	1	1.36		
			0.42	1.07	—					247	376	65.7	74	273	27.1	216	472	45.76	206	704	29.3	1.57	1.57	0.86	1.07	655	0.39	935	1	1.29		
			0.63	1.07	—					248	392	63.3	66	301	21.9	199	500	39.80	176	760	23.2	1.57	1.64	1.07	1.28	656	0.42	891	1	1.21		
2	双线	V_b	0.43	0.64	—	自重应力		0.07	不同下台阶长度	239	344	69.5	69	225	30.7	212	418	50.7	202	582	34.7	1.43	1.50	0.57	0.71	643	0.40	916	1	1.29		
			0.43	1.07	—					247	376	65.7	74	273	27.1	216	472	45.8	206	704	29.3	1.57	1.57	0.86	1.07	655	0.40	935	1	1.29		
			0.43	2.14	—					249	430	57.9	75	376	19.9	216	588	36.7	206	954	21.6	1.71	1.79	1.71	1.79	656	0.40	941	1	1.29		
3	双线	V_b	0.43	1.07	台阶	自重应力		0.07	不同工法	247	376	65.7	74	273	27.1	216	472	45.8	206	704	29.3	1.57	1.57	0.86	1.07	655	0.40	935	1	1.29		
			0.43	1.07	核心土					229	365	62.7	76	284	26.8	194	446	43.5	184	660	27.9	1.57	1.57	0.86	1.07	448	核心土周围	1010	1	1.29		
			0.43	1.07	扩大拱脚					246	365	67.4	25	169	14.8	214	232	92.2	218	704	31.0	1.50	1.57	1.07	1.07	659	0.40	952	1	1.29		
4	双线	V_b	0.43	1.07	开挖下台阶时施作	自重应力		0.07	不同支护时机	236	343	68.8	67	235	28.5	204	408	50.0	192	588	32.7	1.57	1.64	0.86	1.07	655	0.40	935	1	1.29		
			0.43	1.07	与下台阶喷混凝土同时施作					237	345	68.7	67	236	28.4	207	416	49.8	194	594	32.7	1.57	1.64	0.86	1.07	448	核心土周围	1010	1	1.29		
			0.43	1.07	与仰拱同时施作					245	367	66.8	72	262	27.5	218	464	47.0	204	672	30.4	1.57	1.57	0.79	1.00	659	0.40	952	1	1.29		
5	双线	V_b	0.43	1.07	扁平率0.30	自重应力		0.07	上台阶扁平率	223	365	61.1	63	239	26.4	156	510	30.6	160	728	22.0	1.64	1.71	0.93	1.07	456	0.50	958	1	1.29		
			0.43	1.07	扁平率0.35					235	370	63.5	64	253	25.3	170	480	35.4	186	746	24.9	1.57	1.64	0.93	1.07	547	0.50	962	1	1.21		
			0.43	1.07	扁平率0.42					244	376	64.9	64	272	23.5	196	474	41.4	200	754	26.5	1.57	1.57	0.93	1.07	632	0.50	957	1	1.29		
最小值										223	343	57.9	25	169	14.8	156	232	30.6	160	582	21.6	1.43	1.5	0.57	0.71	448	0.28	891	1	1.21		
最大值										249	430	69.5	87	376	34.5	256	588	92.2	264	954	39.8	1.71	1.79	1.71	1.79	665	0.5	1010	1	1.36		
平均值										240.86	365.86	65.07	66.43	253.36	25.36	202.43	444.57	44.14	195.71	683.14	28.25	1.56	1.59	0.87	1.04	601.71	0.41	944.29	1.00	1.28		
6	双线	V_a	6m	6m	—	0.75	0.75	0.07	不同地应力水平	157	252	62.3	21	137	15.3	182	500	36.4	220	780	28.2	1.57	1.57	0.79	0.93	640	0.50	970	1	1.07		
			6m	6m	—	1.0	1.0			187	281	66.5	30	155	19.4	274	640	42.8	338	910	37.1	1.50	1.57	0.79	1.00	865	0.50	1251	1	1.29		
			6m	6m	—	1.35	1.35			256	375	68.3	47	218	21.6	470	968	48.6	588	1292	45.5	1.57	1.57	0.86	1.07	1169	0.50	1636	1	1.43		
			6m	6m	—	1.0	0.75			172	258	66.7	23	138	16.7	291	662	44.0	360	936	38.5	1.50	1.57	0.79	1.00	670	0.50	1010	1	1.07		
			6m	6m	—	1.35	0.75			234	365	64.1	42	206	20.4	510	1036	49.2	644	1358	47.4	1.57	1.64	0.86	1.07	765	0.50	1148	1	1.43		

附录7

典型双线隧道现场量测变形统计

隧道名称	围岩级别	断面里程	拱顶下沉（mm）	左拱脚下沉（mm）	右拱脚下沉（mm）	拱脚水平收敛（mm）	墙腰水平收敛（mm）	掌子面最大挤出位移（mm）
后山坪隧道	Ⅳ	DK161 +720	88.12	—	—	93.91	—	—
	Ⅳ	DK161 +715	88.39	—	—	91.94	—	—
	Ⅳ	DK161 +710	88.71	—	—	94.32	—	—
	Ⅳ	DK161 +705	88.92	—	—	94.69	—	—
东扎沟隧道	Ⅳ	DK167 +200	76.35	—	—	83.23	—	—
	Ⅳ	DK167 +205	75.27	—	—	83.23	—	—
	Ⅳ	DK167 +210	75.26	—	—	84.26	—	—
	Ⅳ	DK167 +215	76.35	—	—	83.24	—	—
Ⅳ级围岩双线隧道各项最小值			75.26	—	—	83.23	—	—
Ⅳ级围岩双线隧道各项最大值			88.92	—	—	94.69	—	—
Ⅳ级围岩双线隧道各项平均值			82.17	—	—	88.6	—	—
两水隧道	Ⅴ	DK359 +453.239	279	364	488	338.2	89.9	—
	Ⅴ	DK359 +458.116	151	280	549	275.0	112.0	—
	Ⅴ	DK359 +462.685	358	346	606	371.3	187.2	—
	Ⅴ	DK359 +467.616	392	320	700	298.5	—	—
	Ⅴ	DK359 +472.550	412	332	557	286.0	—	—
	Ⅴ	DK359 +476.365	385	479	537	383.6	—	—
	Ⅴ	DK359 +481.342	362	465	339	255.3	134.0	—
	Ⅴ	DK359 +486.387	126	428	437	189.0	3.7	—
	Ⅴ	DK359 +492.188	197	379	613	317.5	91.0	—
	Ⅴ	DK359 +497.988	257	594	483	341.2	—	—
	Ⅴ	DK359 +502.132	188	78	280	114.4	—	—
	Ⅴ	DK359 +507.648	140	44	47	101.2	—	—
	Ⅴ	DK361 +766.8	24.8	27	45	71.1	—	—
	Ⅴ	DK361 +769.0	29.9	42	60	75.8	—	—
	Ⅴ	DK361 +772.8	35.7	29	39	86.9	—	—
	Ⅴ	DK361 +778.0	38.2	23	34	91.0	—	—
	Ⅴ	DK357 +370	116.8	—	—	95.7	—	—
	Ⅴ	DK357 +375	117.0	—	—	73.6	—	—
	Ⅴ	DK357 +380	97.2	—	—	77.7	—	—
	Ⅴ	DK357 +385	30.1	—	—	9.9	—	—

续上表

隧道名称	围岩级别	断面里程	拱顶下沉（mm）	左拱脚下沉（mm）	右拱脚下沉（mm）	拱脚水平收敛（mm）	墙腰水平收敛（mm）	掌子面最大挤出位移（mm）
两水隧道	Ⅴ	DK372 +635	154.4	—	—	170	152.9	—
	Ⅴ	DK372 +630	172.8	—	—	179.9	140.1	—
	Ⅴ	DK372 +625	174.6	—	—	173.7	142.3	—
	Ⅴ	DK372 +620	164.3	—	—	144.6	141.7	—
	Ⅴ	DK372 +780	149.6	—	—	159.1	124.7	—
	Ⅴ	DK372 +775	173.3	—	—	165.5	134.4	—
	Ⅴ	DK372 +771	155.9	—	—	129.4	136.1	—
	Ⅴ	DK372 +765	188.3	—	—	149.4	163.2	—
	Ⅴ	DK372 +760	379.6	—	—	344.1	256	—
	Ⅴ	DK372 +815	73.6	—	—	73.8	48.1	—
	Ⅴ	DK372 +818	58.4	—	—	55.7	48.6	—
	Ⅴ	DK372 +827	46.2	—	—	54.5	43.2	—
	Ⅴ	DK372 +830	49.1	—	—	46.6	36.8	—
	Ⅴ	DK372 +833	45.7	—	—	54.6	42	—
	Ⅴ	DK372 +840	124.5	—	—	107.9	85.5	—
	Ⅴ	DK372 +850	120.3	—	—	118.8	91.3	—
	Ⅴ	DK372 +860	112.3	—	—	118	89.8	—
	Ⅴ	DK372 +870	115.4	—	—	107.3	91.7	—
	Ⅴ	DK372 +527	75.1	—	—	74.6	48.4	—
	Ⅴ	DK372 +522	73.6	—	—	67.2	48.1	—
	Ⅴ	DK372 +517	64.4	—	—	69.5	41.8	—
	Ⅴ	DK372 +512	44.1	—	—	42.8	28.8	—
	Ⅴ	DK372 +507	30.9	—	—	39.5	33.3	—
Ⅴ级围岩双线隧道各项最小值			24.8	23	34	9.9	3.7	—
Ⅴ级围岩双线隧道各项最大值			412	594	700	383.6	256	两水隧道127 天平山隧道47.01
Ⅴ级围岩双线隧道各项平均值			150.8	264.4	363.4	151.1	96.1	—

参考文献

[1] 关宝树,赵勇. 软弱围岩隧道施工技术[M]. 北京:人民交通出版社,2011.

[2] 李斌,漆泰岳,高波,等. 新意法(岩土控制变形工法)概述[J]. 公路隧道,2009, 66(2): 1-4.

[3] 翟进营,杨会军,王莉莉. 新意法隧道设计施工概述[J]. 隧道建设, 2008, 28(1): 46-50.

[4] Pietro Lunardi. The Design and Construction of Tunnels Using the Approach Based on the Analysis of Controlled Deformation in Rocks and Soils[J]. Tunnels & Tunneling International ADECO-RS Approach,2000(5):3-30.

[5] Lunardi Pietro. Design and Construction of Tunnels ADECO-RS Approach[J]. Tunnels & Tunnelling International special supplement,2000(5).

[6] P Lunardi, R Bindi. The Evolution of Reinforcement of the Advance Core Using Fibre Glass Elements for Short and Longterm Stability of Tunnels under Difficult Stress-Strain Conditions: Design, Technologies and Operating Methods [C]. Progress in Tunnelling after 2000: Proceedings of the AITES-ITA 2001 World Tunnel Congress Milan - Italy 10th-13th June 2001. Volume Ⅱ. Bologna: PATRON EDITORE,2001:309-322.

[7] P Lunardi. The ADECO-RS Approach in The Design and Construction of the Rome to Naples High Speed Railway Line:A Comparison between Final Design Specifications, Construction Design and"As-Built"[C]. Progress in Tunnelling after 2000: Proceedings of the AITES- ITA 2001 World Tunnel Congress Milan-Italy 10th-13th June 2001. Vol-umeⅢ. Bologna: PATRON EDITORE,2001:329-340.

[8] 张良辉,熊厚金,张清. 隧道围岩位移的弹塑粘性解析解[J]. 岩土工程学报, 1997, 19(4):66-72.

[9] 朱珍德,王玉树. 巷道围岩流变对巷道稳定性的影响[J]. 力学与实践,1998, 20(1):26-29.

[10] 李晓红,李登新,靳晓光,等. 初期支护对软岩隧道围岩稳定性和位移影响分

析[J]. 岩体力学,2005,26(8):1207-1210.

[11] Yang Xiao-li, Huang Fu. Influences of Strain Softening and Seepage on Elastic and Plastic Solutions of Circular Openings in Nonlinear Rock Masses[J]. J. Cent. South Univ. Technoi. 2010,(17):621-627.

[12] 黄阜, 杨小礼. 考虑渗透力和原始 Hoek-Brown 屈服准则时圆形洞室解析解[J]. 岩土力学,2010, 31(5):1627-1632.

[13] YANG Xiao-1i,ZOU Jin-feng. Stability Factors for Rock Slopes Subjected to Pore Water Pressure Based on Thehoek-Brown Failure Criterion[J]. International Journal of Rock Mechanics and Mining Sciences,2008,43(7):11461152.

[14] 黄阜,杨小礼. 渗流效应对基于广义非线性屈服准则洞室弹塑性解的影响[J]. 中南大学学报:自然科学版,2009,40(6):1737-1743.

[15] 杨小礼,刘宝琛. 根据非线性破坏准则计算隧道的粘弹塑性位移[J]. 有色金属,2001,53(3):52-55.

[16] 罗清明,李亮,杨小礼. 软岩隧道的围岩变形计算[J]. 长沙铁道学院学报,2003,21(2):14-18.

[17] 段庆伟,何满潮,张世国. 复杂条件下围岩变形特征数值模拟研究[J]. 煤炭科学技术,2002,30(6):55-58.

[18] 何满潮,郭宏云. 基于和分解有限变形力学理论的深部软岩巷道开挖大变形数值模拟分析[J]. 岩石力学与工程学报,2010,29(增刊2):4050-4055.

[19] 何满潮,谢和平,彭苏萍,等.深部开采岩体力学研究[J]. 岩石力学与工程学报,2005,24(16):2803-2813.

[20] HE M. C. ,GONG W. L. ,LI D. J. ,et a1. Physical modeling offailure process of the excavation in horizontal strata based on IR thermography[J]. Mining Science and Technology,2009,19(6):689-698.

[21] 何满潮,陈新,梁国平,等. 深部软岩工程大变形力学分析设计系统[J]. 岩石力学与工程学报,2007,26(5):934-943.

[22] 陈新,郭宏云,何满潮,等. 深部高应力巷道的非对称大变形[J]. 黑龙江科技学院学报,2007,17(6):415-419.

[23] 李晓红,夏彬伟,李丹,等. 深埋隧道层状围岩变形特征分析[J]. 岩土力学,2010,31(4):1163-1167.

[24] 赵瑜,李晓红,卢玉义,等. 深埋隧道围岩应变软化模型参数的正交设计[J]. 重庆大学学报,2008,31(7):716-729.

[25] 赵瑜,李晓红,卢玉义,等. 深埋隧道围岩系统卸荷演化过程的 Lyapunov 指数分析[J]. 岩土力学,2008,29(10):2871-2876.

[26] 赵旭峰,孙钧. 挤压性软岩流变参数反演与本构模型辨识[J]. 铁道工程学报,2008,116(5):5-8.

[27] 赵旭峰,王春苗,孔祥利. 深部软岩隧道施工性态时空效应分析[J]. 岩石力学与工程学报,2007,26(2):404-409.

[28] 康红普,牛多龙,张镇. 深部沿空留巷围岩变形特征与支护技术[J]. 岩石力学与工程学报,2010,29(10):1977-1987.

[29] 陈登玉. 炭质页岩隧道变形特征研究与稳定性分析[J]. 山东大学学报:自然科学版,2011,30(2):58-64.

[30] 徐林生,王晓雯. 东门关隧道围岩变形特征及其影响因素分析[J]. 公路交通技术,2004,(4):88-96.

[31] 高正夏, 侯曙光, 卢刚. 围岩变形的非线性统计分析[J]. 河海大学学报,2003,31(3):321-323.

[32] 冷希乔, 陈礼伟. 大断面黄土隧道变形特征及力学模型分析[J]. 四川建筑,2010,30(1): 74-75.

[33] 廖秋林, 侯哲生, 何小东,等. 断层影响下隧道围岩变形监测与特征分析[J]. 水文地质工程地质,2005,(6):102-107.

[34] 任建喜, 孙扬, 陈新年. 高应力区穿层大巷围岩变形特征及其控制[J]. 煤炭工程,2010,(3):60-63.

[35] 李晓红,靳晓光,卢义玉. 西山坪隧道穿煤及采空区围岩变形特性与数值模拟研究[J]. 岩石力学与工程学报,2002,21(5):667-670.

[36] 黎代仁. 侧部水压充填型岩溶隧道围岩变形特征分析[J]. 路基工程,2009,(4): 144-145.

[37] 崔文艳,于志华,宋建. 大伙房水库不良地段围岩变形特征与加固研究[J]. 华北水利水电,2011,(7): 6-8.

[38] 张爽, 刘庆新, 胡力耀. 广巴高速某隧道不同岩性围岩变形特征分析[J]. 现代隧道技术,2011,48(1):17-21.

[39] 刘小伟，谌文武，韩文峰. 浅埋红层软岩隧洞围岩变形特征试验研究[J]. 冰川冻土,2007,29(6):992-996.

[40] 王其胜，李夕兵，李地元. 深井软岩巷道围岩变形特征及支护参数的确定[J]. 煤炭学报,2008,33(4):364-367.

[41] 杨会军. 复杂条件下隧道围岩变形特征[J]. 铁道工程学报,2006(1):57-60.

[42] 李业学,刘建锋. 基于R/S分析法与分形理论的围岩变形特征研究[J]. 四川大学学报:工程科学版,2011,42(3):43-48.

[43] 彭琦,王俤剀,邓建辉,等. 地下厂房围岩变形特征分析[J]. 岩石力学与工程学报,2007,26(12):2583-2587.

[44] 莫阳春,周晓军. 岩溶隧道施工围岩变形动态监测与仿真分析[J]. 岩石力学与工程学报,2008,27(增刊2):3807-3815.

[45] 夏彬伟,陈果,康勇,等. 层状岩体围岩变形破坏特征及稳定性评价[J]. 水文地质工程地质,2010,37(4):48-52.

[46] 安蕊梅，刘维华，刘志春. 挤压性围岩隧道变形特征分析[J]. 石家庄铁道学院学报:自然科学版,2007, 20(1):14-18.

[47] 李宁. 郑西客运专线大断面黄土隧道围岩变形特征[J]. 铁道标准设计,2007(增刊1):19-21.

[48] 刘志春,李文江,朱永全,等. 挤压性围岩隧道大变形机理及分级标准研究[J]. 岩土工程学报,2008,5(5):690-697.

[49] 刘志春,李文江,朱永全,等. 软岩大变形隧道二次衬砌施作时机探讨[J]. 岩石力学与工程学报,2008,27(3):580-588.

[50] 刘志春,李文江,孙明磊,等. 乌鞘岭隧道F4断层区段监控量测综合分析[J]. 岩石力学与工程学报,2006,25(7):1502-1511.

[51] 张文强,王庆林,李建伟. 木寨岭隧道大变形控制技术[J]. 隧道建设,2010,30(2):157-161.

[52] 于维刚,李苍松. 对拉塞梅尔隧道PK26某段围岩大变形的认识[J]. 地下空间与工程学报,2007,3(7):1228-1231.

[53] 刘招伟，王明胜，方俊波. 高地应力大变形隧道支护系统的试验研究[J]. 土木工程学报,2010,43(5):111-116.

[54] 喻渝. 挤压性围岩支护大变形的机理及判定方法[J]. 世界隧道,1998,2(1):46-50.

[55] 张祉道. 关于挤压性围岩隧道大变形的探讨和研究[J]. 现代隧道技术,2003,40(2):4-12.

[56] 卞国忠. 浅谈隧道围岩大变形的判据及处理措施[J]. 科学技术通讯,1998(2):15-17.

[57] 何满潮,景海河,孙晓明. 软岩工程地质力学研究进展[J]. 工程地质学报,2000,8(1):46-62.

[58] O Aydan, T Akagi, T Kawamoto. The Squeezing Potential Of Rocks around Tunnels, Theory and Prediction[J]. Rock Mechanics Rock Engineering,1993,26(2):137-163.

[59] 许林生,李永林,程崇国. 公路隧道围岩变形破坏类型与等级的判定[J]. 重庆交通学院学报,2002,21(2):16-20.

[60] 姜云. 公路隧道围岩大变形预测预报及对策研究[D]. 成都:成都理工大学,2004.

[61] 姜云,李永林,李天斌,等. 隧道工程围岩大变形类型与机制研究[J]. 地质灾害与环境保护,2004,15(4):46-51.

[62] Schnabl Robert, Mayr. New Approach of ASFINAG for Tunnel Construction Monitoring of the Tauern Tunnel Project in Austria[C]. Proceedings - Rapid Excavation and Tunneling Conference,2009:308-319.

[63] Burger Daniela, Kohlböck Bernhard, Schoitsch Christian. Geotechnics and Mass Balance of the Earthworks for the Second Tube of the Tauern Tunnel[J]. Geomechanik und Tunnelbau,2010,3(4):391-401.

[64] Hackl Erich. Experiences from the Construction of the Tauern Tunnel[J]. Rock Mech Felsmech Mec Roches,1974,6(2):81-90.

[65] Kohlböck Bernhard, Mayer Andreas, Schnabl Robert et. al. Geotechnics, Tunnelling and Support of the Second Tube of the Tauern Tunnel and Comparison with the First Tube[J]. Geomechanik und Tunnelbau,2010,3(4):343-353.

[66] Ayaydin Nejad. First and Second Tube of the Tauern Tunnel [J]. Geomechanik und Tunnelbau,2010(4):334-343.

[67] 韩玉华,邝国能. 山区巨大挤压地层用新奥法修建隧道的理论与实践[J]. 隧道译丛,1979(6):1-25.

[68] John M. Construction of the Arlberg Expressway Tunnel Tube-3[J]. Tunnels and Tunnelling International,1980,12(5):42-50.

[69] John M. Construction of the Arlberg Expressway Tunnel Tube-4[J]. Tunnels and Tunnelling International,1980,12(6):66-68.

[70] Kimura Fuminori, Okabayashi Nobuyuki, Kawamoto Toshikazu. Tunnelling Through Squeezing Rock in Two Large Fault Zones of the Enasan Tunnel II[J]. Rock Mechanics and Rock Engineering,1987,20(3):151-166.

[71] Nagatomo Shigeki, Kobayashi Kazuo, Yano Toshiaki at. el. Completion of Enasan Tunnel[J]. Doboku Gakkai-shi/Journal of the Japan Society of Civil Engineers, 1975,60(3):9-17.

[72] Kimura Fuminori, Okabayashi Nobuyuki, Ono Kiyoshi. Rock-Mechanical Discussion for the Mechanism of Supporting Systems in Severe Swelling Rock Tunnel [J]. A. A. Balkema,1985(2):1265-1271.

[73] 白继承,管健. 超长锚杆在控制家竹箐隧道大变形中的应用[J]. 世界隧道, 1998 (1):57-59.

[74] 王科. 家竹箐隧道地质条件及地应力特征[J]. 世界隧道,1998(1):11-16.

[75] 张祉道,白继承. 家竹箐隧道高瓦斯、大变形、大涌水的整治与对策[J]. 世界隧道,1998(1):1-10.

[76] 张祉道. 家竹箐隧道施工中支护大变形的整治[J]. 世界隧道,1997(1): 7-16.

[77] 符华兴. 强挤压围岩隧道施工支护技术的商榷[J]. 隧道建设,2003,23(1): 19-23.

[78] 张德华,王梦恕,符华兴,等. 强挤压型隧道锚杆支护参数的确定[J]. 岩石力学与工程学报,2004,23(13):2201-2204.

[79] 信本焕. 乌鞘岭隧道 F4 ~ F7 断层设计与施工[J]. 中国铁路,2006(9): 39-42.

[80] 谌明朗,朱家温. 乌鞘岭隧道 8 号斜井区域围岩变形与控制[J]. 铁道标准设计,2006(8).

[81] 陈唯一. 乌鞘岭隧道千枚岩地层初期支护参数研究[J]. 铁道工程学报,2006(3).

[82] 刘志春,孙明磊,贾晓云,等. 乌鞘岭隧道 F4 ~ F7 断层区段压力、应力实测与分析[J]. 石家庄铁道学院学报,2006,19(2):13-17.

[83] 孙明磊,刘志春,张德莹. 乌鞘岭隧道 F7 断层区段左线迂回导坑监控量测[J]. 石家庄铁道学院学报,2006,19(2):18-22.

[84] 马华天. 乌鞘岭隧道深埋软弱千枚岩变形控制施工技术[J]. 西部探矿工程,2006,18(B06):320-322.

[85] 王江,苑郁林. 乌鞘岭特长隧道穿越 F7 断层隧道变形机理分析及其支护措施的研究[J]. 科技交流,2006,36(2):11-16.

[86] 柴瑞峰,王才高. 乌鞘岭特长隧道大变形围岩段施工技术[J]. 铁道建筑,2005(12):38-39.

[87] 李响,钱伟平. 乌鞘岭隧道地质条件综述[J]. 铁道勘察,2005,31(4):57-61.

[88] 卿三惠,黄润秋. 乌鞘岭特长隧道软弱围岩大变形特性研究[J]. 现代隧道技术,2005,42(2):7-14.

[89] 王志坚. 乌鞘岭隧道深埋志留系地层大变形控制技术[J]. 铁道标准设计,2005(1):10-14.

[90] 张文忠. 乌鞘岭特长隧道主要地质问题与防治措施[J]. 西部探矿工程,2005,17(3):112.

[91] 朱永全,刘志春,李文江,等. 乌鞘岭隧道岭脊地段复杂应力条件下的变形控制技术研究(现场测试阶段成果报告)[R]. 石家庄:石家庄铁道学院,2004.

[92] 刘刚. 围岩稳定性评价综述[C]//第九届岩石力学与工程学术大会论文集. 2006:210-216.

[93] 朱永全. 隧道稳定性位移判别准则[J]. 中国铁道科学,2001,22(6):80-83.

[94] Zhang Sumin, Zhu Yongquan, Zhao Yucheng, Liu Yong. Comparative Analysis of Limit Displacement for Tunnels at the Unlined and Primary Support Stages[J]. International Journal of Rock Mechanics and Mining Sciences, 2004 (3): 512-513.

[95] 李晓红,王宏图,贾剑青,等. 隧道及地下工程围岩稳定性及可靠性分析的极限位移判别[J]. 岩土力学, 2005,26(6):850-854.

[96] 朱德仁. 岩石工程破坏准则[J]. 煤炭学报,1994,19(1):15-20.

[97] 凌复华. 突变理论及其应用[M]. 上海:上海交通大学出版社,1997.

[98] 潘岳,王志强,张勇. 突变理论在岩体系统动力学失稳中的应用[M]. 北京:科学出版社,2008.

[99] Thom R. Stabilité Structurelle et Morphogénése[M]. Benjamin W A, Reading. Mass: Benjamin,1972.

[100] Thom R. Structural Stability and Morphogenesis(Translated By Fowle G H)[M], New York, Benjamin-Addison Wesley,1975.

[101] Thompson J. M. T, Hunt G. W. Instabilities and Catastrophes In Science and Engineering[M]. Chichester, Wiler,1982.

[102] Thompson J. M. T, Zeeman E. C. Classification of Elementary Catastophes of Codimension≤5, Structural Stability, The Theory of Catastrophes and Application in the Sciences. Lecture Notes in Mathematics 525. Berlin: Springer-Verlag,1976.

[103] Zeeman E. C. Catastrophes Theory: Selected Paper(1972~1975)[M], Addison-Wesley Pub. Co., Advanced Book Program,1977.

[104] Michel Demazure, Ecole polytechnique. Bifurcation and Catastrophes: Geometry of Solutions to Nonlinear Problems[M]. Springer, 2000.

[105] 许传华,任青文. 围岩稳定分析的非线性理论研究[J]. 岩土工程技术, 2003(3):142-146.

[106] 许传华. 岩体破坏的非线性理论研究及应用[博士学位论文][D]. 南京:河海大学,2004.

[107] 郑颖人,刘兴华. 近代非线性科学与岩石力学问题[J]. 岩土工程学报, 1996,18(1):691-696.

[108] 凌复华. 突变理论及其应用[M]. 上海:上海交通大学出版社,1987.

[109] 许传华,任青文,围岩稳定分析的熵突变准则研究[J]. 岩土力学, 2004, 25(3):437-440.

[110] 蔡美峰,孔广亚,贾立宏. 岩体工程系统失稳的能量突变判断准则及其应用

[J]. 北京科技大学学报,1997,19(4):325-328.

[111] 秦四清. 初论岩体失稳过程中耗散结构的形成机制[J]. 岩石力学与工程学报,2000,19(3):265-269.

[112] 付成华,陈胜宏. 基于突变理论的地下工程洞室围岩失稳判据研究[J]. 岩土力学,2008,29(1):167-172.

[113] 鄢建华,汤雷. 水工地下工程围岩稳定性分析方法现状与发展[J]. 岩土力学,2003,24(增刊):681-686.

[114] 朱永全,李文江. 乌鞘岭隧道岭脊地段复杂应力条件下的变形控制技术研究(大变形机理及位移管理基准成果报告)[R]. 石家庄:石家庄铁道学院,2004.

[115] 朱永全,李文江. 隧道围岩稳定性及其控制技术研究(软弱围岩隧道施工变形控制技术成果报告)[R]. 石家庄:石家庄铁道大学,2011.

[116] 朱永全,刘志春. 两水、化马隧道炭质千枚岩支护结构和施工技术研究(成果报告)[R]. 石家庄:石家庄铁道大学,2011.

[117] 朱永全,韩现民. 关角隧道地应力场特征与富水软岩支护技术研究(高地应力富水软弱围岩支护技术研究成果报告)[R]. 石家庄:石家庄铁道大学,2011.

[118] 中铁工程设计咨询集团有限公司. 客货共线铁路和客运专线铁路隧道复合式衬砌通用参考图[S]. 北京:中华人民共和国铁道部经济规划研究院,2008.

[119] 张向东,张树光,贾宝新. 隧道力学[M]. 北京:中国矿业大学出版社,2010.

[120] 赵勇. 隧道围岩动态变化规律及控制技术研究[J]. 北京交通大学学报,2010, 34(4):1-5.